Kaffanke, Oost
Wie der Vorhof des Himmels
Edith Stein und Beuron

Tagungsberichte der Beuroner Tage für Spiritualität und Mystik
Erzabtei St. Martin Beuron

Jakobus Kaffanke, Katharina Oost (Hg.)

Wie der Vorhof des Himmels

Edith Stein und Beuron

Wegschritte

Tagungsberichte der Beuroner Tage für Spiritualität und Mystik
Erzabtei St. Martin Beuron

BEURONER KUNSTVERLAG

Abbildungen auf dem Umschlag:

Vorderseite:
Edith Stein (1891–1942) als Lehrerin in Speyer, um 1928.

Rückseite:
Westansicht der Erzabtei St. Martin zu Beuron im Oberen Donautal.

Imprimatur
Beuronae, die 31 Augusti 2003
+ Theodor Hogg, Erzabt

Beuron 2009
1. Auflage 2003, 2. erweiterte und ergänzte Auflage 2009

Herstellung: Beuroner Kunstverlag, D-88631 Beuron

ISBN 978-3-87071-199-3

Auslieferung durch:
Beuroner Kunstverlag, D-88631 Beuron
Tel. 0 74 66 / 17-228; Fax 0 74 66 / 17-209
Internet: www.beuroner-kunstverlag.de
E-Mail: info@beuroner-kunstverlag.de

Schwester Maria Amata Neyer,

der Leiterin des Edith-Stein-Archivs im Karmel Köln,

in Dankbarkeit

für viele Stunden herzlicher Begegnung

Inhalt

Geleitworte 9

Vorwort zur 1. Auflage (2003) 13

Vorwort zur 2. erweiterten und ergänzten Auflage 16

I. IN CARITATE DEI – Raphael Walzer und Edith Stein 19
Katharina Oost

II. Beiträge von Edith Stein 45
Einführungen von Katharina Oost

1. Das Gebet der Kirche 47
2. Lebensgestaltung im Geist der hl. Elisabeth 63
3. Sancta Discretio 77
4. Eingliederung der Frau in das Corpus Christi mysticum 83
5. Das Weihnachtsgeheimnis 97

III. Beiträge über Edith Stein 109
Einführung von Katharina Oost

1. »Ein glücklicher Mönch« – Edith Stein in Beuron 113
Katharina Oost
2. Edith Stein zum Gedächtnis 127
Paulus Gordan OSB
3. Edith Stein und das Beten der Kirche 130
Maria Amata Neyer OCD
4. »Gott allein genügt« 151
Martin Zielinski
5. Denkwege Edith Steins 163
Bruno H. Reifenrath
6. »Die Verantwortung fällt auch auf die, die schweigen« 181
Katharina Oost

IV. Eugenio Pacelli und Beuron 193
„... mit meinen innigen Wünschen für die ganze Erzabtei“
Jakobus Kaffanke

V. Briefe Edith Steins 199
Einführung von Katharina Oost

VI. Beuroner Stimmen zu Edith Stein 223
Einführung von Jakobus Kaffanke

1. Brief aus der Saint Anselm’s Abbey, USA 227
Erzabt Raphael Walzer OSB

2. Stellungnahme zu Edith Stein 228
Erzabt Raphael Walzer OSB

3. Einige Erinnerungen an Sr. Benedikta Edith Stein 234
Daniel Feuling OSB

Autorenverzeichnis 239

Geleitwort

Sr. Amata Neyer OCD

Sr. Amata Neyer OCD

Wie wir alle wissen, geschah im Januar 1933 in Deutschland mit dem Beginn des Dritten Reiches Erschreckendes. Auch Edith Stein widerfuhr, was viele Mitbürger, zumal solche jüdischer Herkunft, damals erlitten: Sie musste – man hatte es ihr nahe gelegt – ihre Dozentenstelle am Deutschen Institut für wissenschaftliche Pädagogik in Münster niederlegen. Damit begann für sie ein neuer Lebensabschnitt. Sie schreibt darüber: »Ich war fast erleichtert, dass ich nun wirklich von dem allgemeinen Los mit betroffen war, aber natürlich musste ich überlegen, was ich weiter tun sollte.«

Diese Überlegung fand ihren Abschluss in einer Anbetungsstunde vor dem Heiligsten Sakrament, die sie an einem Spätnachmittag des April 1933 in der Münsterer Ludgerikirche verbrachte. Dort hatte sie die innere Gewissheit erhalten, dass sie jetzt ihren lange gehegten Wunsch erfüllen und in den Karmel eintreten dürfe. Seit fast 12 Jahren war Edith Stein im Lehrberuf tätig gewesen. Sie war eine vorzügliche Pädagogin, ganz geprägt vom katholischen Glauben, zu dem sie am 1. Januar 1922 durch die Taufe übergetreten war.

Aber ihr Lebensberuf war dies nicht. Seit sie die große hl. Teresa von Avila durch deren Schriften kennen gelernt hatte, war ihr Wunsch, in den Orden des Unbeschuhten Karmel einzutreten. Das kontemplative Ordensleben hatte sie 1928 in der Erzabtei Beuron – bei Sigmaringen an der Oberen Donau – kennen und lieben gelernt. Dort, schreibt sie, hatte sie »eine Art klösterlicher Heimat« gewonnen, hatte private Gelübde abgelegt und sah in Erzabt Dr. Raphael Walzer »ihren Abt«. Sooft es ihr irgend möglich war, fuhr sie von Speyer und später von Münster aus in die Abtei; besonders die Hohen Festtage pflegte sie dort mitzufeiern. Ja, sie empfand diesen monastischen Ort »wie den Vorhof des Himmels«.

Dies und noch vieles andere über Edith Steins Verhältnis zu Beuron wird der Leser in diesem Buch erfahren. Ich freue mich, dass ein Beuroner Mönch und eine in Beuron lebende Autorin sich in dieses Thema vertieft und daraus ein schönes Buch gestaltet haben. Nun wünsche ich mir, dass viele Menschen aus dieser Lektüre Liebe zur Liturgie, zu stiller Lesung der Hl. Schrift, zu innerer Zwiesprache mit Gott und dadurch zu Frieden und Lebenserfüllung finden werden.

Maria Amata Neyer OCD / Köln

Geleitwort

Theodor Hogg OSB

Theodor Hogg OSB
Erzabt

»Als Edith Stein zum ersten Male nach Beuron kam, war sie wahrhaftig kein Neuling mehr. Soviel Kostbares brachte sie mit, dass sie in der monastischen Atmosphäre dieses verborgenen Donauwinkels wohl gleich ihre eigentliche Heimat entdeckte ...«[1] Diese Worte meines Vorgängers Raphael Walzer deuten zweierlei an: Zum einen ist da die große betende Kirche, die Ecclesia orans, die Edith Stein in der Benediktiner-Erzabtei fand. Zum anderen sind es Gestalt und Geist des damaligen Erzabtes von Beuron, den sie sich zum geistlichen Begleiter und Ratgeber erwählte. In den Jahren 1928 bis 1933 waren das stille Donautal und das Gebet der Mönche für die Husserlschülerin, Lehrerin an der Dominikanerinnenschule in Speyer und Dozentin am Pädagogischen Institut in Münster eine Heimat, die sie zu vielen kirchlichen Hochfesten treu aufsuchte. Auch heute wissen wir Mönche um viele Menschen in und außerhalb der Kirche, die in Beuron für ihren Alltag, für ihre Aufgaben in Familie und Arbeit, aber auch in Krisenzeiten ihres Lebens Kraft und Orientierung suchen. Gäste fehlen dem Kloster nie. In ihnen, insbesondere in den Armen und Pilgern, wird Christus selber aufgenommen[2]. Diese Weisheit beherzigen unsere Klöster auch in der heutigen Zeit und sehen darin einen Dienst für die suchenden Menschen, für Kirche und Gesellschaft.

Edith Stein ist einem Stern vergleichbar, dessen Licht aus dem Dunkel einer Epoche hervorleuchtet, das sich vor gut zwei Generationen über unser deutsches Vaterland und über ganz Europa gelegt hatte. Je mehr die Untaten und Verbrechen des damaligen Unrechtsregimes offenbar werden, umso mehr strahlen diejenigen Menschen auf, die in dieser Zeit ein Bekenntnis ihres Glaubens und ihrer ungeteilten Menschlichkeit ablegten. Neben der heiligen Schwester Teresia Benedicta a Cruce OCD, Dr. Edith Stein, ist da auch Erzabt Raphael Walzer zu nennen, der 1935 in die Emigration getrieben wurde und aus einem prophetischen Geist heraus für deutsche Kriegsgefangene ein Theologen-Seminar in Rivet bei Algier (1943 – 1946) sowie später in Tlemcen / Westalgerien ein Benediktinerkloster im *Islam* (1952 – 1964) gründete.

[1] Übersetzung eines englisch-sprachigen Textes, den Erzabt Raphael Walzer OSB in New York 1952 schrieb; Karmel Köln – Edith-Stein-Archiv E I 141.

[2] Regel des hl. Benedikt. Regel – Beuron: 1995. – Kap. 53.

Ich freue mich, dass mit diesem Buch der Geist Edith Steins im Beuroner Donautal aufleuchtet und so den Suchenden und Betenden unserer Tage Orientierung und Klarheit auf ihrem oft nicht einfachen Weg bietet.

+Theodor Hogg OSB
Erzabt von Beuron

Vorwort zur 1. Auflage (2003)
Edith Stein und Beuron
Br. Jakobus Kaffanke OSB

Dem aufmerksamen und interessierten Leser werden in Edith Steins Briefen verschiedentlich Aussagen zur Benediktiner-Erzabtei St. Martin im Donautal begegnen, die auch einen Blick auf Edith Steins emotionale Bindung an den Ort und seine Menschen erlauben. Einmal klingt das Bild vom »Vorhof des Himmels« auf, ein anderes Mal spricht sie von Erzabt Raphael Walzer als von »ihrem Abt« und bezeichnet sich an weiterer Stelle als »glücklicher Mönch«. Wenn man alle erreichbaren Stellen aus der schriftlichen Überlieferung heranzieht, dann wird man eine tiefe Einwurzelung Edith Steins in die benediktinische Frömmigkeit, wie sie in Beuron bis heute gelebt wird, feststellen können. Aber auch über den engeren Horizont des Klosters im Donautal hinaus pflegte sie Kontakte mit Benediktinerinnen und Benediktinern verschiedener Abteien.[1] Dabei nimmt die Freundschaft mit Schwester Dr. Adelgundis Jägerschmid und Schwester Placida Laubhardt (beide Benediktinerinnen in St. Lioba, Freiburg-Günterstal) einen bevorzugten Platz ein.
In Beuron selbst lernte Edith Stein in den Jahren 1928–33 mehrere Benediktiner kennen und schätzen, insbesondere Erzabt Dr. Raphael Walzer und Pater Prof. Dr. Daniel Feuling. Von beiden Mönchen, der eine ihr geistlicher Begleiter, der andere ihr philosophischer Gesprächspartner, finden sich am Ende dieses Bandes biographische Stellungnahmen zur Person Edith Steins.[2] Ansonsten vereint der Band Vorträge und Aufsätze von Edith Stein, die in der »Benediktinischen Monatsschrift« (später »Erbe und Auftrag«) veröffentlicht wurden, wie auch Beiträge über Edith Stein, die in den letzten Jahren in dieser Zeitschrift erschienen.[3]

[1] Wir finden Korrespondenzen und Bemerkungen zu Mönchen der Abteien Beuron, Maria Laach, Gerleve, Neuburg u. a. oder zu Nonnen der Klöster St. Gabriel, Freiburg-Günterstal u. a.

[2] Wir danken Schwester M. Amata Neyer OCD vom Edith-Stein-Archiv des Kölner Karmel für die Kopien und die Abdruckerlaubnis; ebenso sei Schwester Amata für vielfältige Hinweise in den Gesprächen der letzten 15 Jahre herzlich gedankt sowie für die gute Zusammenarbeit in der Vorbereitung der Beuroner Edith-Stein-Tage, besonders der VII. Tagung, die 2001 in Breslau stattfand. Vgl. die Veröffentlichung: VII. Edith-Stein-Tage 12.–16.9.2001 – Wroclaw, 2002 – in Deutschland nur in der Klosterbuchhandlung 88631 Beuron erhältlich.

[3] Für die verschiedenen Abdruckgenehmigungen danken wir dem Beuroner Kunstverlag und dem Verlag Herder. In diesem Zusammenhang soll besonders auf die Edith Stein Gesamtausgabe hingewiesen werden (im vorliegenden Band zitiert als **ESGA**), die seit dem Jahr 2000 in rascher Folge im Verlagshaus Herder in Freiburg im Breisgau erscheint und von der bislang 9 Bände vorliegen.

[4] 1884 erschien zum ersten Mal der sog. SCHOTT, das »Messbuch der heiligen Kirche«, herausgegeben von Anselm Schott OSB (1843–1896), Mönch der Abtei Beuron. Der SCHOTT ist bis heute die maßgebliche Ausgabe der deutschen Ausgabe des Messbuches, versehen mit Einführungen der Benediktiner der Erzabtei Beuron.

In den biographischen Notizen Edith Steins klingt Beuron zum ersten Male im Sommer 1921 an, als sie sich einen SCHOTT[4] kauft, um sich in die römisch-katholische Liturgie einzulesen.
Später lernt sie P. Dr. Erich Przywara SJ kennen, der sie wissenschaftlich fördert. Er ist es auch, der sie nach dem Tode ihres geistlichen Begleiters, des Speyrer Generalvikars Josef Schwind, 1927 auf das Benediktinerkloster im Donautal und seinen Erzabt Dr. Raphael Walzer aufmerksam macht. P. Przywara hatte 1925 in Beuron die Konventsexerzitien gegeben und kannte so die Mönche persönlich.

Zu Ostern 1928 ist Edith Stein, von Speyer kommend, zum ersten Male in Beuron. Wertet man die erhaltenen Briefe und andere Dokumente aus, dann war sie etwa 20-mal in Beuron. Dabei lassen sich zwei Weisen der Aufenthalte unterscheiden: Zum einen sind es die Besuche zu den Zeiten der kirchlichen Hochfeste. Dann ist Edith Stein eine oder zwei Wochen im Donautal, wohnt im »Haus an der Holzbrücke«, hält Privatexerzitien und schweigt viel. Das hat man bisweilen falsch verstanden und sie als schwierige Person eingeschätzt. Andere Besuche dagegen währen nur kurz; ein, zwei Tage oder nur wenige Stunden, um sich in wichtigen Fragen mit Erzabt Raphael Walzer zu besprechen. Zu diesen Anlässen logiert sie in verschiedenen Häusern, oft in der »Villa Josef«, dem Beuroner Bahnhof direkt gegenüber gelegen.
Zwei besondere Dokumente Edith Steins, die mit Beuron in einem interessanten Zusammenhang stehen, sollen hier noch erwähnt werden: Im SCHOTT-Messbuch von 1928 findet sich eine Übersetzung von LAUDA SION, die nach dem Vorwort von P. Pius Bihlmeyer von »Dr. E. St.« verfasst wurde. Sicher ist hiermit Edith Stein gemeint. – Ein schöner und viel gelesener Text Edith Steins, das »Weihnachtsgeheimnis« (Vorbereitung zu einem Vortrag, den sie im Januar 1932 in Ludwigshafen hielt) ist sicher während ihres Aufenthaltes zu den weihnachtlichen Festtagen 1931 im Donautal entstanden. Liest man den Text, dann sieht man die alte Beuroner Krippe oder das Hochaltarbild gleichsam vor sich.[5]
Um die Atmosphäre Beurons der Zwischenkriegszeit besser zu vermitteln, sind eine Reihe von Fotografien in den Text eingestreut.[6]
Edith Steins Lebensleistung hat durch die römische Kirche in den letzten 15 Jahren hohe Würdigung und Anerkennung gefunden. In schneller Folge wurde sie selig und heilig gesprochen, zuletzt neben Benedikt von Nursia zur Mitpatronin Europas erklärt. Fragt man sich jedoch, was aus ihrem geistlichen Gesprächspartner in Beuron, Erzabt Raphael Walzer, geworden ist, trifft man weitgehend auf Unwissenheit und Achselzucken. Der Beuroner Erzabt musste 1935 wegen

[5] Hier sei besonders auf den Beitrag in diesem Band: Katharina Oost, »Ein glücklicher Mönch« (S. 113), hingewiesen.
[6] Für manche Hinweise und Bemühungen danke ich dem Beuroner Archivar P. Dr. Placidus Kuhlkamp OSB.
[7] Vergleiche den Beitrag von Katharina Oost in diesem Band: »Die Verantwortung fällt auch auf die, die schweigen«, S. 181.

seiner antinationalsozialistischen Haltung, die sich aus dem kürzlich veröffentlichten Briefwechsel[7] mit dem Kardinalstaatssekretär Eugenio Pacelli schon für 1933 nachweisen lässt, Deutschland verlassen und emigrieren. Bis 1940/41 lebte er in Frankreich, dann in Algerien. Von 1943–46 gründete er ein Theologenseminar für kriegsgefangene deutsche Angehörige des Afrikakorps in Rivet bei Algier. Er leitete dieses Seminar mit großem Erfolg. Aus seiner Anregung und den guten Erfahrungen entstand dann 1946 ein großes Seminar in Chartres, dessen Leitung Abbé Franz Stock übertragen wurde. Heute gilt diese Einrichtung als Keimzelle der deutsch-französischen Aussöhnung und wird seit 2002 zu einer großen Begegnungsstätte ausgebaut. Nach Kriegsende konnte Erzabt Raphael nicht nach Beuron zurückkehren. Hier residierte seit 1938 mit Erzabt Dr. Benedikt Baur ein neuer Klostervorsteher. Vorerst weilte er in der Benediktinerabtei St. Wandrille/Normandie, ging aber 1950 auf Bitten des Bischofs von Oran/Westalgerien wiederum nach Nordafrika, um bei der alten Königsstadt Tlemcen nahe der marokkanischen Grenze ein Benediktinerkloster zu gründen. Mit großem Opfermut baute er im maurischen Stil eine Klosteranlage auf und gewann ein Reihe von zumeist französischen Mönchen. In den Wirren des algerischen Bürgerkrieges musste er seine Gründung 1964 im hohen Alter aufgeben. Er starb 1966 in seiner Gründung Neuburg bei Heidelberg und ruht in der Krypta der Beuroner Abteikirche.[8] Erzabt Raphael Walzer stand mit Edith Stein nicht nur während ihrer Kölner Klosterzeit in brieflichem Kontakt, sondern – wie immer deutlicher wird – auch noch in den vierziger Jahren, als sie in Echt und er in Meudon bei Paris weilte.[9] Der letzte persönliche Kontakt beider Ordensleute fand wohl im Karmel Köln-Lindenthal anlässlich der Einkleidung Edith Steins statt. Erzabt Raphael Walzer hielt aus diesem Anlass die Festpredigt, die bislang leider nicht aufgefunden werden konnte.
Der Band »Wie der Vorhof des Himmels: Edith Stein und Beuron« soll allen Freunden Edith Steins, aber auch Beurons, von einer tiefen Freundschaft Zeugnis geben, der Freundschaft Edith Steins zur Natur des Oberen Donautals, zum benediktinischen Mönchtum und zu Erzabt Raphael Walzer. Dieses Zeugnis strahlt bis in unsere Tage und führt viele Pilger und Interessierte zu Gebet und Meditation in die Beuroner Abteikirche. Möge dieser Band ihrem Suchen entgegenkommen, manche Spur finden lassen und Antwort geben.
Meine Mitherausgeberin und ich danken Sr. M. Amata Neyer OCD und Herrn Erzabt Theodor Hogg OSB für ihre Geleitworte. Dem Beuroner Kunstverlag sei für die sorgfältige Drucklegung gedankt.

Beuron, im August 2003
Br. Jakobus Kaffanke OSB

[8] Eine umfangreiche Publikation zu Erzabt Dr. Raphael Walzer ist 2008 im LIT Verlag, Münster, erschienen.
[9] Vgl. die Briefe an Edith Stein in diesem Band.

Vorwort zur 2. erweiterten und ergänzten Auflage

Br. Jakobus Kaffanke OSB

Seit einiger Zeit ist die erste Auflage dieses Bandes vergriffen, so dass sich die Frage einer Neuauflage ergab. Das nachhaltige Interesse an Edith Stein als Denkerin, als Karmelitin und als Martyrerin, sowie ihre stetig ansteigende Verehrung als Heilige der Kirche lässt es als eine freudige Pflicht erscheinen, eine zweite Auflage zu wagen und sie den Freunden Beurons und Edith Steins zu übergeben. Innerhalb weniger Jahre ist über Edith Stein viel veröffentlicht worden, die Edith Stein Gesamtausgabe ist weiter kräftig gewachsen.[1] Auch in der Erforschung zu Edith Steins geistlichem Begleiter Erzabt Dr. Raphael Walzer konnte ein großer Schritt voran getan werden. Der bereits 2003 angekündigte Sammelband zu Leben und Werk des 4. Beuroner Erzabtes konnte 2008 vorgelegt werden.[2] In diesem Zusammenhang hat Katharina Oost ihre Forschungen zu Edith Stein und Beuron auf neuestem Stand dargestellt. Dieser Artikel bildet in der vorliegenden Auflage den geeigneten Einstieg in die Thematik „Edith Stein und Beuron“[3] und wurde am Anfang der Abhandlungen eingefügt. – Da auch die Veröffentlichungen zur Thematik „Vatikan und Nationalsozialismus“, nicht zuletzt durch eine weitere Öffnung der einschlägigen Archive, vorangekommen sind[4], ist der Besuch von Eugenio Pacelli 1929 im Donautal dokumentiert worden. Ein neu hinzugekommener Beitrag erschließt den Besuch des Berliner Nuntius in Beuron.[5] Dabei wird auf Quellen – Texte und Bilder – rekurriert, die dem Beuroner Hauptarchiv entnommen sind.[6] Die Herausgeber danken dem Beuroner Kunstverlag für die konstruktive Begleitung der Neuauflage und hoffen, dass dieser Band wiederum eine gute Aufnahme bei der geneigten Leserschaft findet und schicken ihn vertrauensvoll auf seinen Weg.

Br. Jakobus Kaffanke OSB
Hochfest der Geburt Jesu Christi
Beuron, Weihnachten 2008

[1] Herder Verlag Freiburg im Breisgau; vgl. Fußnote 3 im Vorwort von 2003.

[2] Jakobus Kaffanke; Joachim Köhler: Mehr nützen als herrschen! Raphael Walzer OSB, Erzabt von Beuron 1918–1937. – Münster: LIT Verlag, 2008. – kart., 421 S. (in: Beiträge zu Theologie, Kirche und Gesellschaft im 20. Jahrhundert. Band 17).

[3] Katharina Oost: In Caritate Dei – Raphael Walzer und Edith Stein. In: Jakobus Kaffanke; Joachim Köhler: Mehr nützen als herrschen! Raphael Walzer OSB, Erzabt von Beuron, 1918–1937. – Münster: LIT. – S. 333–360.

[4] Zuletzt Hubert Wolf: Papst und Teufel. Die Archive des Vatikans und das Dritte Reich.– München: C.H. Beck, 2008.

[5] Jakobus Kaffanke: „...mit meinen innigen Wünschen für die ganze Erzabtei.“ Eugenio Pacelli und Beuron. In diesem Band S. 193–197.

[6] Dem Beuroner Archivar P. Dr. Placidus Kuhlkamp OSB sei für großzügige Unterstützung gedankt.

Hl. Benedikt, 1487 – heute Uffizien, Florenz – von Hans Memling (1435 Seligenstadt; † 11. August 1494 Brügge). Das Bild hing an der Klostertür von Edith Stein – Schwester Teresia Benedicta a Cruce OSD in Köln und Echt.*

I. IN CARITATE DEI[1]
Raphael Walzer und Edith Stein

Katharina Oost

1918

„Jam hiems transiit, imber abiit et recessit." Vorüber ist der Winter, der Regen hat aufgehört und ist vorbei (Hld 2,11) – mit diesen unüberhörbar auch auf die Stimmung innerhalb des Konventes anspielenden Worte beginnt der Beuroner Chronist seinen Beitrag zur Abtsweihe Raphael Walzers[2]. Es war der 3. Februar des Kriegsjahres 1918. Nach seiner Wahl zum Beuroner Erzabt am 25. Januar, zu der einige Mitbrüder vom „Feld" aus nach Beuron anreisen mussten, konnte auf Grund des jugendlichen Alters – Raphael Walzer war noch nicht 30 Jahre alt – die Installation erst nach einer Dispens von Rom erfolgen.
Als am 1. Februar die römische Dispens eintrifft, sind die Festlichkeiten vorbereitet. Der Abt Primas selbst war aus Rom angereist, um die Weihe vorzunehmen. Der Beuroner Prior vergleicht die „Wahl des jungen Erzabtes mit der Berufung Davids, der als Jüngster von Gott ausersehen ward, gesalbt zu werden zum Könige über seine Brüder"[3].

1928

Bis Raphael Walzer und Edith Stein sich zum ersten Mal begegnen, wird es noch genau 10 Jahre dauern. Zehn Zwischenkriegsjahre, wie wir heute wissen[4]. Denn als Edith Stein zum Osterfest 1928 erstmals nach Beuron kommt, beginnt schon wieder neues Unheil sich zusammenzubrauen. In Italien, wo Mussolini 1928 das allgemeine Wahlrecht abschafft, schon unmaskierter als in Deutschland. Zumindest dafür, „dass es mit der guten Wirtschaftskonjunktur zur Neige ging, (dafür) fehlte es schon 1928 nicht an Anzeichen. Das ausländische Kapital machte sich rar. Die Zahl der Erwerbslosen wuchs, mit ihr die finanzielle Last der Erwerbslosenversicherung; Steuereingänge schrumpften. In der Eisen- und Stahlindustrie kam es zu Aussperrungen, zu Lohnkämpfen…"[5].

[1] „Immer in caritate Dei" (in der Liebe Gottes), so unterschrieb Raphael Walzer eine Karte an Edith Stein vom 25.4.1930, siehe: ESGA 2, Nr. 91.
[2] Chronik, Abtsweihe am 11. Februar 1918, S. 1.
[3] Ebd., S. 5.
[4] Zur Zeit von 1918 bis 1928 siehe in diesem Band den Beitrag von Joachim Köhler.
[5] G. MANN, S. 73.

Edith Stein war in Brot und Arbeit. Seit 1923 war sie in Speyer als Lehrerin für Deutsch und Geschichte an der von Dominikanerinnen geführten Lehrerinnenbildungsanstalt angestellt, „dem Herzen nach, das darf ich wohl ohne Vermessenheit sagen, als eine rechte Klosterfrau, wenn ich auch keinen Schleier trage und nicht durch Gelübde und Klausur gebunden bin, und auch vorderhand nicht daran denken darf, diese Bindung einzugehen“[6]. – Der Beuroner Erzabt sah das lange genauso.

Hochbegabte Intellektuelle haben es oft schwer, Menschen zu finden, die ihren geistigen Ansprüchen genügen. Mit den geistlichen Ansprüchen war es vermutlich nicht einfacher. So war es ein Glücksfall, dass Erich Przywara SJ[7], der in Beuron 1925 Konventsexerzitien gehalten hatte, Edith Stein 1928 vorschlug, die Ostertage in Beuron zu verbringen. Der vier Jahre ältere Raphael Walzer, ebenfalls hochbegabt, voller Energie und mit vielerlei Zukunftsplänen für das Kloster beschäftigt, ein halbes Jahr zuvor zusätzlich zu seinen beiden Doktortiteln in Philosophie und Theologie von der Universität Tübingen mit der Ehrendoktorwürde geehrt, hatte wenige Wochen vor Edith Steins erstem Besuch in der Nachbargemeinde Ir(re)ndorf einen Vortrag über seine Amerikareise des Vorjahres gehalten, wo er auf seiner dreimonatigen Reise nicht nur viele Klöster landauf, landab besuchte, sondern sogar vom Präsidenten der Vereinigten Staaten Calvin Coolidge empfangen wurde. Zur Organisation des Aufenthaltes in den USA hatte sich dort ein „'Beuron Art Comitee' gebildet, das zusammen mit den katholischen Verbänden für die feierlichen Empfänge, Vorträge und Festlichkeiten Sorge trug. Anschließend daran fand jeweils eine Ausstellung von besonders ausgewählten Beuroner Kunstgegenständen statt, die sehr großes Interesse fanden. Es ist auffallend, dass besonders populäre Darstellungen wie der Gute Hirte, die Hl. Familie und ähnliche den meisten Anklang fanden. Die Desiderianische ‚Madonna mit dem Apfel' wurde direkt begeistert aufgenommen“[8].

Der Beuroner Erzabt war von der Ravensburger Handwerkerfamilie aus weit in die Welt hinausgekommen, Abt eines Klosters, das als geistliches Zentrum kraftvoll über den deutschsprachigen Raum ausstrahlte. Weltoffenheit, Weltgewandtheit werden den beiden Christen, deren Lebenswege sich Ostern 1928 in Beuron zum ersten Mal kreuzten, nicht im Weg gestanden haben.

Nichts ist erhalten. Kein einziges Mal ist der Name Edith Steins im Gästeverzeichnis der Klosterchronik erwähnt. (Auch nicht der Name irgendeiner anderen Frau.) Beuron war Männersache. „Secretum meum mihi“ – mein Geheimnis

[6] A.U.MÜLLER/M.A. NEYER, S. 165.

[7] Erich Przywara (1889–1972), Philosoph und Jesuit, hat Edith Stein zu den Übersetzungen Newmans sowie Thomas von Aquins angeregt. 1928 erschienen im Theatiner Verlag Dietrich von Hildebrands Newmans Briefe und Texte in der Übersetzung Edith Steins. Die Thomas-Übersetzungen erschienen bei Borgmeyer, Breslau 1931 unter dem Titel: „Des hl. Thomas von Aquino Untersuchungen über die Wahrheit.“

[8] Chronik, 1.Halbjahr 1927, S. 2.

gehört mir. Was ursprünglich von ihr im Hinblick auf ihre Hinwendung zum Katholizismus gesagt war, gilt auch für die Beziehung zu Raphael Walzer. Was auf uns kam, sind einige Postkarten von Raphael Walzer an Edith Stein. Man fand sie in ihrem abenteuerlich geretteten Nachlass[9]. Und die wenigen Briefe, in denen sie Beuron erwähnt.
Edith Stein hat in Speyer neben der Unterrichtstätigkeit und den vielen Korrekturen in letzter Zeit intensiv an der Thomasübersetzung (veröffentlicht 1932) gearbeitet. Zudem beginnt sie, ersten Anfragen nach Vorträgen nachzukommen. Auch die Vorträge wollen vorbereitet sein. Im April 1928 reist sie von Speyer an.
„Das Klima während der Wintermonate war verhältnismäßig mild. Der Januar brachte viel Schnee bei geringer Kälte bis gegen Ende des Monats. Im Februar herrschte zuerst Tauwetter, das eine starke Überschwemmung unseres „Donauströmle“ brachte. Der März war… ziemlich kalt. Ostersonntag feierten wir bei herrlichstem Wetter“[10].
Auch die Seelenstimmung war eine heitere. „Laetatus sum in his quae dicta sunt mihi: in domo domini ibimus. Ich freute mich, da mir gesagt wurde: Wir wollen ins Haus des Herrn gehen”[11].
„Als Edith Stein zum ersten Mal nach Beuron kam“, berichtet nach ihrem Tod Raphael Walzer[12], „war sie wahrhaft kein Neuling mehr. So viel Kostbares brachte sie mit, dass sie in der monastischen Atmosphäre dieses verborgenen Donauwinkels wohl gleich ihre eigentliche Heimat entdeckte, aber durchaus keine Umwandlung erfahren oder wesentlich Neues hinzuzulernen brauchte. Es war eine Art Erntezeit dessen, was andere gesät und sie selbst in bestem Erdreich verarbeitet hatte“[13]. „Diese Tatsache“, fährt Raphael Walzer fort, „mag in jeder Lebensbeschreibung als eine der bestverbürgten behandelt werden, ohne dass die geschichtliche Wahrheit dabei zu kurz käme. Aber worin lag für sie die eigentliche Anziehungskraft Beurons und seiner Gottesdienste?“
Es ist nach Raphael Walzer vor allem die liturgische Form innerhalb des monastischen Lebens gewesen, die Edith Stein, als Kind einer jüdischen Familie von klein auf an liturgische Tradition gewöhnt, in Beuron Heimat finden ließ. Raphael Walzer hat Edith Stein „sehr geschätzt, ja verehrt, als grundlautere reife Persönlichkeit. Er nannte sie die Virgo sapiens... Sie war für ihn die von Gott überreich Beschenkte, die ganz in der geliebten Wahrheit Verweilende, die

[9] Als die Alliierten von der Normandie heranrückten, wurde der ganze Ort Echt, in dessen Karmelitinnenkloster Edith Stein zu dieser Zeit lebte, evakuiert. Ein Teil ihres Nachlasses war zu diesem Zeitpunkt schon in einem abgemauerten Keller des Echter Karmel untergebracht, ein anderer Teil wurde auf die Fahrt in die Evakuierung in zwei Säcken mitgeschleppt und unterwegs in einem Bauernhaus versteckt.
[10] Chronik, 1.Halbjahr 1928, S. 8.
[11] 1. Eintrag ins Gästebuch Mayer, Beuron, Ostermontag 1928. ESGA 2, Nr. 62.
[12] E. ENDRES, S. 313.
[13] Sechs Jahre vor ihrem ersten Besuch in Beuron war Edith Stein am 1.1.1922 in Bergzabern vom Judentum zum katholischen Glauben konvertiert.

betende Philosophin, das Gebet in Person – Ausdrücke, die er gelegentlich gebraucht hat“, so erinnert sich P. Mauritius Schurr.[14]

Als große Wertschätzung, die man Edith Stein allgemein in Beuron entgegenbrachte, lässt sich verstehen, dass im sog. „Schott“ die Sequenz „Lauda Sion“ des Thomas von Aquin vorübergehend in einer neuen Übersetzung von „Dr. E. St.“ erschien[15]. Sicher verbürgt ist sie nun als Übersetzerin nach der Auffindung eines noch nicht in die Briefbände der ESGA aufgenommenen Briefes an Sr. Adelgundis Jaegerschmid vom 28. April 1929, in dem Edith Stein schreibt: „Das ‚Lauda Sion' will Pater Pius in die nächste Schott-Ausgabe hineinnehmen“[16].

Kaum war sie in Beuron als dem Zentrum der liturgischen Erneuerung, da registrierte Edith Stein kritisch, dass die Laienmönche nicht am Chorgebet teilnehmen konnten. Deshalb riet sie dem Erzabt, auch diese Mönche in Latein und Choral zu unterrichten, damit sie am vollen Chorgebet teilnehmen konnten. Sie war ihrer Zeit weit voraus. Erst das II. Vatikanum regelte diesen Missstand.

Raphael Walzer wird Edith Stein fünf Jahre lang von einem Klostereintritt abraten. Zu viele Aufgaben sieht er in der Welt für sie bereitliegen[17]. Stattdessen unterstützt er sie in ihrer öffentlichen Tätigkeit. Die katholische Kirche hat intellektuellen Nachholbedarf. Von nun an werden sich ihre Vortragstermine mehren.

An ihren Freund Roman Ingarden (1893–1970) aus dem Göttinger Phänomenologenkreis schreibt sie am 13. Mai[18]: „Kar- und Ostertage war ich in Beuron und habe da in der Abtei das Urbild von Bahrs „Himmel auf Erden“ gefunden (ob es faktisch so ist, weiß ich nicht, es gibt ja noch mehr Benediktiner-Abteien, wo gewiss derselbe Geist zu finden ist.)“[19].

[14] K. OOST in: J. KAFFANKE / K. OOST, Vorhof, S. 85.

[15] 1884 erschien die erste Auflage des „Messbuch der heiligen Kirche“, herausgegeben von Anselm Schott OSB (1843–1896), Mönch der Abtei Beuron. In der 34. Auflage, 1928 von Pius Bihlmeyer OSB herausgegeben, erscheint die Sequenz von Thomas von Aquin in der Neuübersetzung Edith Steins. Im Vorwort heißt es: „Die Vorlage zur Neuübersetzung der Sequenz Lauda Sion (S. 545) stammt von Dr. E. St.“

[16] Festschrift zum 75. Jubiläum von St. Lioba in Freiburg 2002, S. 203.

[17] Siehe die Stellungnahme Raphael Walzers zum Eintrittsgesuch Edith Steins in den Kölner Karmel in diesem Beitrag.

[18] E. STEIN, ESGA 4, Nr. 122.

[19] Sie hatte Roman Ingarden 1927 ein Büchlein von Hermann Bahr zu Weihnachten geschenkt, das den Titel „Himmel auf Erden“ trug. Dieses Buch ist dem Beuroner Maler-Mönch Willibrord Verkade zum 25-jährigen Priesterjubiläum gewidmet. Der Autor, Hermann Bahr (1863–1934), gehörte zum Kreis der Wiener Impressionisten um Arthur Schnitzler, Stefan Zweig, Karl Kraus u.a. Eine Zeit ausgedehnter Reisen führte ihn 1888 für längere Zeit nach Paris, wo er möglicherweise den niederländischen Maler und späteren Beuroner Mönch Willibrord (Jan) Verkade kennen gelernt hat. Dieser gehörte zur Gruppe der Nabis (von hebräisch nabi: Erleuchteter, Prophet), die nach dem Eintritt Jan Verkades ins Kloster Beuron und seiner Mitwirkung an den Malereien der Beuroner Kunstschule auch von der Beuroner Kunst beeinflusst wurden. In der Öffentlichkeit bekannt wurde die Beuroner Kunst vor allem durch die Mitwirkung an der Ausstellung „Religiöse Kunst“ an der Wiener Sezession (1905), für die vorrangig Pater Willibrord die Bilder ausgewählt hatte. – Es ist also anzunehmen, dass Edith Stein auch „faktisch“ Recht hatte mit ihrem Eindruck, das fiktive Zwiegespräch im Buch H. Bahrs zwischen einem Benediktinerabt und seinem ehemaligen Schüler, einem berühmten Gräzisten, sei im Kloster Beuron zu verorten.

„Hinterher“, so fährt sie in ihrem Brief an Roman Ingarden fort, „musste ich gleich an der Generalversammlung des Bayrischen katholischen Lehrerinnenvereins in Ludwigshafen einen Vortrag halten“[20]. Die Umstellung ist ihr sichtlich schwer gefallen. So persönlich, wie wir es sonst bei der ihr eigenen Zurückhaltung nicht kennen, eröffnet sie diesen Vortrag am 12. April mit dem Thema „Der Eigenwert der Frau in seiner Bedeutung für das Leben des Volkes“ mit den Worten: „Gestatten Sie mir, mit einer kleinen persönlichen Bemerkung zu beginnen. Vor zwei Tagen fuhr ich von Beuron, wo ich die Kar- und Ostertage verbringen durfte, hierher (...), mitten in die Vorbereitungen zu dieser Tagung hinein. Man kann sich kaum einen größeren Gegensatz denken: dort das stille Tal des Friedens, wo (...) Tag und Nacht und Jahr für Jahr das Lob des Herrn gesungen wird, (...) und diese Versammlung, die sich zusammengefunden hat, um brennende Gegenwartsfragen zu besprechen. Das ist fast wie ein Sturz vom Himmel zur Erde“[21].

Zehn Tage später, am 22. April, wurde Raphael Walzer zu seiner schwer erkrankten Mutter gerufen. Es folgen in einer für einen Erzabt nicht ungewöhnlichen Termin-Dichte: im Mai eine Geschäftsreise nach Stuttgart, eine Pontifikalmesse in Freiburg zum 50-jährigen Bestehen des marianischen Jungfrauenvereins; im August: die Teilnahme an der Akademikertagung in Konstanz, die Erhebung Kloster Neuburgs zur Abtei; das Domjubiläum in Salzburg im September; die Diözesanjubiläumsfeier in Ravensburg im Oktober, an die sich Fahrten nach Weingarten und Neuburg anschlossen. Im Dezember dann noch einmal zur Glockenweihe nach Neuburg, anschließend zu einem Besuch bei der neu gewählten Äbtissin von Lichtenthal. Und bei fast allen Terminen Ansprachen oder Predigten. An Arbeit und Terminen also kein Mangel, weder in Beuron noch in Speyer.

„Was nun meine Durchsicht ihrer Arbeit betrifft“, schreibt Edith Stein in ihrem ersten Brief nach ihrem Beuron-Aufenthalt an Roman Ingarden, der sie um die Durchsicht seines Buches „Das literarische Kunstwerk“ gebeten hatte, „so möchte ich Ihnen vorschlagen, wenn Sie fertig sind, noch einmal anzufragen. Ich kann es heute wirklich schwer sagen, ob es mir möglich sein wird… zwischen September und Ostern ist es fast ausgeschlossen, weil in das 2. Trimester die Hauptmasse der Schularbeit, vor allem Korrekturen, fällt und in das 3. die Prüfungen. Wie es in den Ferien wird, kann ich noch nicht ganz übersehen. Ich hoffe, bis dahin mit meinem vorläufigen Thomas-Text fertig zu werden und dann in den Ferien die große terminologische Durcharbeitung des Ganzen vorzunehmen… in den letzten Wochen hatte ich (wieder) so viele Störungen, dass ich von den paar Wochen bis Juli nicht mehr viel erwarten kann. Wenn es aber

[20] E. STEIN, ESGA 4, Nr. 122.
[21] E. STEIN, ESGA 13, S. 1.

irgend zu ermöglichen ist, tue ich es gern“[22]. Das schreibt sie, obwohl die Arbeitsbelastung in Speyer so groß ist, dass sie kaum Zeit findet für eigene Arbeiten. Und sie erfüllt die Bitte Roman Ingardens auch, überarbeitet das umfangreiche Werk und sorgt für die Drucklegung[23].
Vom 5.–7. Oktober feiern die Dominikanerinnen in Speyer das 700-jährige Bestehen ihres Klosters. Der Apostolische Nuntius stattet aus gegebenem Anlass dem Kloster einen Besuch ab. Edith Stein wird ausersehen, Eugenio Pacelli zu begrüßen.
Weihnachten 1928 kommt Edith Stein zum zweiten Mal zu einem Hochfest nach Beuron. Eine Karte mit dem Beuroner Hochaltarbild der Weihnachtszeit geht an Roman Ingarden[24]. Ostern wird sie wieder da sein. Die Aufenthalte in Beuron tun ihr gut, helfen, Abstand zu gewinnen von den Anforderungen des Berufs- und Referentinnenlebens: „Was man von dort (Beuron) mitbringt, ist dauerhaft. In 12 Tagen kann man dort einen Schatz sammeln, der lange nährt und alles verdauen hilft, was von außen kommt. Das ist die Antwort auf die Frage nach meinem Ergehen“[25].

1929

Als Edith Stein diese Sätze schreibt, ist Raphael Walzer schon von einer Reise zurück, die ihn im April des Jahres 1929 zur 1400-Jahr- und Jubiläumsfeier Montecassinos geführt hatte. Auf dem Weg über Mailand, Florenz, Assisi hatte er Station in Rom gemacht: Der Papst feierte sein goldenes Priesterjubiläum. Raphael Walzer hatte – anders als Edith Stein vier Jahre später - die Gelegenheit zu einer Audienz. Nach den Feierlichkeiten in Montecassino, das im Zweiten Weltkrieg zu einem grausamen Schlachtfeld und gänzlich zerstört werden sollte, führt ihn die Reise über Marienberg und Gries zum 11. Generalkapitel nach Beuron zurück, das am 23. April zu tagen begann.
Der Beuroner Klosterchronist des Zweiten Halbjahres 1929 vermeldet weiterhin stolz den Besuch des Apostolischen Nuntius Eugenio Pacelli, dem späteren Papst Pius XII., der seine Anwesenheit beim Freiburger Katholikentag am 29. August zu einem Besuch in Beuron nutzte. „Bei seinem Eintritt in die festlich erleuchtete Kirche begrüßte ihn V. Erzabt in einer kurzen Ansprache und wies darauf hin, dass er als Römer eigentlich hier kein Fremdling sei, sondern gewissermaßen auch auf römischem Boden stehe; seien doch unsere Stifter[26] einst

[22] E.STEIN, ESGA 4, Nr. 122.
[23] Erschienen bei Max Niemeyer, Halle 1931.
[24] E. STEIN, ESGA 4, Nr. 124.
[25] E. STEIN, ESGA 2, Nr. 70.
[26] Die beiden in Bonn gebürtigen Brüder Maurus (Rudolf, 1825–1890) und Placidus (Ernst, 1828–1908) Wolter gehörten zunächst dem Konvent St. Paul vor den Mauern in Rom an, strebten jedoch danach, den Benediktinern nach der Säkularisation die Rückkehr nach Deutschland zu ermöglichen. 1863 wurde das Priorat Beuron errichtet. 1. Prior (später Abt, ab 1885 Erzabt) war Maurus Wolter, 2. Erzabt von 1890–1908 Placidus Wolter.

von Rom ausgezogen und wir durch sie noch immer in besonderer Weise mit der römischen Abtei St. Paul, deren Professkloster, verbunden."
„Es war am 24. November 1929, einem herbstlichen Sonntagnachmittag um 2 ½ Uhr, am so genannten Totensonntag", berichtet Raphael Walzer[27], „da klingelte zum ersten Mal ein seltsamer Fremder an der Beuroner Klosterpforte: der Süddeutsche Rundfunk… bat um Einlass… Wie jeden Gast wollte der Gastpater auch den Rundfunk in die Kirche führen, da soeben die Vesper gesungen wurde. Doch auf Grund einer bestehenden oberhirtlichen Verordnung[28]konnte ihm der Eintritt in die Kirche selbst nicht gestattet werden. Trotzdem ließ es sich nicht vermeiden, dass der Psalmengesang der Mönche durch den Kreuzgang der Abtei, in dem das Mikrophon lauschte, in die Lüfte drang. Es hat den Beuroner Abt an jenem Sonntag innerlichst ergriffen, als er das feierliche Paternoster der Vesper diesmal nicht bloß in und für seine engere Klosterfamilie singen durfte, sondern gleichsam im Namen all der Tausende, die in den verschiedensten Gegenden der Übertragung beiwohnten. Wegen der inneren nahen Beziehung, die das Mikrophon zu den Glocken hat, konnte ihm die Bitte nicht abgeschlagen werden, wie alle hören zu dürfen. Und seither haben es die Beuroner Glocken den Rundfunkhörern angetan. Aus allen Dankesschreiben ergeht an uns immer wieder die dringende Bitte, wir mögen die Glocken doch öfters läuten lassen. Gegen Schluss des zweistündigen Rundfunkbesuches hatte das Mikrophon den nahe liegenden Wunsch, auch noch den Hausherrn selbst kennen zu lernen. Dieser Bitte wurde gerne willfahren…"[29]. Der Beuroner Erzabt dachte fortschrittlich. Radiotechnik war neu. Ins Kloster war sie bislang noch nicht gedrungen: „Wir haben im ganzen Kloster noch kein einziges Radio!", bekennt er in dem nun folgenden Gespräch dem „seltsamen Fremden" vom Süddeutschen Rundfunk, Herrn Struve. „Dass Sie das ja nicht als Interesselosigkeit ansehen möchten. Vorläufig wüsste ich nicht, wie unsere streng geregelte Tagesordnung aufrecht erhalten werden könnte, wenn wir das Radio im Haus hätten…", doch er „trage keine Bedenken, ja es (sei ihm) eine aufrichtige Freude,… mit einer neuen Kulturerscheinung und werdenden Großmacht, dem Radio, einen heiligen Bund einzugehen"[30]. Im Vorwort zu den ersten, „Beuroner Rundfunkstunden" präzisiert der Erzabt seine Haltung:
„…schon jetzt hat sich gezeigt, dass altklösterliches Leben und neuzeitliche Technik sich nicht unschwer zusammenführen lassen, dass diese Kulturerscheinung im Dienste der katholischen Sache eine hohe Bedeutung gewinnt, dass wir auf unserer Seite nicht müßig bleiben dürfen, sondern unsere besten Kräfte in den Dienst des Rundfunks stellen müssen"[31].

[27] R. Walzer, Beuroner Rundfunkstunden 1, S. 5 f.
[28] Für Rundfunkübertragungen liturgischer Feiern war offensichtlich damals eine bischöfliche Dispens nötig, die in diesem Fall nicht vorlag.
[29] R. Walzer, Beuroner Rundfunkstunden 1, S. 5 f.
[30] Ebd., S. 6.
[31] Ebd., S. 4.

Das Jahr, in dem Beuron mit dem Rundfunk Bekanntschaft und Freundschaft schließt, ist das Jahr, in dem die noch bis 1984 geltenden und dann durch ein neues Konkordat ersetzten Lateranverträge abgeschlossen werden, in denen Italien den Vatikan zu einem souveränen Staat mit dem Papst als Staatsoberhaupt erklärt. Es ist auch das Jahr, in dem in Deutschland Himmler zum Leiter der SS (Schutzstaffeln) ernannt wird, die er zu einer paramilitärischen Truppe der NSDAP ausbauen wird. Es ist das Jahr, in dem Thomas Mann den Literatur-Nobelpreis erhält und der Erfolgsroman Erich Maria Remarques „Im Westen nichts Neues" erscheint. Es ist das Todesjahr Hugo von Hofmannsthals und Heinrich Zilles. Es ist das Jahr, in dem Edmund Husserl in Freiburg seinen 70. Geburtstag feiert. Es ist das Jahr des Schwarzen Freitags an der New Yorker Börse. „Der allgemeine Glaube an eine Wunderwirkung des Kapitalismus und an schnellen Reichtum gab den Anstoß zu einer Spekulation größten Ausmaßes. Aktien wurden ausgegeben, die um das Vielfache überzeichnet waren. Im Oktober und November brach diese Spekulation in mehreren Wellen zusammen. An der New Yorker Wall Street, der Weltleitbörse, verloren manche Aktien bis zu 90% ihres Wertes. Immer mehr Fabriken mussten daraufhin die Arbeit einstellen. Es kam zu Massenentlassungen, zunächst in den USA. Viele konnten die Kredite, mit denen sie ihren Wohlstand finanziert hatten, nicht zurückzahlen. Daraufhin brach über ein Drittel der Banken zusammen. Rasch holte man das kurzfristig ans Ausland – vor allem an Deutschland – verliehene Geld zurück. Das war für Deutschland der Beginn jener schweren Wirtschaftskrise, in deren Folge Hitler an die Macht kommen sollte"[32].
Es ist wie jedes Jahr auch dieses ein disparates. Die Folgenden werden zunehmend desperat werden.

1930

Die Weltwirtschaftskrise zeigte nun auch in Deutschland ihre Auswirkungen. Ende Februar 1930 waren 3,4 Millionen Arbeitslose registriert, und die Zahl stieg ständig an, so dass die Furcht um den Arbeitsplatz umging. Auch die sozialen Spannungen wuchsen. Viele wandten sich vom kapitalistischen Wirtschaftssystem ab. Auch der demokratische Staat hatte in ihren Augen versagt. Die Wahlen am 14. September erbrachten ein erschreckendes Anwachsen der Radikalen von rechts und links.
In einer Erklärung Hitlers vor dem Reichsgericht Leipzig, die am 26.9.1930 veröffentlicht wurde, sprach er offen davon, dass die NSDAP nun die legale Machtergreifung anstrebte, und er ließ auch keinen Zweifel daran, dass man dann den „Staat in eine Form gießen (werde), die wir als die richtige ansehen",

[32] A.U. MÜLLER / M.A. Neyer, S. 194.

und: „es werden auch einige Köpfe rollen“[33]. Sage niemand, er habe es nicht wissen können! Mit einem enormen Propaganda- und Veranstaltungsaufwand führen die Nationalsozialisten ihren Wahlkampf unter Propagandachef Joseph Goebbels. Bei Auszählung der Stimmen ergab sich eine Verzehnfachung der Anhänger der Nationalsozialisten. Die NSDAP war zur zweitgrößten Partei Deutschlands geworden.
Für Edith Stein war das Jahr 1930, in dem sie alle drei Hochfeste in Beuron verbrachte, angefüllt mit Arbeit. Auf den Ostersonntag (20.4.30) ist ein Brief an Sr. Adelgundis Jaegerschmid OSB datiert. „…das Beste an diesen überreich gesegneten Tagen lässt sich nicht sagen, geschweige denn schreiben. ‚Praestolari in silentio salutare Dei'[34]war der Text der Karfreitagspredigt, die V(ater) E(rzabt) wieder selbst hielt: Rüstungsschweigen des Gründonnerstags, Kampfesschweigen des Karfreitags, Siegesschweigen – stummer Jubel der Osterfreude. Dabei wollen wir es bewenden lassen …“[35].
Aus dem weiteren Verlauf dieses Briefes geht hervor, dass Edith Stein über die anstehenden Reisetermine des Beuroner Erzabtes gut informiert war: „Der Hochwürdigste Herr hat für den Sommer einige Reisepläne: 12./13. Juli – hören und staunen Sie – nach Speyer zu den Hauptfesttagen des 900j. Domjubiläums[36]; in der 2. Augusthälfte das Emmerichjubiläum in Ungarn[37] und das Neuburg-Jubiläum[38]. Die erste Augusthälfte ist voraussichtlich frei…“[39].
Immer öfter wird Edith Stein nun für Vorträge, zumeist zu frauenspezifischen Themen, angefragt. Die Frauenfrage hatte sie seit jeher beschäftigt. Als Studentin schon kämpfte sie in Breslau für die Frauenrechte. Auf dem Weg zur Habilitation setzte sie sich 1919 erfolgreich für die rechtliche Gleichstellung der Frauen im Bereich der Universität ein. Nun wird sie wiederholt von katholischen Frauenbewegungen und Akademikerverbänden als Referentin eingeladen und setzt sich in ihren Vorträgen mit dem Selbstverständnis von Frauen, mit ihrer Stellung in Kirche und Gesellschaft, mit einer für Frauen konzipierten Bildung auseinander. Das heute aktuelle Thema von „Sex und Gender“, von biologischem und sozialem bzw. kulturellem Geschlecht, klingt in ihren Münsteraner Vorlesungen 1932/33 schon an.
Am 1. September hält sie in Salzburg als einzige Frau einen Vortrag auf der Herbsttagung des „Katholischen Akademikerverbandes“ zum Thema: „Das

[33] Ebd., S. 198.
[34] Praestolari in silentio salutare Dei – schweigend zu harren auf Gottes Heil (Klgl 3,26). Mit diesen Worten endet auch der Brief, den Raphael Walzer als Begleitschreiben zu Edith Steins Brief an Papst Pius XI. vom April 1933 verfasste. Siehe später in diesem Beitrag.
[35] E. STEIN, ESGA 2, Nr. 90.
[36] Erzabt Raphael hielt am 13. Juli in Speyer die Festpredigt zum 900. Jahrestag der Grundsteinlegung des Speyerer Doms.
[37] Gedächtnisjahr zum 1000. Todesjahr des hl. Emmerich, Sohn König Stephans.
[38] 800-jähriges Gründungs-Jubiläum des früheren Stiftes Neuburg.
[39] E. STEIN, ESGA 2, Nr. 90.

Ethos der Frauenberufe". Mit diesem Vortrag wird sie nun einer größeren Öffentlichkeit bekannt[40]. Am Ende des Vortrages räsoniert sie: „Anhangsweise möchte ich noch eine Frage aufwerfen...: Warum hat man im Programm der Tagung neben die sachlich abgegrenzten Berufstypen... die Gruppe der ‚Frauenberufe' gestellt? Warum ist auch sonst so oft die Rede vom ‚Beruf der Frau', aber kaum je vom ‚Beruf des Mannes'? ... Ich glaube, es wäre sehr dankenswert, wenn diese Fragen ernst und gründlich durchdacht würden. Denn... erst die rein entfaltete männliche und weibliche Eigenart ergibt die höchst erreichbare Gottebenbildlichkeit und die stärkste Durchdringung des gesamten irdischen Lebens mit göttlichem Leben"[41]. Was zunächst nur feministisch klingt, weitet sich auch auf der Ebene der Theologie in hoch moderne und den meisten damaligen Zuhörer/-innen keineswegs vertraute Gedanken, die auch eine Reflexion auf dem Hintergrund heutiger feministischer Theologie nicht scheuen müssen.

Auf Salzburg erfährt sie große Resonanz. Neben der Freude über die Anerkennung folgt daraus Mehrarbeit[42]: „Salzburg hat erstaunliche Kreise gezogen", schreibt sie am 10. Dezember 1930 an die beiden Benediktinerinnen in St. Lioba, Adelgundis Jaegerschmid[43] und Placida Laubhardt[44]. „Ich muss bald da, bald dort als Rednerin auftreten. Dazwischen immer die Aufsatzberge. Voraussichtlich werde ich Ostern die Schule an den Nagel hängen (bitte, darüber vorläufig nicht sprechen); was dann kommt, weiß ich noch nicht. (Sie hat sich 1931/32 von der Vortragstätigkeit ernähren können, Anm. d. Autorin.) Ich habe alles Nachdenken darüber – als unnütz zeitraubend – bis auf die Weihnachtsferien vertagt. Aber nun muss es in Beuron gründlich bedacht (und sicher auch besprochen werden, Anm.d.Autorin). Darum will ich nun doch auf dem Hinweg direkt fahren. Ich denke, es wird möglich sein, den Rückweg über Freiburg zu machen. Das schreibe ich euch noch von B(euron) aus..."[45]. Zehn Tage später ist sie in Beuron[46].

Auch der Beuroner Erzabt hat ein arbeitsreiches Jahr verbracht, ausgefüllt nicht nur mit den von Edith Stein erwähnten Reisen, dazu Besuchen, Predigten, Rundfunkansprachen, Jubiläumsfeierlichkeiten, Konferenzen und all den im Kloster selbst anfallenden Aufgaben.

40 Weitere Referenten u.a.: Prof. Dr. Alois Mager OSB, Beuron; Prof. Dr. Engelbert Krebs, Freiburg; Abt Dr. Ildefons Herwegen OSB, Maria Laach; Prof. Dr. von Hildebrandt.

41 E. STEIN, ESGA 13, Nr. 29.

42 Vorträge u.a.: Oktober in Speyer „Zur Idee der Bildung"; November in Bendorf zu den Grundlagen der Frauenbildung"; Dezember an der Universität Heidelberg zum Thema „Der Intellekt und die Intelektuellen".

43 Adelgundis (Amalie) Jaegerschmid OSB (1895–1996), Historikerin, Husserl-Schülerin, Mitglied in Edith Steins „Philosophischem Kindergarten", einem Einführungskurs in die Phänomenologie an der Universität Freiburg.

44 Placida (Eva) Laubhardt OSB (1904–1996) lernte Edith Stein als junge Konvertitin in Breslau kennen. Als Edith Stein 1923 nach Speyer ging, begann Eva Laubhardt eine Ausbildung am Freiburger Caritas-Seminar für Katechese und Gemeindehilfe.

45 E. STEIN, ESGA 2, Nr. 121.

46 Auf dem Weg nach Beuron machte sie in Freiburg Halt und sprach bei dem katholischen Theologen Professor Engelbert Krebs vor. Vermutlich ging es um ihre Habilitationspläne.

Zum Geburtsfest Christi, zum Hochfest, gehört der Vater ins Haus. Und so ist Raphael Walzer, als Edith Stein am 10. Dezember von ihren Salzburg-Erfahrungen nach St. Lioba schreibt, schon seit fünf Tagen von seiner Reise ins Heilige Land zurück. Am 13. Oktober war er – nachdem er Anfang September noch zur Äbtekonferenz nach Prag gereist war[47] – in Beuron aufgebrochen, hatte seinen Namenstag[48] in Montecassino verbracht. War dann weitergereist nach Sizilien, von Brindisi aus nach Ägypten aufgebrochen, wo er Kairo und Luxor besichtigte. In Jerusalem visitierte er das Sionkloster und reiste von dort über Konstantinopel und Athen, den Balkan und Wien zurück, um am 5. Dezember wieder in Beuron einzutreffen.
Als in der Nacht vom 22. auf den 23. November in einem Sturm das Kreuz auf dem Petersfelsen umgestürzt war, war der Erzabt noch auf Reisen und hat das Geschehen, das die Gemüter tief bewegte und verstörte, nur mittelbar erlebt.
Am Gaudete-Sonntag, dem 14. Dezember, findet im Kapitelsaal die Einkleidung von vier Novizen statt. Die abschließende Ansprache des Erzabtes an die Novizen wurde im Süddeutschen Rundfunk übertragen[49]. Drei Jahre später wird Raphael Walzer anlässlich einer anderen Einkleidungsfeier noch einmal eine Ansprache halten, die leider nicht erhalten ist. Der glückliche Mönch[50], der dort vor ihm kniete, war Edith Stein.
Doch noch ist Weihnachten 1930. Edith Stein ist am 20. Dezember in Beuron angekommen und nimmt wieder Wohnung im Haus an der Holzbrücke bei der Familie Mayer. Sie muss in den Tagen vor und nach dem Fest einen Vortrag vorbereiten, dem sie den schlichten Titel „Das Weihnachtsgeheimnis“ gibt. In einem Brief an Pfarrer Ludwig Husse schreibt sie am 2. Januar 1931: „Sie werden aber begreifen, dass mir hier kein anderes Thema einfallen wollte als das Weihnachtsgeheimnis selbst“[51].

1931

In diesem Vortrag, den Edith Stein am 13. Januar in Ludwigshafen hielt, mahnen schon kurz nach einer Einleitung, die einem Festchoral gleich den Zauber der Weihnacht aufklingen lässt, dunkle Klänge die Nähe von Krippe und Kreuz

47 Von dort ging am 9. Sept. ein Kartengruß an Edith Stein nach Speyer (ESGA 2, 103).
48 Fest des hl. Erzengels Raphael, früher 24. Oktober. Heute begeht die Kirche das Fest der Erzengel Michael, Gabriel und Raphael am 29. September.
49 Im Druck erschienen als „Beuroner Rundfunkstunden“, 1. Bändchen, Beuron 1931.
50 Edith Stein schreibt, dass sie in Beuron „fast zwei Wochen ein glücklicher Mönch sei“ (ESGA 2, Nr. 198) oder wie sie es an anderer Stelle ausdrückt, „in meinem lieben Beuron fast wie ein richtiger Mönch“ (ESGA 4, Nr. 147) die Heilige Nacht feiern durfte.
51 E. STEIN, ESGA 2, Nr. 128. – Der Mitherausgeber des vorliegenden Buches, Bruder Jakobus Kaffanke OSB, erzählte mir vor Jahren, er habe beim erstmaligen Lesen des „Weihnachtsgeheimnis“ gedacht: Das kann nur in Beuron geschrieben worden sein. Erst später habe sich dann seine Vermutung bestätigt. „Insidern“ zumindest ist also die „Beuroner Atmosphäre“ dieses Textes erkennbar.

an: „Der Stern von Bethlehem ist ein Stern in dunkler Nacht, auch heute noch“[52]. „…Wohin das Jesus-Wort ‚Folge mir’ uns auf dieser Erde führen will, das wissen wir nicht und sollen wir nicht vor der Zeit fragen“, heißt es an späterer Stelle. „Nur das wissen wir, dass denen, die den Herrn lieben, alle Dinge zum Guten gereichen. Und ferner, dass die Wege, die der Heiland führt, über diese Erde hinausgehen“[53]. Wer Christus nachgeht, der muss das ganze Christus-Leben durchleben... er muss einmal den Kreuzweg antreten nach Gethsemane und Golgatha“[54]. Die Spiritualität des Kreuzes war für Edith Stein wie für Raphael Walzer Quelle des Glaubens.

In Speyer schreibt Edith Stein kurz nach ihrer Rückkehr von den Beuroner Weihnachtstagen am 18. Januar an Callista Brenzing OCist[55]: „Ihren lieben Brief habe ich noch im geliebten Beuron bekommen. Mein Herz ist noch dort und kommt nur her, wenn ich es nötig brauche; im übrigen wartet es, bis ich wieder hinkomme, d.h. voraussichtlich in der Karwoche“[56].

Schon am 26. März, am Donnerstag vor Psalmsonntag, kommt sie in Beuron an. Ostern fällt auf den 6./7. April. Edith Stein hat die Karfreitagspredigt Raphael Walzers, die auch im Rundfunk übertragen wurde, mit Sicherheit live gehört: „Solange du noch glauben kannst, dass Gott dich erlöst hat, dich geführt hat in sein wunderbares Licht, so lange wird dich keine politische Niederlage deines Volkes in deinem innersten Seelenglück verwirren, solange wirst du deine Kräfte und Talente nicht vergeuden im Ringen um ein nationales Ideal, das nie möglich sein wird oder doch nur auf Rechnung des Friedens (sic!) und der christlichen Liebe. Lass dich’s nicht verdrießen, dieser einzigen katholischen und christlichen Haltung die Treue zu wahren. …es wird sich einmal zeigen, dass du recht gehabt hast, deinen Blick über die engen Grenzen deiner Heimat auf das Kreuz von Golgota und das Weltreich Jesu Christi, und zu dem hingerichtet zu haben, der der gemeinsame Führer (sic!) und Lehrer aller Völker und Rassen (sic!), der Vater der gesamten Christenheit ist. …Ach ihr Armen und Allerärmsten, ihr Väter und Mütter, die ihr nicht wisset, wie ihr morgen das Brot auf den Tisch bekommt, ihr vielen anderen, die ihr zwar das Notwendige habt und noch manches dazu, aber aufrichtig mitleidet unter der Not in breiten Schichten der Bevölkerung, die ihr den täglichen Druck im ehrlichen Geschäftsleben verspürt, den Alpdruck der gegenwärtigen Wirtschaftskrise allüberall, kommt her unter das Kreuz Christi! Hier hängt der Herr der ganzen Welt…“[57]. – Mutig war er, der Beuroner Abt. Nicht erst 1933, wie die breitere

[52] T. BENEDICTA A CRUCE, Weihnachtsgeheimnis, S. 5.
[53] Ebd., S. 9.
[54] Ebd., S. 14.
[55] Zisterzienserin in der Abtei Seligenthal in Landshut.
[56] E.STEIN, ESGA 2, Nr. 134. In München hält sie am 8. April auf der Ostertagung der „Katholischen bayrischen Junglehrerinnen“ einen Vortrag über „Die Bestimmung der Frau“.
[57] R. Walzer: Beuroner Rundfunkstunden 2, S. 5 ff.

Öffentlichkeit wahrnahm, als 2003 mit dem Brief Edith Steins an den Papst auch Raphael Walzers Begleitschreiben bekannt wurde.
Nach den Ostertagen fährt Edith Stein über Ulm-München-Dresden nach Breslau[58]. Das weitere Jahr ist angefüllt mit Vorträgen. Der 750. Todestag der hl. Elisabeth von Thüringen ist Anlass für verschiedene Referate. Eines davon hält sie in Wien am 30. Mai: „Elisabeth von Thüringen. Natur und Übernatur in der Formung einer Heiligengestalt." Das Presseecho in der „Wiener Reichspost": „Frau Dr. Edith Stein (Speyer) sprach in gedankentiefen und formvollendeten Worten über die hl. Elisabeth... Die Rednerin, deren hervorragende Referate schon bei der im Herbst stattgefundenen Tagung der Katholischen Akademiker in Salzburg Aufsehen erregt hatten, fand für ihre Ausführungen ein gespannt lauschendes Publikum"[59]. Ein anderes in Zürich: „Lebensgestaltung im Geist der hl. Elisabeth"[60]. Im Oktober ist sie auf Vortragsreise in 15 Städten im Rheinland und Ruhrgebiet.
Selbst für eine so diszipliniert und beharrlich arbeitende Wissenschaftlerin wie Edith Stein gibt es Grenzen. Zum neuen Schuljahr, Ostern 1931, gibt sie den Schuldienst in Speyer auf. Denn neben der Vortragstätigkeit arbeitet sie an der großen Arbeit „Potenz und Akt", mit der sie sich habilitieren will. Die Aufenthalte in Breslau dienen in diesem Jahr ganz dieser wissenschaftlichen Arbeit. Doch die Habilitationsversuche in Freiburg scheitern: „Honecker[61] hat sich, obwohl er mich gar nicht kannte, große Mühe gegeben. Er hat sich – vergeblich! – bemüht, mir ein Privatdozentenstipendium vom Ministerium zu verschaffen, hat stundenlang mit mir und mit Husserl beraten. Da alte Leute, die keine Versorgung haben, von der Fakultät nicht mehr zugelassen werden, hat er mir schließlich geraten, lieber nicht einzureichen, um mir eine Zurückweisung zu ersparen. Heidegger war durchaus freundlich, wenn er mir auch die Sache als aussichtslos hinstellte..."[62].
Vorerst arbeitet sie weiter an den zeitlich aufwändigen Thomas-Übersetzungen, die schon bei Otto Borgmeyer in Breslau einen Verleger gefunden hatten[63].
„Je lauter es im Zeitalter der ‚Notverordnungen' in der Welt zugeht", so beginnt der Beuroner Chronist seinen Bericht zum zweiten Halbjahr 1931, „desto stiller suchen wir durch die Klostergänge zu wandeln, um durch Gebet und treue Pflichterfüllung Gottes Barmherzigkeit auf die Millionen von Arbeitslosen,

[58] ESGA 2, Nr. 147.
[59] A.U. MÜLLER / M.A. NEYER, S. 203.
[60] Dieser Vortrag wurde noch 1931 in der Benediktinischen Monatsschrift abgedruckt. Er findet sich in diesem Band, S. 63 ff. – Auch Raphael Walzer spricht mehrmals anlässlich des Festes der hl. Elisabeth, so z.B. in Ravensburg, Stuttgart-Cannstatt und Geislingen, wie der Chronist vermerkt.
[61] Martin Honecker, Professor für christliche Philosophie in Freiburg.
[62] E.STEIN, ESGA 4, Nr. 152.
[63] Siehe ESGA 4, Nr. 147. Die beiden Bände der Thomas-Übersetzung erschienen 1931 und 1932 im Verlag Otto Borgmeyer, Breslau: „Des hl. Thomas von Aquino Untersuchungen über die Wahrheit" (Quaestiones disputatae de veritate).

Verbitterten und Verzweifelnden herabzuflehen, deren Psyche uns gelegentlich Caritasdirektor Eckert aus Freiburg packend schilderte. Aus ganzem Herzen mitfühlend mit diesen Ärmsten, willigten wir gerne in manche Beschränkungen, um desto mehr schenken zu können. Und so durfte auch das Christkind heuer in viele Familien einen Gruß von uns bringen. An unserer Pforte wächst von Woche zu Woche das Feld karitativer Tätigkeit, da uns nicht mehr bloß durchreisende Handwerksburschen und Arbeitslose um Nahrung, Kleidung und sonstige Unterstützung angehen, sondern auch aus der näheren und weiteren Umgebung die Not bei uns anklopft. Mütter kommen mit ihren Kindern, Leute, die vielleicht nie im Leben betteln mussten, werden vom Hunger getrieben, ein Almosen zu erbitten…".

Während die Menschen hungerten, erreichte Hitler die Unterstützung der NSDAP durch die deutschen Großindustriellen. Macht braucht Geld. Geld verbündet sich mit der Macht. Die Arbeitslosigkeit steigt weiter an. Der Regierungsstil Brünings wird von Notverordnungen geprägt. Das Schiff schaukelt im Sturm. Es droht schon zu kentern.

Da wird hoch über Rio de Janeiro auf dem Corcorada-Berg eine 30 Meter hohe Christus-Statue errichtet. Und auch das Beuroner Kreuz, im Vorjahr umgestürzt, wird neu aufgestellt: „Jetzt krönt das Kreuz majestätisch den Felsen und das Tal…"[64]. Wieder spricht der Beuroner Abt Worte, die jeder verstehen muss: „Ein europäischer Sturm hat das alte Kreuz von seinem Throne gestürzt… ein neuer europäischer Sturm rüttelt an den Grundfesten von Religion und Sitte und Kultur. Diesem Sturm zu trotzen, soll ein neues Kreuz den Petersfelsen besteigen… Im Lichte dieses heiligen Kreuzes finden wir denn auch die Lösung der brennenden sozialen Frage, ganz anders als einer, der noch im Januar dieses Jahres im Ernst zu schreiben gewagt hat, der Staat solle dafür sorgen, dass… alle Schwächlinge und Kränklinge aus der Gesellschaft ausgeschieden und vernichtet werden. Dies im Namen einer Partei unseres Landes, die ernst genommen werden will. Dies im Jahre 1931! ... Du (heiliges Kreuz) schweigst wie Gott selbst zu diesen Missetaten. Aber erbarme dich auch dieser, auf dass auch sie erkennen, dass nur in deinem Zeichen Heil und Sieg (sic!) ist"[65]. Man meint, den Münsteraner Bischof von Galen zu hören. Nicht viele wagten es damals, zu den „salonfähig" werdenden Euthanasiegedanken so deutlich Position zu beziehen. - Stat crux dum volvitur orbis![66]

Die letzten Adventstage verbringt Edith Stein im Kloster St. Lioba in Freiburg. Zum Weihnachtfest aber, „zur plenitudo"[67] ist sie wieder in Beuron: „In zwei

[64] CHRONIK, 2. Halbjahr 1930, S. 7.

[65] Ansprache Raphael Walzers zur Weihe des neuen Kreuzes auf dem Petersfelsen am 28. Juni 1931. In: Beuroner Rundfunkstunden, 2. Bändchen, Beuron 1931, S. 21 ff.

[66] CHRONIK, 2. Halbjahr 1930, Ansprache Raphael Walzers zur Weihe des neuen Kreuzes auf dem Petersfelsen am 28. Juni 1931.

[67] E. STEIN, ESGA 2, Nr. 183 („zur Vollendung").

Tagen ist Heilige Nacht und ich darf sie in meinem lieben Beuron fast wie ein richtiger Mönch feiern“[68].

1932

Anfang des Jahres steht ein Umzug auf dem Programm: Edith Stein tritt am 29. Februar eine Stelle als Dozentin in Münster an. Wenige Tage später schreibt sie an Roman Ingarden: „ ...ich gehöre ja nun seit dem 1. III. zum Deutschen Institut für wissenschaftliche Pädagogik (der katholischen Zentralstelle für ganz Deutschland) und muss mich in die psychologische und pädagogische Literatur einarbeiten, um die ich mich seit bald 20 J. sehr wenig gekümmert habe. Ich habe im S(ommer) S(emester) bestimmt Vorlesung über Probleme der neueren Mädchenbildung zu halten…“[69].

Am 20. März (Palmsonntag) ist sie wieder in Beuron. Die Karwoche und Ostern will sie im „Vorhof des Himmels“ verbringen: „Natürlich habe ich mir auch schon überlegt, ob es zu verantworten ist, dass ich so häufig hierher gehe. Aber schließlich muss man dem inneren Leben auch die Nahrung gönnen, die es braucht, bes., wenn man zu anderen Zeiten viel nach außen hergeben muss…[70]. Sie ist auf dem Weg zu einer Rundfunkansprache in München[71]: „Der Bayerische Rundfunk hat es mir ermöglicht, die Reise durch ganz Deutschland zu machen, und so durfte ich noch einmal fast 2 Wochen ein glücklicher Mönch sein“[72].

„Bei den Reichspräsidentenwahlen im April wurde Hindenburg zwar ein zweites Mal zum Reichspräsidenten gewählt. Aber Hitler, der sich als das „erlösende Wort“, das Deutschland wieder Ehre, Freiheit und Brot geben werde, vorgestellt hatte, errang mit 36,8 Prozent der Stimmen mehr als nur einen Achtungserfolg. Von den Wahlen ermutigt, erhielt der Straßenterror der SA neuen Auftrieb“[73]. Die „Volksbeglücker, die ohne Kreuz und Ostersonne eine schönere Zukunft heraufbeschwören möchten“[74], fanden Zulauf. Und das Leben ging weiter. In Beuron hält Dr. Eugen Bolz[75] am Fronleichnamsfest einen Vortrag zum Thema „Die politische Lage Deutschlands“. Die Freundschaft mit Eugen Bolz, der Hitler am 15. Februar 1933, sechs Wochen vor der Machtübernahme also, den Stuttgarter Schlosshof als Wahlkampfbühne verweigert hatte, wird Raphael Walzers politische Sinne zusätzlich geschärft haben.

[68] E. STEIN, ESGA 4, Nr. 147.
[69] E. STEIN, ESGA 4, Nr. 153. Im Wintersemester 1932/33 las sie über „Philosophische Anthropologie“.
[70] E. STEIN, ESGA 2, Nr. 191.
[71] „Die Stunde der Frau“, Rundfunkvortrag am 1.4.1932.
[72] E. STEIN, ESGA 2, Nr. 198.
[73] A.U. MÜLLER / M.A. NEYER, S. 207.
[74] R. WALZER, Beuroner Rundfunkstunden 2, S. 6.
[75] Eugen Bolz (1881–1945), Württembergischer Staatspräsident von 1928–1933, wurde in Beuron in Anwesenheit von Raphael Walzer getraut. Hingerichtet in Berlin-Plötzensee am 23. Januar 1945.

Auch Martin Heidegger spricht in diesen Tagen im Kloster Beuron. Er, der im nahen Messkirch geboren und aufgewachsen war, kannte Beuron von Kindertagen an. Ausgerechnet „Vom Wesen der Wahrheit“[76] referiert er, ein Jahr bevor er seine unrühmliche Karriere als Rektor der Freiburger Universität beginnt[77]. „Das Wesen der Wahrheit ist die Freiheit“, wird er in seinem Vortrag den Mönchen erklären.
Am 21. Mai wird ein anderer Messkircher Erzbischof von Freiburg werden. Der Beuroner Erzabt fährt zur Inthronisation Conrad Gröbers am 20. Juni in die Bischofsstadt, die 12 Jahre später, am 27. November 1944, verheerend zerstört werden sollte. Nur das Münster mit dem „schönsten Turm der Christenheit“ blieb wie durch ein Wunder aufrecht und unversehrt inmitten der Trümmer stehen.
Mit Visitationen, Predigten, Besuchen und Ansprachen ist das Jahr, an dessen Ende der Beuroner Erzabt sein 25-jähriges Professjubiläum[78] feiern wird, reich gesegnet. Edith Stein ist an diesem Tag nicht in Beuron. Sie verbringt die Weihnachtsfeiertage bei den Ursulinen im westfälischen Dorsten[79].
Zuvor war sie als einzige Frau persönlich zur Tagung der „Société Thomiste“ nach Juvisy bei Paris eingeladen worden, die im September zum Thema „Die Phänomenologie und ihre Beziehung zum Thomismus“ stattfand. Ein Thema, wie gemacht für Edith Stein, die die Sommerferien über wieder an der Thomas-Übersetzung gearbeitet hatte. In den Protokollen der Tagung sind Edith Steins Diskussionsbeiträge, die sie in fließendem Französisch vortragen konnte, festgehalten[80].
Im Jahr 1932 war die Arbeitslosenzahl auf über 6 Millionen angestiegen. Hindenburg wird zwar im April im zweiten Wahlgang als Reichspräsident wiedergewählt, aber Adolf Hitler hatte schon im ersten Wahlgang 37% der Stimmen auf sich versammeln können. Brüning tritt zurück. Franz von Papen wird Reichskanzler. In einem Staatsstreich setzt er die preußische Regierung per „Notverordnung“ ab. Vorgezogene Neuwahlen zum Reichstag machen am 31. Juli die NSDAP zur stärksten Partei Deutschlands. Hermann Göring wird zum Präsidenten des Reichstages gewählt. Es kommt zum Eklat zwischen ihm und von Papen. Erneute Auflösung des Reichstages. Erneute Reichstagswahlen. Am 6. November wird die NSDAP als stärkste Partei bestätigt. Nach dem Rücktritt der Regierung von Papen beauftragt Hindenburg General Kurt von Schleicher

[76] Der vollständige Titel des Vortrages lautete: Vom Wesen der Wahrheit. Interpretation des Höhlengleichnisses in Platos „Staat“ Buch VII. – Heidegger hatte sich im Wintersemester 1931/32 in seiner Freiburger Platon-Vorlesung über weite Strecken mit dem Höhlengleichnis aus der „Politeia“ beschäftigt.
[77] Martin Heidegger wird im April 1933 nahezu einstimmig zum Rektor der Freiburger Universität gewählt. Von den 93 Professoren waren allerdings 13 als Juden ausgeschlossen, 24 weitere waren der Wahl ferngeblieben.
[78] 27. Dezember 1932.
[79] Siehe ESGA 2, Nr. 234.
[80] Siehe A.U. MÜLLER/M.A .NEYER, S. 213. – Im Edith-Stein-Jahrbuch 2005 und 2006 legt Sr. Amata Neyer OCD eine genaue Rekonstruktion der Reise anhand aufgefundener Notizzettel Edith Steins vor.

mit der Regierungsbildung. Diesbezügliche Verhandlungen mit Hitler sind zuvor gescheitert. „Das ist eine der Merkwürdigkeiten dieses schlimmen Jahres; wie Deutschland, bevor es sich endlich dem großdeutschen Demagogen in die Arme warf, noch einmal eine Reihe von Regierungsformen der Vergangenheit rasch und vergebens durchprobierte. Brüning – das war die katholische konservative Demokratie und das Treueverhältnis zwischen König und Kanzler. Papen – das war ein Rückgriff auf altpreußischen Durchschnitt, verbrämt mit ein wenig „konservativer Revolution“. Schleicher wollte jetzt der demokratische Offizier sein… Aber Schleicher war kein starker Mann…“[81].

„Sorgenvoll überschritten wir voriges Jahr die Schwelle des Jahres, ebenso gehen wir auch heuer wieder in das neue Jahr hinein, denn der politische Himmel hat sich noch nicht gelichtet, eher noch mehr verdunkelt…“[82], schreibt der Beuroner Chronist.

1933

„Dröhnend, gebieterisch hallt der Schritt der neuen Zeit auch herein in unsere Klostereinsamkeit. Doch, während draußen die ‚Nationale Revolution' und ‚Evolution' sich abspielten, lebten wir getreu dem Apostelwort (Phil 20): ‚Unsere Politik aber ist im Himmel'. Nicht als ob wir dem neuen Geschehen in unserem Vaterlande teilnahmslos gegenüber stünden. Der 1. Mai, der ‚Tag der nationalen Arbeit' fand auch uns vereint mit der politischen Gemeinde, um beim Hochamte und vor ausgesetztem Allerheiligsten den Lenker und Richter menschlicher Geschicke zu bitten, er möge den Führern unseres Vaterlandes das eingeben, was unserem Volke und der ganzen Welt zur Wohlfahrt und zum Heil gereicht. Wohl wissend, dass nicht die ‚hohe Politik', sondern das ‚opus divinum – das Gotteslob' unsere Hauptaufgabe ist und gerade in unserer stürmischen Zeit mehr denn je sein muss, konnten wir trotz der hochgehenden Wogen im letzten Halbjahre still und unbehelligt unseren monastischen Pflichten voll genügen“[83].

„Am 30. Januar war die 'Machtergreifung' durch Hitler erfolgt. Bereits am 1. Februar wurde der Reichstag erneut aufgelöst, da sich die rechten Parteien von einem neuen Wahlgang die absolute Mehrheit versprachen. Bis zum Wahltermin, dem 5. März, blieb ihnen Zeit, ihren Machtvorsprung für ihre Zwecke einzusetzen. Die erste Phase des Ausbaus der Diktatur begann: Eine Notverordnung vom 4. Februar erlaubte rigorose Einschränkungen der Presse- und Meinungsfreiheit. Zeitungs- und Versammlungsverbote folgten. Die Schlägertrupps der SA und des Stahlhelms erhielten eine weiße Armbinde mit der Auf-

[81] G. MANN, S. 104.
[82] CHRONIK, 2. Halbjahr 1932, S. 11 f.
[83] CHRONIK, 1. Halbjahr 1933, S. 1.

Erzabt Raphael Walzer und japanische Kinder bei einem Besuch in Japan Anfang 1933.

schrift ‚Hilfspolizei'. Am 26. Februar brannte das Reichstagsgebäude, am folgenden Tag erschienen die ersten Notverordnungen ‚zum Schutz für Volk und Staat': Polizeiliche Verfolgungen, zumal der Kommunisten setzten ein. Eine Verhaftungswelle folgte, erste Konzentrationslager wurden errichtet. Die Wahlen erbrachten eine knappe absolute Mehrheit für NSDAP und DNVP. Zügig wird nun die zweite Phase zum Aufbau der Diktatur eingeleitet: Am 24. März wird das ‚Ermächtigungsgesetz' mit den Stimmen der katholischen Zentrumspartei verabschiedet, das gemäß der Weimarer Verfassung nur für Notfälle erlassen werden konnte, und zwar nur für begrenzte Zeit. Unter Hitler wird es zum Dauerzustand. Am 1. April unternehmen staatliche Stellen einen ersten Versuch, jüdische Geschäftsinhaber und freiberuflich Tätige wie Ärzte und Rechtsanwälte zu boykottieren. SA-Angehörige in Uniform oder auch in ziviler Kleidung waren hauptsächlich daran beteiligt. Judensterne werden auf die Schaufenster gemalt, Inhaber und Kunden bedroht. Auch die Firma Stein in Breslau ist vom Boykott betroffen. Am 5. April schreibt Edith Stein an Hedwig Conrad-Martius: ‚An unserem Geschäft macht es leider seit langem nicht viel Unterschied, ob es geöffnet ist oder nicht'[84]. Um diese Zeit fasst Edith Stein den Entschluss, beim Heiligen Stuhl um eine Privataudienz nachzusuchen. Freilich wollte sie dies nicht ohne den Rat von Erzabt Walzer tun. So reist sie am 7. April nach Beuron“[85].

Ebenfalls am 7. April kommt der Beuroner Erzabt von einer dreimonatigen Reise zurück, die ihn im Hinblick auf eine mögliche Neugründung nach Japan geführt hatte.

Am 8. Januar war er in Beuron aufgebrochen, hatte sich in Triest eingeschifft, war über Bombay, Delhi, Colombo, Sumatra, Singapur, Hongkong, Formosa, von dort mit dem Dampfer nach Kobe gereist, hatte in Kioto den Aschermittwoch begangen, sich am 17. März zum Benediktusfest (21. März) nach Korea begeben, von dort die Rückreise über Mugden in der damals japanischen Mandschurei angetreten und war nach 10-tägiger Bahnfahrt durch Russland am 5. April wieder in Berlin, wo er im Auswärtigen Amt vorsprach. Am 7. April holte ihn der Cellerar des Hauses mit dem Auto in Offenburg ab. „Gleich darauf zelebrierte Rms am Gnadenaltar. Das Hochamt II. Ordnung[86] wurde zum Dank für die glücklich beendete Reise aufgeopfert und am Schluss desselben das Te Deum gesungen… Vater Erzabt sagte, er habe sich gefreut und danach gesehnt, gerade dieses Ostern mit uns feiern zu können. Er freue sich, dass trotz der großen Umwälzungen in unserem Vaterlande der innere Aufbau unseres Klosters so still und solid weitergediehen sei. Ein Stück seines Herzens habe er in Japan,

[84] 84 E. STEIN, ESGA 2, Nr. 250.
[85] A.U. MÜLLER / M.A. NEYER, S. 214 ff.
[86] Liturgischer Festrang.

zumal dort in Susono[87], gelassen, wo einmal das schönste Kloster unserer Kongregation entstehen könne. Er müsse bald nach Rom, um dem Heiligen Vater Bericht zu erstatten über die Aussichten der Gründung… Am 24. April fuhr V. Erzabt nach Rom, von wo er am 29. schon wieder zurückkehrte…“[88].
In ihren autobiographischen Schilderungen berichtet Edith Stein: „Am Donnerstag der Passionswoche fuhr ich nach Beuron. Seit 1928 hatte ich dort alljährlich Karwoche und Ostern mitgefeiert und dabei still für mich Exerzitien gehalten. Diesmal führte mich ein besonderes Anliegen hin. Ich hatte in den letzten Wochen immerfort überlegt, ob ich nicht in der Judenfrage etwas tun könnte. Schließlich hatte ich den Plan gefasst, nach Rom zu fahren und den Heiligen Vater in Privataudienz um eine Enzyklika zu bitten. Ich wollte aber einen solchen Schritt nicht eigenmächtig tun... Seit ich in Beuron eine Art klösterlicher Heimat gewonnen hatte, durfte ich in Erzabt Raphael ‚meinen Abt' sehen und ihm alle Fragen von Belang zur Entscheidung vorlegen. Allerdings war ich noch nicht sicher, dass ich ihn antreffen würde. Er hatte Anfang Januar eine Reise nach Japan angetreten. Aber ich wusste, dass er alles tun würde, um zur Karwoche daheim zu sein....
Am nächsten Morgen (7.4.33) fuhr ich nach Beuron weiter. Als ich abends in Immendingen umstieg, traf ich mit P. Aloys Mager[89] zusammen. Wir fuhren die letzte Strecke gemeinsam. Bald nach der Begrüßung berichtete er als wichtigste Neuigkeit: „Vater Erzabt ist heute früh wohlbehalten aus Japan zurückgekehrt.“ So war auch das in Ordnung“[90]. – Sie konnte lakonisch sein.
„Meine Erkundigungen in Rom ergaben, dass ich wegen des großen Andrangs keine Aussicht auf eine Privataudienz hätte. Nur zu einer ‚kleinen Audienz' (d.h. in kleinem Kreise) könnte man mir verhelfen. Damit war mir nicht gedient. So verzichtete ich auf die Reise und trug mein Anliegen schriftlich vor“[91].
Ein einziges Mal werden Raphael Walzer und Edith Stein gemeinsam auf der Bühne der Weltgeschichte auftauchen, wenn auch in der Verborgenheit, die faschistische Regime angeraten sein lassen, wenn Menschen sich systemkritisch zu Wort melden. 70 Jahre später erst (2003) wird dieser gemeinsame „Auftritt“ publik und nach allen Regeln inzwischen üblicher journalistischer Kunst medial verarbeitet werden. Eugenio Pacelli, der wegen seiner Zögerlichkeit hinsichtlich seines Eingreifens in der Judenfrage viel gescholtene spätere Papst Pius XII., wird dabei eine Rolle spielen.

[87] Ursprünglich geplanter Gründungsort. Tatsächlich wurde das Kloster Tonogaoka 1935 bei Shigasaki, 60 km südlich von Tokio gegründet.
[88] CHRONIK, 1. Halbjahr 1933, S.3.
[89] Aloys Mager (1883–1946) war Beuroner Mönch, Professor für Mystik und Aszetik an der Theologischen Fakultät in Salzburg, Mitbegründer der Salzburger Hochschulwochen.
[90] E. STEIN, ESGA 1, Nr. 347 f.
[91] Ebd., Nr. 348.

Bis zur Veröffentlichung der Briefe Edith Steins an den damaligen Papst Pius XI. und des Begleitschreibens Raphael Walzers im Jahr 2003 war man davon ausgegangen, Edith Stein habe Raphael Walzer um persönliche Übergabe ihres Briefes an den Heiligen Vater gebeten. Diese bisherige Lesart musste korrigiert werden, da das Antwortschreiben des Kardinalstaatssekretärs Eugenio Pacelli[92], in dem der Eingang des Edith-Stein-Briefes bestätigt wird, schon auf den 20. April 1933 datiert, Erzabt Raphael Walzer aber, wie aus dem Zitat der Chronik ersichtlich, erst am 24. April nach Rom aufgebrochen ist. Der Erzabt wird, so steht nun zu vermuten, den versiegelten Brief Edith Steins zusammen mit seinem eigenen Schreiben vom 12. April 1933 auf einem sicheren Weg nach Rom geschickt haben. Es war zur damaligen Zeit schon sehr gefährlich, regimekritische Schreiben bei sich zu tragen:

Schreiben des Beuroner Erzabtes Dr. Raphael Walzer an den Kardinalstaatssekretär Eugenio Pacelli vom 12. April 1933[93]:

„Eminenz!

Eine Bittstellerin hat mich aufs Angelegentlichste gebeten, den beigefügten Brief, den sie mir in versiegeltem Zustand übergab, an Seine Heiligkeit weiterzuleiten. Die Bittstellerin ist mir und überall im katholischen Deutschland bekannt als eine Frau, die in ihrem Glauben, ihrer sittlichen Integrität und ihrer katholischen wissenschaftlichen Bildung (durch mehrere wissenschaftliche Veröffentlichungen) hochrenommiert ist.
Diesen günstigen Umstand wahrnehmend grüße ich Eure verehrungswürdige Eminenz untertänigst und bitte zugleich, in diesen höchst traurigen Tagen uns allen kraftvoll beizustehen. Denn wenn ich keiner Fehleinschätzung unterliege oder falls nicht zwischenzeitlich nüchterne und besonnene Männer Einhalt geboten haben sollten, befindet sich unser Vaterland und mithin auch unsere heilige Kirche in Deutschland in höchster Gefahr. Und die gegenwärtige Gefahr erscheint mir umso entsetzlicher, als so viele Menschen von trügerischen Worten und Taten getäuscht werden. Meine einzige irdische Hoffnung ist der Heilige Apostolische Stuhl. Wir indessen werden nicht rasten zu beten, zu (Gott zu) flehen und „schweigend zu harren auf Gottes Heil“[94].

[92] Alle drei Dokumente, der Brief Edith Steins, das Begleitschreiben Raphael Walzers und das Antwortschreiben Eugenio Pacellis sind als Faksimile abgedruckt in diesem Band: »Die Verantwortung fällt auch auf die, die schweigen«, S. 181.
[93] Übersetzung aus dem Lateinischen von Dr. Christophorus Barck, Freiburg.
[94] Praestolari in silentio salutare Dei (Klgl 3,26) – in der Einheitsübersetzung wiedergegeben mit: schweigend zu harren auf die Hilfe des Herrn, Thema der Karfreitagspredigt 1930 von Raphael Walzer.

Brief Edith Steins an Papst Pius den XI. vom April 1933:

„Heiliger Vater!

Als ein Kind des jüdischen Volkes, das durch Gottes Gnade seit elf Jahren ein Kind der katholischen Kirche ist, wage ich es, vor dem Vater der Christenheit auszusprechen, was Millionen von Deutschen bedrückt.
Seit Wochen sehen wir in Deutschland Taten geschehen, die jeder Gerechtigkeit und Menschlichkeit – von Nächstenliebe gar nicht zu reden – Hohn sprechen. Jahre hindurch haben die nationalsozialistischen Führer den Judenhass gepredigt. Nachdem sie jetzt die Regierungsgewalt in ihre Hände gebracht und ihre Anhängerschaft – darunter nachweislich verbrecherische Elemente – bewaffnet hatten, ist diese Saat des Hasses aufgegangen. Dass Ausschreitungen vorgekommen sind, wurde noch vor kurzem von der Regierung zugegeben. In welchem Umfang, davon können wir uns kein Bild machen, weil die öffentliche Meinung geknebelt ist. Aber nach dem zu urteilen, was mir durch persönliche Beziehungen bekannt geworden ist, handelt es sich keineswegs um vereinzelte Ausnahmefälle. Unter dem Druck der Auslandsstimmen ist die Regierung zu „milderen" Methoden übergegangen. Sie hat die Parole ausgegeben, es solle „keinem Juden ein Haar gekrümmt werden". Aber sie treibt durch ihre Boykotterklärung – dadurch, dass sie den Menschen wirtschaftliche Existenz, bürgerliche Ehre und ihr Vaterland nimmt – viele zur Verzweiflung: es sind mir in der letzten Woche durch private Nachrichten 5 Fälle von Selbstmord infolge dieser Anfeindungen bekannt geworden. Ich bin überzeugt, dass es sich um eine allgemeine Erscheinung handelt, die noch viele Opfer fordern wird. Man mag bedauern, dass die Unglücklichen nicht mehr inneren Halt haben, um ihr Schicksal zu tragen. Aber die Verantwortung fällt doch zum großen Teil auf die, die sie so weit brachten. Und sie fällt auch auf die, die dazu schweigen."

Über die enttäuschende Reaktion auf ihren Brief an den Papst[95] schreibt Edith Stein selbst: „Ich weiß, dass mein Brief dem Heiligen Vater versiegelt übergeben worden ist, ich habe auch einige Zeit danach seinen Segen für mich und meine Angehörigen erhalten. Etwas anderes ist nicht erfolgt. Ich habe aber später oft gedacht, ob ihm nicht dieser Brief noch manchmal in den Sinn kommen mochte. Es hat sich nämlich in den folgenden Jahren Schritt für Schritt erfüllt, was ich damals für die Zukunft der Katholiken in Deutschland voraussagte.
Vor meiner Abreise fragte ich Vater Erzabt, was ich denn tun sollte, wenn ich meine Tätigkeit in Münster aufgeben müsste. Es war ihm ganz unmöglich zu denken, dass dies geschehen könnte. Auf der Fahrt nach Münster las ich einen Zeitungsbericht über eine große nationalsozialistische Lehrertagung, an der

[95] Zu der ganzen Thematik dieses Briefes und seiner Geschichte siehe in diesem Band S. 181.

auch die konfessionellen Verbände hatten teilnehmen müssen. Es wurde mir klar, dass man im Erziehungswesen am allerwenigsten Einflüsse dulden würde, die der herrschenden Richtung entgegen wären"[96].
Zurück in Münster rät ihr der Geschäftsführer des Instituts, den Sommer über mit den Vorlesungen auszusetzen und sich stattdessen ihrer wissenschaftlichen Arbeit zu widmen. „Wenn es hier nicht mehr geht", sagte ich, „so gibt es in Deutschland überhaupt keine Möglichkeit mehr für mich"[97].
„Etwa 10 Tage nach meiner Rückkehr aus Beuron kam mir der Gedanke: Sollte es jetzt nicht endlich Zeit sein, in den Karmel zu gehen? Seit fast 12 Jahren war der Karmel mein Ziel. ...Das Warten war mir zuletzt sehr hart geworden. Ich war ein Fremdling in der Welt geworden. Ehe ich die Tätigkeit in Münster übernahm und nach dem ersten Semester hatte ich dringend um die Erlaubnis zum Eintritt in den Orden gebeten. Sie wurde mir verweigert mit dem Hinweis auf meine Mutter und auch auf die Wirksamkeit, die ich seit einigen Jahren im katholischen Leben hatte. Ich hatte mich gefügt. Aber nun waren ja die hemmenden Mauern eingestürzt. Meine Wirksamkeit war zu Ende. Und würde meine Mutter mich nicht lieber in einem Kloster in Deutschland wissen als an einer Schule in Südamerika?...
Ich schrieb noch am selben Abend an Vater Erzabt. Aber er war in Rom, und ich wollte den Brief nicht über die Grenze schicken. Er musste im Schreibtisch warten, bis ich ihn nach Beuron gehen lassen konnte. Es wurde Mitte Mai, bis ich die Erlaubnis hatte, die ersten vorbereitenden Schritte zu unternehmen"[98].
„Wenn Freunde für immer auseinander gehen, denken sie noch an das Tiefste, was sie auch in der Ferne verbunden hält und alle Trennung überwinden lässt"[99].
Der Kölner Karmel bat den Beuroner Erzabt als den geistlichen Begleiter der anklopfenden Philosophin um eine Stellungnahme. Raphael Walzer antwortet: „Über die bewusste Postulantin kann ich Ihnen allerdings einiges zu Ihrer Aufklärung berichten. Ihre außerordentliche intellektuelle Begabung steht außer Frage. Davon ist man in weiten Kreisen Deutschlands überzeugt. ...Die einzigen Schwierigkeiten, die einen Eintritt erschweren, sind die Rücksicht auf die alte Mutter & ihre Stellung im öffentlichen katholischen Leben. Ich möchte keine Verantwortung dafür übernehmen, dass die wertvolle Arbeitskraft der „streitenden" Kirche verloren geht. ...der Karmel war schon lange ihr Ideal, & ich habe mich nie bemüht, ihr ein anderes Ideal einzureden, wenn schon der Klostergedanke akut wurde. Bis vor kurzem war ich allerdings wegen ihrer Berufung zum tätigen Leben in der Frauenwelt gegen den Klostereintritt..."[100].
Bevor Edith Stein in den Kölner Karmel eintritt, fährt sie nach Breslau, um sich

[96] E. STEIN, ESGA 1, Nr. 350 f.
[97] Ebd.
[98] Ebd.
[99] Mit diesen Worten beginnt Raphael Walzer eine Auslegung der Abschiedsreden Jesu. R. Walzer, Jüngerschaft, Beuron 1937, S. 21.
[100] E. STEIN: Wie ich in den Kölner Karmel kam, S. 33.

von ihrer Familie, vor allem von ihrer Mutter Auguste Stein[101] zu verabschieden. Um für diese schwere Aufgabe den Rat und Segen ihres geistlichen Begleiters zu erbitten, fragt Edith Stein bei Raphael Walzer offenbar um einen Gesprächstermin an. Seine schriftliche Antwort vom 3. August 1933 ist erhalten[102]: Der Beuroner Erzabt hat in Trier zu tun und bittet Edith Stein, da er in Eile sei, „herüber(zu)kommen". Am 14. August fährt sie schließlich von Maria Laach aus nach Breslau. Rückblickend schreibt sie über jene schmerzlichen Tage: „Oft habe ich in jenen Wochen gedacht: Wer von uns beiden wird zusammenbrechen, meine Mutter oder ich? Aber wir hielten beide bis zum letzten Tag aus"[103].

Am 14. Oktober, dem Fest der hl. Theresia von Avila, tritt Edith Stein in den Kölner Karmel ein. Ein halbes Jahr später findet die feierliche Einkleidung statt. Die Festpredigt, die bislang nicht aufgefunden werden konnte, hält Raphael Walzer. Einige Passagen der Ansprache anlässlich der Einkleidung der Beuroner Novizen vom Dezember 1930[104] könnten so oder ähnlich auch jetzt, am 15. April 1934, in der Kirche des Kölner Karmel gesprochen worden sein, als Edith Stein den Ordensnamen Teresia Benedicta a Cruce erhielt. Sie fokussieren Kreuz und Leid als tiefstes Glück des Glaubens: „Ach so viel Traurigkeit ist in der Welt und bisweilen auch in frommen Seelen, weil das Geheimnis des Leidens nicht verstanden wird, weil so viele glauben, das Leben bestehe nur darin, alles Unangenehme und Schmerzliche feinsäuberlich aus allen Wegen zu räumen. O nein, im Glauben und in der Liebe zum Leid steckt das tiefste Glück. Ich weiß, dieser Glaube und diese Liebe lebt schon in Ihren jungen Herzen. Drum ‚freuet euch und frohlocket, denn euer Lohn ist groß im Himmel'"[105].

„Als ich sie nach den Einkleidungsfestlichkeiten ganz allein sehen und sprechen konnte – es war das letzte Mal –", schreibt Raphael Walzer rückblickend im Jahr 1945, „da bat ich sie um eine ganz bestimmte und undiplomatische Antwort auf die Frage, wie sie sich in ihre Schwesterngemeinschaft und die geistige Leitung eingelebt habe. Was ich erwartet hatte, fand ich bestätigt: sie fühle sich ganz daheim mit Herz und Geist, gab sie mit der ihr eigenen Lebhaftigkeit einer feurigen Natur zur Antwort. Dabei war man nicht einmal versucht, an ein besonderes Gnadenwunder zu denken. Alles schien das Ergebnis einer natürlichen Entwicklung zu sein innerhalb ihres übernatürlichen Reifens"[106].

Peter Wust, der Münsteraner Philosoph, veröffentlichte einen Zeitungsartikel zum Fest der Einkleidung Edith Steins: „Es wurde eine Braut zum Altar geleitet, deren

[101] Auguste Stein, geb. Courant (1849–1936) stammte aus einer Kaufmannsfamilie im oberschlesischen Lublinitz.

[102] E. STEIN, ESGA 2, Nr. 269.

[103] E. STEIN, ESGA 1, Nr. 360.

[104] R. WALZER, Beuroner Rundfunkstunden 1, S. 24 ff.

[105] Ebd., S. 26–27.

[106] Der vollständige Text Raphael Walzers ist abgedruckt in diesem Band, S. 228 ff.

Lebensweg fast symbolisch genannt werden kann für die geistige Bewegung der letzten Jahrzehnte. …Von Anfang an muss wohl in der Intention dieser neuen philosophischen Richtung etwas Geheimnisvolles verborgen gewesen sein, eine Sehnsucht zurück zum Objektiven, zur Heiligkeit des Seins, zur Reinheit und Keuschheit der Dinge, der <Sachen selbst>. …Viele seiner Schüler <trieb> die der ursprünglichen Intention eigene Objektgeöffnetheit weiter auf dem Weg zu den Dingen, zu den Sachverhalten, zum Sein selbst, ja sogar zum Habitus des katholischen Menschen. …Offenbar aber hatten Geist und Sprache dieses seinsnahen Denkers so sehr auf die Husserlschülerin abgefärbt, dass nicht nur ihr ganzes Wesen immer stiller, schlichter, kindlicher wurde, sondern … dass ihr Weg eines Tages weiterführen musste, immer tiefer hinein in die eigentliche Realität des Seins, in die Realität des Übernatürlichen im Sinne jener großen Gestalten, die im ‚Karmel' dastehen als die Klassiker des mystischen Gebetslebens, im Sinne also einer hl. Teresia von Avila und eines hl. Johannes vom Kreuz"[107].

Nach 1933

Mit Edith Steins Eintritt in den Kölner Karmel riss der Kontakt zu Raphael Walzer nicht ab. Auch nachdem der Erzabt Beuron im November 1935 verlassen musste[108], war er über die Lebensumstände Edith Steins offenbar gut informiert. Schon 12 Tage nach ihrem Umzug in den Echter Karmel[109] kommt aus Meudon[110] an die Echter Adresse eine Karte Raphael Walzers: „B(enedicta) C(ara), in exitu Israel de Ägypto, domus Jacob de populo barbaro…sed nos, qui vivimus, benedicimus Domino, ex hoc nunc et usque in saeculum[111]. – Mehr brauche ich nicht zu sagen, alles Ps(alm) 113." Noch zweimal werden aus Meudon Grüße nach Echt gehen[112], der letzte vom 21. Februar 1940.
Edith Steins Stimme verstummte in der Gaskammer von Auschwitz-Birkenau. Es war der 9. August 1942.
Am 2. Dezember 1946 schreibt Raphael Walzer aus den USA[113] an die Kölner Karmelitin Sr. Maria Aloisia[114]:

[107] A.U.MÜLLER / A.A. NEYER, S. 236.
[108] Es wurden ihm von der Geheimen Staatspolizei Devisenvergehen im Zusammenhang mit der Gründung in Japan vorgeworfen.
[109] Am 31.12.1938. Echt: kleiner Ort in Niederländisch-Limburg mit einem Karmelitinnenkloster, in das die Kölner Schwestern 1875 im Zuge des Kulturkampfes übergesiedelt waren.
[110] Meudon bei Paris. Raphael Walzer lebte dort in einer Benediktiner-Gemeinschaft von 1937–1939.
[111] Liebe Benedicta, „Als Israel aus Ägypten auszog, Jakobs Haus aus dem Volk mit fremder Sprache…wir aber, die leben, preisen den Herrn von nun an bis in Ewigkeit." ESGA 3, Nr. 590.
[112] ESGA 3, Nr. 611 und 656.
[113] Raphael Walzer sammelte in den USA Spenden für seine geplante Neugründung in Tlemcen.
[114] Das Schreiben ist auch abgedruckt in diesem Band, S. 227.

„Ehrwürdige Schwester Maria Aloisia,

soeben erhalte ich Ihre beiden Briefe vom 28. September und 3. Oktober. Sie werden nun verstehen, warum die Antwort so lange auf sich warten ließ. Unter so manchen Bittgesuchen und Nachfragen, die mir hierher nachgesandt worden sind, finde ich keine liebere, willkommenere als die Ihrige.
Die letzte Nachricht unserer lieben seligen Märtyrerin habe ich wohl noch im Jahre 40, vor meiner Flucht aus Frankreich bekommen. Leider habe ich keine Briefe aufbewahrt. Mit ihr ist eine der größten deutschen Frauen unserer Zeit heimgegangen. Selten habe ich eine Seele getroffen, die so viele und hohe Eigenschaften in einem Geist vereinigt hatte. Dabei war sie die Einfachheit und Natürlichkeit in Person. Mystisch begnadet im wahren Sinne des Wortes, hat sie nicht den Schein des Gesuchten oder Überlegenen an sich getragen. Sie war ganz Frau geblieben, mit zartem, ja mütterlichem Empfinden, ohne irgendjemand bemuttern zu wollen. Wie ihre jüdisch gebliebene hochbetagte Mutter noch die strengen Fasten hielt, so konnte Edith z.B. einen vollen Tag am heiligen Karfreitag in der Beuroner Kirche verweilen, in lautloser Stille und seliger Beschauung der heiligen Geheimnisse. Wie es ihr nicht schwer fiel, mit einfachen Menschen schlicht zu sein, mit Gelehrten gelehrt ohne alle Überhebung, mit Suchenden eine Suchende, beinahe möchte ich hinzufügen mit Sündern eine Sünderin, so hat sie nie die geringste Schwierigkeit empfunden, mit Laienschwestern zusammen an derselben Schulbank des Karmels zu sitzen. Ich möchte nicht weiterfahren in meinem Canticum. Ich denke, P. Przywara S.J. wird sich der Biographie als erster Experte annehmen[115]. Er hat sie seiner Zeit an mich gewiesen. Er lebt wohl irgendwo in Deutschland und ist erreichbar. Ich werde vor Jahresfrist nicht nach Frankreich zurückkehren. Guten Mut in dieser schweren Zeit. Bitte auch Herrn Professor Peterson wieder zu grüßen".
„Noch ist es zu früh, um alles zu deuten, was in den letzten Jahren über Beuron gekommen ist. Aber so viel kann gesagt werden: Wir haben viel gelitten, als der geliebte Vater Erzabt Raphael von uns fortging, um nicht mehr zurückzukehren… Zwei Jahre des Wartens gingen dahin, da erfüllte Vater Erzabt im Herbst 1937 in einstens ungeahnter Weise seinen Wahlspruch: ‚Prodesse magis quam praeesse – Nützen ist besser als Regieren'"[116].

[115] Das erste Buch über Edith Stein erschien dann 1948 bei Glock und Lutz in Nürnberg unter dem Titel: Edith Stein. Lebensbild einer Philosophin und Karmelitin. Autorin war die damalige Priorin der Kölner Karmelitinnen Renata Posselt OCD.
[116] CHRONIK, Abtsweihe am 24. Feb. 1938, S.1. Nach internen Informationen hat Erzabt Raphael in Rom allerdings nur zugestimmt zu resignieren, wenn dies für Beuron nützlich wäre – und wurde dann von der Nachricht der Wahl des neuen Beuroner Abtes überrascht.

II. Beiträge von Edith Stein

Einführungen von Katharina Oost

1. Das Gebet der Kirche

Einführung

Katharina Oost

Als Hinführung zu diesem 1938 verfassten und 1962 in der Benediktinischen Monatsschrift abgedruckten Text Edith Steins sei auf den in Teil III dieses Buches aufgenommenen Artikel von Maria Amata Neyer OCD *(Edith Stein und das Beten der Kirche, S. 130)* sowie die kurze Einführung von Paulus Gordan OSB *(Edith Stein zum Gedächtnis, S. 127)* verwiesen.

Sr. Amata, Leiterin des Edith Stein Archivs im Kölner Karmel, zeichnet in ihrem Aufsatz die schrittweise einsetzende intellektuelle Verantwortungsübernahme katholischer Christen im geistigen und kulturellen Leben des Nachkriegsdeutschlands (nach 1918) nach, sowie das Aufkommen einer liturgischen Bewegung als Antwort auf das wachsende Bedürfnis katholischer Christen nach liturgischem Gebet. Für einen Einblick in das geistige und geistliche Klima jener Zeit sind die Gedanken Sr. Amatas bestens geeignet. Sie eröffnen Verständnis nicht nur für die natürlich auch zeitbedingt geprägte Frömmigkeit Edith Steins, sondern auch für die Gedanken, mit denen Edith Stein ihrer Zeit weit voraus war, wie etwa die Reflexion der jüdischen Wurzeln der katholischen Liturgie.

Was den im Folgenden wiedergegebenen Text vor allem erhellt, sind die Überlegungen Sr. Amatas zu dem sich wandelnden und reifenden Liturgie-Verständnis Edith Steins. So lässt sich der mystische Weg erahnen, von dem Edith Stein 1938, vier Jahre vor ihrem Tod in Auschwitz, schreiben konnte:

Die schrankenlose liebende Hingabe an Gott und die göttliche Gegengabe, die volle und dauernde Vereinigung, das ist die höchste Erhebung des Herzens, die uns erreichbar ist, die höchste Stufe des Gebetes. Die Seelen, die sie erreicht haben, sind wahrhaft das Herz der Kirche…

Das Gebet der Kirche[1]

*Schwester Teresia Benedicta a Cruce O. C. D. (Edith Stein)**

> Durch Ihn, mit Ihm und in Ihm
> wird Dir, Gott, Allmächtiger Vater,
> in Vereinigung mit dem Heiligen Geiste
> alle Ehre und Verherrlichung zuteil.

Mit diesen feierlichen Worten schließt der Priester beim heiligen Messopfer die Gebete ab, die das geheimnisvolle Geschehen der heiligen Wandlung zum Mittelpunkt haben. Zugleich ist darin in kürzester Form zusammengefasst, was das *Gebet der Kirche* ist: *Ehre und Verherrlichung des Dreifaltigen Gottes durch, mit und in Christus*. Wenn auch die Worte an den Vater gerichtet sind, so gibt es doch keine Verherrlichung des Vaters, die nicht zugleich Verherrlichung des Sohnes und des Heiligen Geistes wäre. Gepriesen wird ja die Herrlichkeit, die vom Vater dem Sohn und von beiden dem Heiligen Geist von Ewigkeit zu Ewigkeit mitgeteilt wird.

Aller Lobpreis Gottes geschieht *durch, mit* und *in* Christus. *Durch Ihn*, weil nur durch Christus die Menschheit einen Zugang zum Vater hat und weil sein gottmenschliches Sein und sein Erlösungswerk die vollkommenste Verherrlichung des Vaters ist; *mit Ihm*, weil jedes echte Gebet eine Frucht der Vereinigung mit Christus und zugleich eine Befestigung dieser Vereinigung ist – sodann, weil jedes Lob des Sohnes zugleich ein Lob des Vaters ist und umgekehrt; *in Ihm*, weil die betende Kirche Christus selbst ist, jeder einzelne Beter ein Glied seines mystischen Leibes – und weil im Sohn der Vater ist und der Sohn der Abglanz des Vaters, der seine Herrlichkeit sichtbar macht. Der Doppelsinn des »durch«, »mit« und »in« ist der klare Ausdruck der Mittlerschaft des Gott-Menschen.

Das Gebet der Kirche ist das Gebet des fortlebenden Christus. Es hat sein *Urbild* im *Gebet Christi* während seines menschlichen Lebens.

* Erbe und Auftrag 38 (1962), Heft 1, S. 29 ff.

[1] Die Verlagsrechte für diesen seinerzeit im Verlag Bonifacius-Druckerei, Paderborn, erschienenen und längst vergriffenen Aufsatz liegen jetzt bei dem Verlag Schnell u. Steiner, München, der den Abdruck gütigerweise gestattet hat. – Im gleichen Verlag ist an weiterem Schrifttum über Edith Stein erschienen:

1. Martha Paulus, Edith Stein. Aus Leben und Werk (100 S. 1 Abb. Ln.);
2. Illustrierte Kurzbiographie Edith Stein, von einer Karmelitin;
3. Edith Stein, Frauenbildung und Frauenberufe. 4. Aufl. 1956 (180 S. 2 Abb. Kart.); hier am Schluss auch ein paar bedeutende und deutende Seiten von P. Daniel Feuling über Edith Stein.

Das Gebet der Kirche als Liturgie und Eucharistie

Aus den evangelischen Berichten wissen wir, dass Christus gebetet hat, wie ein gläubiger und gesetzestreuer Jude betete. Wie von Kindheit an mit seinen Eltern, so ist er später mit seinen Jüngern zu den vorgeschriebenen Zeiten nach Jerusalem gepilgert, um die Hochfeste im Tempel mitzufeiern. Gewiss hat er mit den Seinen in heiliger Begeisterung die Jubellieder gesungen, in denen die Vorfreude der Wallfahrer ausströmte: »Ich freute mich, da man mir sagte: Wir wollen zum Hause des Herrn gehen« (Ps 121,1). Dass er die alten Segenssprüche betete, wie sie noch heute über Brot, Wein und Feldfrüchte gebetet werden[2], bezeugt uns die Erzählung von seinem letzten Zusammensein mit seinen Jüngern, das der Erfüllung einer der heiligsten religiösen Pflichten gewidmet war: dem feierlichen Ostermahl, dem Gedächtnis an die Errettung aus der Knechtschaft Ägyptens. Und vielleicht gibt uns gerade dies Zusammensein den tiefsten Einblick in das Beten Christi und den Schlüssel zum Verständnis des Gebetes der Kirche.

»Während sie aber speisten, nahm Jesus das Brot, segnete und brach es, gab es seinen Jüngern und sprach: Nehmet hin und esset; dies ist mein Leib! Und er nahm den Kelch, dankte und gab ihnen denselben mit den Worten: Trinket alle daraus; denn dieses ist das Blut des Neuen Testamentes, das für viele vergossen werden wird zur Vergebung der Sünden.«[3]

Segnung und Verteilung von Brot und Wein gehörte zum Ritus des Ostermahls. Aber beides bekommt hier einen völlig neuen Sinn. Damit nimmt das Leben der Kirche seinen Anfang. Wohl wird sie erst am Pfingstfest als geisterfüllte und sichtbare Gemeinschaft hervortreten. Aber hier beim Ostermahl erfolgt das Einsenken der Reben in den Weinstock, das die Geistausgießung möglich macht. Die alten Segenssprüche sind im Munde Christi *lebenschaffendes* Wort geworden. Die Früchte der Erde sind sein Fleisch und Blut geworden, von seinem Leben erfüllt. Die sichtbare Schöpfung, in die er sich schon durch die Menschwerdung hineinbegab, ist nun auf eine neue, geheimnisvolle Weise mit ihm verbunden. Die Stoffe, die dem Aufbau des menschlichen Leibes dienen, sind von Grund aus umgewandelt, und durch ihren gläubigen Genuss werden auch die Menschen umgewandelt: in die Lebenseinheit mit Christus einbezogen und von seinem göttlichen Leben erfüllt. Die lebenschaffende Kraft des Wortes ist an das *Opfer* gebunden. Das Wort ist Fleisch geworden, um das Leben, das es annahm, hinzugeben; um sich selbst und die durch seine Selbsthingabe entsühnte Schöpfung dem Schöpfer als Lobopfer darzubringen. Durch das letzte Abendmahl des Herrn ist das Ostermahl des Alten Bundes übergeführt in das Ostermahl des

[2] »Gepriesen seist Du, Ewiger, unser Gott, König der Welt, der Du aus der Erde Brot hervorbringst«, »... der Du die Frucht des Weinstocks schufst«.
[3] Mt 26,26–28.

Neuen Bundes: in das Kreuzopfer von Golgota und jene Freudenmahle der Zeit zwischen Ostern und Himmelfahrt, bei denen die Jünger den Herrn am Brotbrechen erkannten, und in das Messopfer mit der heiligen Kommunion.
Als der Herr den Kelch nahm, *dankte* er; wir können dabei an die Segensworte denken, die ja einen Dank an den Schöpfer enthalten. Wir wissen aber auch, dass Christus zu danken pflegte, wenn er vor einem Wunder die Augen zum Vater im Himmel erhob.[4] Er dankt, weil er sich im Voraus erhört weiß. Er dankt für die göttliche Kraft, die er in sich trägt und durch die er die Allmacht des Schöpfers vor den Augen der Menschen erweisen wird. Er dankt für das Werk der Erlösung, das er wirken darf, und *durch* dieses Werk, das ja selbst Verherrlichung der Dreifaltigen Gottheit ist, weil es ihr entstelltes Abbild in reiner Schönheit erneuert. So kann die ganze immerwährende Opferhingabe Christi – am Kreuz, in der heiligen Messe und in der ewigen Herrlichkeit des Himmels – als eine einzige große Danksagung – als *Eucharistie* – aufgefasst werden: als Dank für die Schöpfung, Erlösung und Vollendung. Er bringt sich selbst dar im Namen der ganzen geschaffenen Welt, deren Urbild er ist und in die er hinabgestiegen ist, um sie von innen heraus zu erneuern und zur Vollendung zu führen. Er ruft aber auch diese ganze geschaffene Welt auf, selbst, mit ihm vereint, dem Schöpfer die Dankeshuldigung darzubringen, die ihm gebührt. Ein Verständnis für diesen eucharistischen Charakter des Gebetes war schon dem Alten Bunde erschlossen: das Wundergebilde des Bundeszeltes und später des salomonischen Tempels, wie er nach göttlichen Weisungen errichtet war, wurde als Abbild der ganzen Schöpfung betrachtet, die sich in Anbetung und Dienst um ihren Herrn schart. Das Zelt, um das sich das Volk Israel während der Wüstenwanderung lagerte, hieß die »Wohnung der Vergegenwärtigung Gottes« (Ex 38,21). Es wurde als »Untere Wohnung« der »Oberen Wohnung« gegenübergestellt.[5] »Ich liebe den Ort Deines Hauses, Du, die Wohnstätte Deiner Herrlichkeit«, singt der Psalmist (Ps 25,8), weil das Bundeszelt »gleichgewertet ist mit der Schöpfung der Welt«. Wie nach dem Schöpfungsbericht der Himmel gleich einem Teppich ausgespannt wurde, so waren Teppiche als Wände des Zeltes vorgeschrieben. Wie die Wasser der Erde von den Wassern des Himmels geschieden wurden, so schied der Vorhang das Allerheiligste von den äußeren Räumen ab. Dem Meer, das durch seine Küsten eingedämmt wurde, ist das »eherne« Meer nachgebildet. Für die Leuchten des Himmels steht der siebenarmige Leuchter im Zelt, Lämmer und Vögel vertreten das Gewimmel lebender Wesen, das Wasser, Erde und Luft bevölkert. Und wie die Erde dem Menschen übergeben wurde, so steht im Heiligtum der Hohepriester, »der gesalbt wurde, zu wirken und zu dienen vor Gott«. Die vollendete Wohnung segnete, salbte und heiligte Moses, wie der Herr am siebenten

[4] Z. B. vor der Erweckung des Lazarus (Jo 11,41–42).
[5] Vgl. »Sendung und Schicksal. Aus dem Schrifttum des nachbiblischen Judentums« von N. Glatzer und L. Strauß. Schocken-Verlag, Berlin 1931, S. 2 ff.

Tage das Werk seiner Hände gesegnet und geheiligt hatte. Ein Zeugnis Gottes auf Erden sollte seine Wohnung sein, wie Himmel und Erde seine Zeugen sind (Dt 30,19).

An Stelle des salomonischen Tempels hat Christus einen Tempel aus lebendigen Steinen erbaut, die Gemeinschaft der Heiligen. In ihrer Mitte steht er als der ewige Hohepriester, auf ihrem Altar ist er selbst das immerwährende Opfer. Und wiederum ist die ganze Schöpfung einbezogen in die »*Liturgie*«, den feierlichen Gottesdienst: Die Früchte der Erde als die geheimnisvollen Opfergaben, die Blumen und die Leuchter mit den Lichtern, die Teppiche und der Vorhang, der geweihte Priester und die Salbung und Segnung des Gotteshauses. Auch die Cherubim fehlen nicht. Von der Hand des Künstlers gebildet, halten die sichtbaren Gestalten Wache zur Seite des Allerheiligsten. Und als ihre lebendigen Abbilder umgeben die »engelähnlichen Mönche«[6] den Opferaltar und sorgen

Chor der Beuroner Kirche in den 1920er Jahren.

dafür, dass das Gotteslob nicht verstumme, wie im Himmel, so auch auf Erden. Die feierlichen Gebete, die sie als der tönende Mund der Kirche verrichten,

[6] Erik Peterson im »Buch von den Engeln« (Verlag Hegner, Leipzig 1935), das in unübertrefflicher Weise die Vereinigung des himmlischen und des irdischen Jerusalem in der Feier der Liturgie gezeigt hat.

umrahmen das heilige Opfer, umrahmen auch und durchflechten und heiligen alles andere »Tagewerk«, so dass aus Gebet und Arbeit ein einziges »Opus Dei«, eine einzige »Liturgie« wird. Ihre Lesungen aus der Heiligen Schrift und den Vätern, aus den Gedenkbüchern der Kirche und den Lehrverkündigungen ihrer obersten Hirten sind ein großer, stets wachsender Lobgesang auf das Walten der Vorsehung und die fortschreitende Verwirklichung des ewigen Heilsplanes. Ihre morgendlichen Loblieder rufen die ganze Schöpfung wiederum zusammen, um sich im Preis des Herrn zu vereinen: die Berge und Hügel, die Flüsse und Ströme, Meere und Länder und alles, was sie bewohnt, Wolken und Winde, Regen und Schnee, alle Völker der Erde, alle Stände und Geschlechter der Menschen, schließlich auch die Himmelsbewohner, die Engel und Heiligen: sie sollen also nicht nur durch ihre Abbilder von Menschenhand oder in Menschengestalt, sondern in eigener Person teilnehmen an der großen Eucharistie der Schöpfung – oder vielmehr, wir sollen uns durch unsere Liturgie mit ihrem ewigen Gotteslob verbinden. »Wir« – d. h. nicht nur die Ordensleute, deren Beruf das feierliche Gotteslob ist, sondern das ganze christliche Volk. Wenn es an den Hochfesten in die Dom- und Abteikirchen strömt, wenn es im »Volkschoralamt« und in den neuen »volksliturgischen« Formen voll Freude tätigen Anteil am Gottesdienst nimmt, dann zeigt es, dass es sich seiner Berufung zum Gotteslob bewusst ist. Den stärksten Ausdruck findet die liturgische Einheit der himmlischen und irdischen Kirche, die beide »durch Christus« Gott Dank sagen, in der Präfation und im Sanctus der heiligen Messe. Die Liturgie lässt aber auch keinen Zweifel darüber, dass wir noch keine Vollbürger des himmlischen Jerusalem sind, sondern Pilger auf dem Wege zu unserer ewigen Heimat. Wir bedürfen immer erst einer Zubereitung, ehe wir es wagen dürfen, unsere Augen zu den lichten Höhen zu erheben und in das »Heilig, Heilig, Heilig« der himmlischen Chöre einzustimmen. Alles Geschaffene, was beim heiligen Dienst verwendet wird, muss dem profanen Gebrauch entzogen, muss geweiht und geheiligt werden. Der Priester muss sich, ehe er die Stufen zum Altare emporsteigt, durch das Sündenbekenntnis reinigen und die Gläubigen mit ihm; vor jedem neuen Schritt im Gang der Opferhandlung muss er die Bitte um Sündenvergebung wiederholen – für sich und die Umstehenden und für alle, denen die Früchte des Opfers zufließen sollen. Das Opfer selbst ist *Sühn*opfer, das mit den Gaben auch die Gläubigen umwandelt, den Himmel für sie aufschließt und sie zu einer Gott wohlgefälligen Danksagung befähigt. Alles, dessen wir bedürfen, um in die Gemeinschaft der seligen Geister aufgenommen zu werden, ist zusammengefasst in den sieben Bitten des *Vaterunsers*, das der Herr nicht in seinem eigenen Namen gebetet, sondern uns vorgesprochen hat. Wir sprechen es vor der heiligen Kommunion, und wenn wir es aufrichtig und von Herzen sprechen und die heilige Kommunion im rechten Geist empfangen, dann bringt sie uns die Erfüllung aller Bitten: sie erlöst uns von dem Übel, weil sie

uns von Schuld reinigt und uns den Frieden des Herzens gibt, der allen andern »Übeln« ihren Stachel nimmt; sie bringt uns die Vergebung der begangenen Sünden[7] und stärkt uns gegen Versuchungen; sie ist selbst das Brot des Lebens, dessen wir täglich bedürfen, um hineinzuwachsen ins ewige Leben; sie macht unsern Willen zu einem gefügigen Werkzeug des göttlichen; damit begründet sie das Reich Gottes in uns und gibt uns reine Lippen und ein reines Herz, um Gottes heiligen Namen zu verherrlichen.
So zeigt sich aufs Neue, wie *Opferhandlung, Opfermahl* und *Gotteslob* im Innersten zusammenhängen. Die Teilnahme am Opfer und Opfermahl macht ja die Seele zu einem lebendigen Baustein der Gottesstadt – ja jede einzelne zu einem Tempel Gottes.

Die einsame Zwiesprache mit Gott als Gebet der Kirche

Die einzelne Menschenseele ein Tempel Gottes – das eröffnet uns einen ganz neuen großen Ausblick. Das Gebetsleben Jesu sollte der Schlüssel zum Verständnis des Gebetes der Kirche sein. Wir sahen: Christus hat an dem öffentlichen und verordneten Gottesdienst seines Volkes (d. h. an dem, was man als »Liturgie« zu bezeichnen pflegt) teilgenommen, er hat ihn in die engste Verbindung mit seiner Opferhingabe gebracht und ihm so erst seinen vollen und eigentlichen Sinn – den der Dankeshuldigung der Schöpfung an den Schöpfer – gegeben; eben damit hat er die Liturgie des Alten Bundes in die des Neuen Bundes übergeführt.

Aber Jesus hat nicht nur am öffentlichen und verordneten Gottesdienst teilgenommen. Vielleicht noch häufiger als davon berichten die Evangelien von *einsamem Gebet* in der Stille der Nacht, auf freier Bergeshöhe, in der menschenfernen Wüste. Vierzig Tage und Nächte des Gebets gingen der öffentlichen Wirksamkeit Jesu voraus.[8] Ehe er seine zwölf Apostel auswählte und entsandte, zog er sich zum Gebet in die Bergeseinsamkeit zurück.[9] Durch seine Ölbergstunde bereitete er sich auf den Gang nach Golgota vor. Was er in dieser schwersten Stunde seines Lebens zum Vater emporrief, ist uns in einigen kurzen Worten offenbart worden: Worte, die uns als Leitsterne gegeben sind für unsere Ölbergstunden. »Vater, wenn du willst, so lass diesen Kelch an mir vorübergehen: Aber nicht mein, sondern dein Wille geschehe!«[10] Sie sind wie ein Blitz, der für einen Augenblick das innerste Seelenleben Jesu vor uns aufleuchten

[7] Es ist natürlich vorausgesetzt, dass man mit keiner schweren Sünde belastet ist; sonst könnte man ja nicht die heilige Kommunion »im rechten Geist« empfangen.
[8] Mt 4,1–2.
[9] Lk 6,12.
[10] Lk 22,42.

lässt, das unergründliche Geheimnis seines gottmenschlichen Seins und seiner Zwiesprache mit dem Vater. Sicherlich war diese Zwiesprache eine lebenslange, niemals unterbrochene. Christus betete innerlich nicht nur, wenn er sich von der Menge zurückgezogen hatte, sondern auch, wenn er unter den Menschen weilte. Und *einmal* hat er uns einen langen und tiefen Einblick in diese geheime Zwiesprache gegeben. Es war nicht lange vor der Ölbergstunde, ja unmittelbar vor dem Aufbruch dahin: nach dem Abschluss des letzten Abendmahles, in dem wir die eigentliche Geburtsstunde der Kirche erkannten. »Da er die Seinen geliebt hatte…, liebte er sie bis ans Ende.«[11] Er wusste, dass es das letzte Zusammensein war, und er wollte ihnen noch so viel geben, wie er irgend konnte. Er musste an sich halten, um nicht mehr zu sagen. Aber er wusste ja, dass sie nicht mehr ertragen konnten, ja dass sie nicht einmal dies Wenige zu fassen vermochten. Es musste erst der Geist der Wahrheit kommen, um ihnen die Augen dafür zu öffnen. Und nachdem er ihnen alles gesagt und getan hatte, was er ihnen sagen und tun konnte, erhob er die Augen zum Himmel und sprach in ihrer Gegenwart zum Vater.[12] Wir nennen diese Worte das *hohepriesterliche Gebet* Jesu. Denn auch dieses einsame Sprechen mit Gott hatte sein Vorbild im Alten Bunde. Einmal im Jahre, am größten und heiligsten Tag des Jahres: am Versöhnungstag, trat der Hohepriester ins Allerheiligste, vor das Angesicht des Herrn, »um für sich und sein Haus und die ganze Gemeinde Israel zu beten«[13], den Gnadenthron mit dem Blut des jungen Stieres und des Bockes zu besprengen, die er zuvor schlachten musste, und so das Heiligtum von seinen und seines Hauses Sünden und »von den Verunreinigungen der Söhne Israels und von ihren Übertretungen und von allen ihren Sünden zu entsühnen«.[14] Kein Mensch sollte im Zelt sein (d.h. im Heiligen, das vor dem Allerheiligsten lag), wenn der Hohepriester an diesen furchtbar erhabenen Ort der Gegenwart Gottes trat, den niemand außer ihm betrat und er selbst nur zu dieser Stunde; und auch jetzt musste er Räucherwerk darbringen, »damit die Rauchwolke… den Spruchthron…verhülle und er nicht sterbe«.[15] In tiefstem Geheimnis vollzog sich diese einsame Zwiesprache.

Der Versöhnungstag ist das alttestamentliche Vorbild des Karfreitags. Der Widder, der für die Sünden des Volkes geschlachtet wurde, stellte das makellose Gotteslamm dar; (auch wohl jener andere, der – durch das Los bestimmt und mit den Sünden des Volkes beladen – in die Wüste hinausgetrieben wurde). Und der Hohepriester aus Aarons Geschlecht ist der Schatten des ewigen Hohenpriesters. Wie Christus beim letzten Abendmahl den Opfertod vorausnahm, so nahm er auch das hohepriesterliche Gebet voraus. Er brauchte für sich kein

[11] Jo 13,1.
[12] Jo 17.
[13] Lv 16,17.
[14] Lv 16,16.
[15] Lv 16,13.

Sündopfer darzubringen, denn er war ohne Sünde. Er braucht nicht die gesetzlich vorgeschriebene Stunde abzuwarten und nicht das Allerheiligste des Tempels aufzusuchen: er steht immer und überall vor Gottes Angesicht, seine eigene Seele ist das Allerheiligste; sie ist nicht nur Gottes Wohnung, sondern wesenhaft, unlöslich mit Gott vereint. Er braucht sich vor dem Herrn nicht durch eine schützende Rauchwolke zu bergen: er schaut in das unverhüllte Antlitz des Ewigen und hat nichts zu fürchten; der Anblick des Vaters wird ihn nicht töten. Und er entsiegelt das Geheimnis des Hohenpriestertums: alle die Seinen dürfen es hören, wie er im Allerheiligsten seines Herzens mit dem Vater spricht; sie sollen erfahren, worum es geht, und sollen lernen, in ihrem Herzen mit dem Vater zu sprechen.[16]

Das hohepriesterliche Gebet des Heilandes offenbart das Geheimnis des *inneren Lebens*; das Ineinander der göttlichen Personen und das Innewohnen Gottes in der Seele. In diesen geheimen Tiefen hat sich in Verborgenheit und Schweigen das Werk der Erlösung vorbereitet und vollzogen; und so wird es sich fortsetzen, bis am Ende der Zeiten wirklich alle zum Einssein vollendet sind. Im ewigen Schweigen des innergöttlichen Lebens wurde der Ratschluss der Erlösung gefasst. In der Verborgenheit des stillen Gemachs von Nazareth kam die Kraft des Heiligen Geistes über die einsam betende Jungfrau und bewirkte die Menschwerdung des Erlösers. Um die schweigend betende Jungfrau geschart, harrte die werdende Kirche auf die verheißene neue Geistausgießung, die sie zu innerer Klarheit und fruchtbarer äußerer Wirksamkeit beleben sollte. In der Nacht der Blindheit, die Gott über seine Augen gelegt hatte, erharrte Saulus in einsamem Gebet die Antwort des Herrn auf seine Frage: Was willst du, dass ich tun soll?[17]
In einsamem Gebet wurde Petrus auf die Sendung zu den Heiden vorbereitet.[18]
Und so bleibt es durch alle Jahrhunderte. In der stillen Zwiesprache gottgeweihter Seelen mit ihrem Herrn werden die weithin sichtbaren Ereignisse der Kirchengeschichte vorbereitet, die das Angesicht der Erde erneuern. Die Jungfrau, die jedes gottgesandte Wort in ihrem Herzen bewahrte, ist das Vorbild jener lauschenden Seelen, in denen das hohepriesterliche Gebet Jesu immer wieder auflebt. Und Frauen, die gleich ihr sich selbst völlig vergaßen über der Versenkung in das Leben und Leiden Christi, erwählte der Herr mit Vorliebe zu seinen Werkzeugen, um Großes in der Kirche zu vollbringen: eine heilige Birgitta, Katharina von Siena. Und als die heilige Theresia, die machtvolle Reformatorin ihres Ordens in der Zeit des großen Glaubensabfalles, der Kirche zu Hilfe kommen wollte, sah sie das Mittel dazu in der Erneuerung wahren inneren Lebens. Die Kunde von der immer weiter um sich greifenden Abfallsbewegung betrübte

[16] Da mir der vorgeschriebene Umfang der Abhandlung verbietet, das hohepriesterliche Gebet Jesu im Wortlaut hier anzuführen, muss ich die Leser bitten, an dieser Stelle das Johannesevangelium zur Hand zu nehmen und das 17. Kapitel nachzulesen.
[17] Apg Kap. 9.
[18] Apg Kap. 10.

sie sehr, »... und wie wenn ich etwas könnte oder wäre, bat ich den Herrn mit vielen Tränen und flehte, er möge diesem großen Übel abhelfen. Es schien mir, ich hätte gern tausend Leben daran gewagt, damit aus den vielen Seelen, welche verloren gingen, nur eine einzige gerettet werden möchte. Weil ich aber sah, dass ich ein Weib und untauglich war, etwas auszurichten, weil ferner mein Verlangen dahin zielte, dass wenigstens einige Seelen recht gut wären, so entschloss ich mich, zu tun, was möglich war, nämlich den evangelischen Räten mit aller möglichen Vollkommenheit zu folgen und zu trachten, dass die wenigen Nonnen, die hier beisammen sind, auf gleiche Weise handelten... Ich setzte meine Zuversicht auf die unendliche Barmherzigkeit Gottes, und wir sämtlich wollten in unablässigem Gebet für die, welche die Kirche beschützen, wie für die Prediger und Gelehrten, welche sie verteidigten, unserm Herrn helfen, so gut wir könnten, während seine Verfolger ihn gleichsam von neuem kreuzigen. Ach, liebste Schwestern, helft mir den Herrn bitten; denn zu diesem Zwecke hat er euch hier versammelt, dies ist euer Beruf...«[19]
Es schien ihr nötig, »dass hier geschehe, was zur Zeit des Krieges geschieht, wenn die Feinde in das ganze Land eingedrungen sind. Da zieht sich nämlich der Fürst des Landes... in eine Stadt zurück, die er sehr stark befestigen lässt. Von hier aus macht er zuweilen auf die Gegner einen Ausfall; und da die Besatzung der Stadt aus lauter auserlesenen Streitern besteht, so richten diese für sich allein mehr aus, als da sie sich unter vielen feigen Soldaten befanden, und es wird auf diese Weise oftmals der Sieg gewonnen... Aber wozu habe ich dies gesagt? Damit ihr, meine Schwestern, daraus ersehen mögt, um was wir Gott bitten sollen: dass nämlich von den noch guten Christen, die in der Festung sind, keiner zu den Feinden übergehe; dass ferner der Herr die Hauptleute der Festung..., nämlich die Prediger und Gottesgelehrten, recht sehr fördern möge auf seinem Wege und dass er, weil die meisten davon Ordensleute sind, ihnen seine Gnade verleihe, in der Vollkommenheit, wozu sie berufen sind, große Fortschritte zu machen... Sie müssen unter den Menschen leben, mit ihnen verkehren... und sich mitunter im Äußern sogar den Menschen anbequemen. Und meint ihr, meine Töchter, es gehöre wenig dazu, mit der Welt zu verkehren, in der Welt zu leben, sich mit Weltgeschäften zu befassen... und dabei doch im Innern der Welt fremd... zu bleiben... nicht wie ein Mensch, sondern wie ein Engel zu sein? Denn wären sie nicht so, dann verdienten sie den Namen »Hauptleute« nicht, und dann verhüte Gott, dass sie aus ihren Zellen heraustreten, weil sie mehr schaden als nützen würden. In jetziger Zeit darf man keine Unvollkommenheiten an denen wahrnehmen, die als Lehrer auftreten müssen... Denn mit wem haben sie es zu tun als mit der Welt? Diese aber, dessen dürfen sie überzeugt sein, wird keine Unvollkommenheit an ihnen unbeachtet lassen

[19] Der Weg der Vollkommenheit (Schriften der hl. Teresia von Jesus Bd. III. Regensburg 1907), 1. Kapitel.

und ihnen nichts verzeihen. Von ihren guten Eigenschaften wird man vieles übersehen, ja es vielleicht nicht einmal für etwas Gutes halten; aber dass man ihnen etwas Fehlerhaftes oder Unvollkommenes nachsehe, das dürfen wir nicht hoffen. Ich wundere mich, wie unterrichtet jetzt die Weltleute in der Vollkommenheit sind, nicht, um sie zu üben…, sondern um andere zu tadeln… Ihr dürft also nicht glauben, es sei zu dem schweren Kampf, in den jene treten, nur eine geringe Hilfe Gottes nötig, vielmehr bedürfen sie einer sehr großen… Ich bitte euch also um der Liebe des Herrn willen, flehet zu seiner Majestät, dass sie unser Gebet… erhöre. Obwohl armselig, bitte ich doch den Herrn darum, denn es handelt sich hier um seine Ehre und um das Wohl seiner Kirche, und dahin zielen meine Wünsche… Wenn eure Gebete, eure Wünsche, eure Geißelungen und eure Fasten nicht das Ziel haben, wovon ich gesprochen, so glaubt ja nicht, den Zweck zu erfüllen, zu dem euch der Herr an diesem Ort versammelt hat.«[20]
Was gab dieser Ordensfrau, die seit Jahrzehnten in einer Klosterzelle dem Gebet lebte, das glühende Verlangen, etwas für die Sache der Kirche zu wirken, und den scharfen Blick für die Not und die Erfordernisse ihrer Zeit? Eben dass sie im Gebet lebte, dass sie sich vom Herrn immer tiefer hineinziehen ließ ins Innere ihrer »Seelenburg«, bis in jenes verborgene Gemach, wo er zu ihr sprechen konnte, »es sei nun Zeit, dass sie fortan sich seiner Angelegenheiten als der ihrigen annehme, er dagegen werde für die ihren Sorge tragen«.[21] Darum konnte sie gar nicht mehr anders als »mit Eifer eifern für den Herrn, den Gott der Heerscharen« (Worte unseres heiligen Vaters Elias, die als Wahlspruch in das Ordenswappen aufgenommen wurden). Wer sich dem Herrn rückhaltlos hingibt, den wählt er zum Werkzeug, um sein Reich zu bauen. Er allein weiß, wieviel das Gebet der heiligen Theresia und ihrer Töchter dazu beigetragen hat, Spanien vor der Glaubensspaltung zu bewahren, welche Macht es in den heißen Glaubenskämpfen in Frankreich, in den Niederlanden, im Deutschen Reich entfaltete.
Die offizielle Geschichtsschreibung schweigt von diesen unsichtbaren und unberechenbaren Mächten. Aber das Vertrauen des gläubigen Volkes und das lange prüfende und vorsichtig abwägende Urteil der Kirche kennt sie. Und unsere Zeit sieht sich mehr und mehr darin gedrängt, wenn alles andere versagt, von diesen verborgenen Quellen die letzte Rettung zu erhoffen.

[20] Weg der Vollkommenheit, III. Kapitel. Die beiden angeführten Stellen werden in unserem Orden regelmäßig an den Quatembertagen gelesen.
[21] »Die Seelenburg« (Schriften der hl. Teresia von Jesus Bd. IV, Regensburg 1922), 7. Wohnung, 2. Hauptstück. S. 272.

Inneres Leben und äußere Form und Tat

In Verborgenheit und Schweigen vollzieht sich das Werk der Erlösung. In der stillen Zwiesprache des Herzens mit Gott werden die lebendigen Bausteine bereitet, aus denen das Reich Gottes erwächst, die auserlesenen Werkzeuge geschmiedet, die den Bau fördern. Der mystische Strom, der durch alle Jahrhunderte geht, ist kein verirrter Seitenarm, der sich vom Gebetsleben der Kirche abgesondert hat – er ist ihr innerstes Leben. Wenn er die überlieferten Formen durchbricht, so geschieht es, weil in ihm der Geist lebt, der weht, wo er will: der alle überlieferten Formen geschaffen hat und immer neue schaffen muss. Ohne ihn gäbe es keine Liturgie und keine Kirche. War nicht die Seele des königlichen Psalmensängers eine Harfe, deren Saiten unter dem leisen Anhauch des Heiligen Geistes erklangen? Aus dem übervollen Herzen der gottbegnadeten Jungfrau strömte das Jubellied des »Magnificat«. Der Prophetengesang »Benedictus« öffnete die stumm gewordenen Lippen des priesterlichen Greises, als das geheime Engelwort sichtbare Wirklichkeit wurde. Was aus geisterfülltem Herzen aufstieg und sich Ausdruck schuf in Wort und Weise, das pflanzt sich fort von Geschlecht zu Geschlecht. So formt der mystische Strom den vielstimmigen, immer anschwellenden Lobgesang auf den Dreifaltigen Gott, den Schöpfer, Erlöser und Vollender. Darum geht es nicht an, das innere, von allen überlieferten Formen freie Gebet als »subjektive« Frömmigkeit der Liturgie als dem »objektiven« Gebet der Kirche gegenüberzustellen. Jedes *echte* Gebet ist Gebet der Kirche: *durch* jedes echte Gebet *geschieht* etwas in der Kirche, und es ist die Kirche selbst, die darin betet, denn es ist der in ihr lebendige Heilige Geist, der in jeder einzelnen Seele »für uns bittet mit unaussprechlichen Seufzern«.[22] Eben das ist »echtes« Gebet: denn »niemand kann sagen ›Herr Jesus‹, außer im Heiligen Geist«.[23] Was wäre Gebet der Kirche, wenn nicht die Hingabe der großen Liebenden an den Gott, der die Liebe ist?
Die schrankenlose liebende Hingabe an Gott und die göttliche Gegengabe, die volle und dauernde *Vereinigung*, das ist die höchste Erhebung des Herzens, die uns erreichbar ist, die *höchste Stufe des Gebetes*. Die Seelen, die sie erreicht haben, sind wahrhaft das *Herz der Kirche*: in ihnen lebt die hohepriesterliche Liebe Jesu. Mit Christus verborgen in Gott, können sie nicht anders als die göttliche Liebe, von der sie erfüllt sind, ausstrahlen in andere Herzen und so mitwirken an der Vollendung aller zur Einheit in Gott, die das große Anliegen Jesu war und ist. So hatte *Marie Antoinette de Geuser* ihren Beruf verstanden. Sie musste diese höchste Aufgabe des Christen mitten in der Welt lösen, und ihr Weg ist sicher von vorbildlicher und stärkender Bedeutung für die vielen, die heute sich angetrieben fühlen, durch radikales Ernstmachen in ihrem inneren

[22] Röm 8,26.
[23] 1 Kor 12,3.

Leben für die Kirche einzustehen, und denen es nicht beschieden ist, diesem Ruf in der Geborgenheit eines Klosters zu folgen. Die Seele, die auf der höchsten Stufe des mystischen Gebets eingegangen ist in die »ruhevolle Tätigkeit des göttlichen Lebens«, denkt an gar nichts anderes mehr als daran, sich dem Apostolat hinzugeben, zu dem Er sie berufen hat.

»Dies ist die Ruhe in der Ordnung und zugleich die von jeder Fessel befreite Tätigkeit. Im Frieden führt die Seele den Streit, weil sie ganz im Sinn der ewigen Ratschlüsse wirkt. Sie weiß, dass der Wille ihres Gottes sich vollkommen erfüllt zu Seiner größeren Ehre, denn wenn auch oft der menschliche Wille für die göttliche Allmacht gleichsam Schranken errichtet, so siegt doch die göttliche Allmacht und schafft ein herrliches Werk aus dem Baustoff, der ihr verbleibt. Dieser Sieg der göttlichen Macht über die menschliche Freiheit, die er trotzdem schalten lässt, ist eine der wunderbarsten, anbetungswürdigsten Seiten des göttlichen Weltplans ...«[24]

Als Marie Antoinette de Geuser diesen Brief schrieb, war sie der Schwelle der Ewigkeit nahe, nur ein zarter Schleier trennte sie noch von jener letzten Vollendung, die wir das Glorienleben nennen.

In den seligen Geistern, die in die Einheit des innergöttlichen Lebens eingegangen sind, ist alles eins: Ruhe und Tätigkeit, Schauen und Wirken, Schweigen und Reden, Lauschen und Sich-Mitteilen, liebend-empfangende Hingabe und Ausströmen der Liebe im dankenden Lobgesang. Solange wir noch auf dem Wege sind – und je ferner dem Ziel, um so stärker – unterstehen wir noch dem Gesetze der Zeitlichkeit und sind darauf angewiesen, dass im Nacheinander und in wechselseitiger Ergänzung der vielen Glieder das göttliche Leben mit seiner Fülle in uns Wirklichkeit werde. Wir bedürfen der Stunden, in denen wir schweigend lauschen und das göttliche Wort in uns wirken lassen, bis es dahin drängt, im Opfer des Lobes und im Opfer der Tat fruchtbar zu werden. Wir bedürfen der überlieferten Formen und der Teilnahme am öffentlichen und verordneten Gottesdienst, damit das innere Leben geweckt und in den rechten Bahnen bewahrt werde und damit es einen angemessenen Ausdruck finde. Das feierliche Gotteslob muss seine Heimstätten auf Erden haben, wo es zur höchsten Vollendung ausgebildet wird, deren Menschen fähig sind. Von hier aus kann es *für* die ganze Kirche zum Himmel aufsteigen und *auf* die Glieder der Kirche einwirken: inneres Leben wecken und zum äußeren Einstimmen aneifern. Aber es muss von innen her belebt sein dadurch, dass auch an diesen Stätten der schweigenden Vertiefung Raum gegönnt wird. Sonst würde es zu starrem und totem Lippen-

[24] Marie de la Trinité Lettres de »Consummatra« à une Carmélite. Carmel d'Avignon 1930, Brief vom 27. Sept. 1917 (Deutsch als »Briefe in den Karmel«, Regensburg 1934, S. 263 ff.).

[25] »... es gibt eine Anbetung im Innern ..., die Anbetung im Geist, die in den Tiefen des Wesens, in seinem Verstand und seinem Willen lebt; es ist die wesenhafte, vorzügliche Anbetung, ohne welche die äußere ohne Leben bleibt.« (»O mein Gott, Dreifaltiger, den ich anbete«, Gebet der Schwester Elisabeth von der hlst. Dreifaltigkeit, Karmelitin, erläutert von Dom Eugène Vandeur O.S.B., Regensburg 1931, S. 23.).

dienst entarten.[25] Und den Schutz gegen diese Gefahr gewähren die Heimstätten des inneren Lebens, wo die Seelen in Einsamkeit und Schweigen vor Gottes Angesicht stehen, um im Herzen der Kirche die alles belebende Liebe zu sein. Der Weg zum inneren Leben aber wie zu den Chören der seligen Geister, die das ewige »Sanctus« singen, ist Christus. Sein Blut ist der Vorhang, durch den wir ins Allerheiligste des göttlichen Lebens eintreten. In der Taufe und im Sakrament der Buße reinigt es uns von Sünde, öffnet die Augen für das Ewige Licht, öffnet die Ohren zum Vernehmen des Göttlichen Wortes und die Lippen zum Lobgesang, zum Gebet der Sühne, der Bitte, des Dankes, die alle nur verschiedene Formen der Anbetung sind, d. h. der Huldigung des Geschöpfs vor dem Allmächtigen und Allgütigen. Im Sakrament der Firmung bezeichnet und stärkt es den Streiter Christi zum freimütigen Bekenntnis. Vor allem aber ist es das Sakrament, in dem Christus selbst gegenwärtig ist, das uns zu Gliedern seines Leibes macht. Indem wir am Opfer und Opfermahl teilnehmen, mit Jesu Fleisch und Blut genährt werden, werden wir selbst sein Fleisch und Blut. Und nur, wenn und soweit wir Glieder seines Leibes sind, kann sein Geist uns beleben und in uns herrschen: »... der Geist ist es, der belebt; denn der Geist macht die Glieder lebendig: doch nur die Glieder macht er lebendig, die er in eben dem Leibe, den der Geist belebt, vorfindet... Nichts muss also der Christ so fürchten wie die Trennung vom Leibe Christi. Denn wenn er vom Leibe Christi getrennt wird, dann ist er nicht mehr sein Glied: wenn er nicht mehr sein Glied ist, wird er nicht mehr von seinem Geist belebt...«[26] Glieder des Leibes Christi aber werden wir »nicht nur durch die Liebe..., sondern in aller Wirklichkeit durch Einswerden mit seinem Fleisch: denn das wird bewirkt durch die Speise, die er uns geschenkt hat, um uns sein Verlangen nach uns zu beweisen. Deshalb hat er sich selbst in uns eingesenkt und seinen Leib in uns hineingestaltet, damit wir Eines seien, wie der Leib mit dem Haupt zusammengefügt ist...«[27]. Als Glieder seines Leibes, von seinem Geist beseelt, bringen wir uns »durch Ihn, mit Ihm und in Ihm« zum Opfer dar und stimmen ein in die ewige Danksagung. Darum lässt uns die Kirche nach dem Empfang des heiligen Mahles sprechen:

Mit so großen Gaben gesättigt,
bitten wir, Herr,
verleihe,
dass die Gaben, die wir empfangen,
zum Heil uns seien
und dass niemals von Deinem
Lobe wir lassen.[28]

[26] St. Augustinus (Tract. 27 in Joannem; Römisches Brevier, 3. Tag in der Fronleichnamsoktav, VIII. und IX. Lesung).
[27] St. Johannes Chrysostomus (Homilia 61 ad populum Antioch., a. a. O. IV. Lesung).
[28] Römisches Messbuch, Postkommunion am 1. Sonntag nach Pfingsten.

2. Lebensgestaltung im Geist der hl. Elisabeth

Einführung

Katharina Oost

Das Bild, das Edith Stein im nachfolgenden Text von der hl. Elisabeth von Thüringen zeichnet, ist zum einen dem religiösen Verständnis ihrer Zeit und verlässlichen hagiographischen Topoi verbunden. Es ist nicht wichtig, hier auf biographische Details einzugehen, die heute anders gelesen werden; nicht nötig aufzuzeigen, wie weit der geistliche Führer Konrad von Marburg die Heilige, die uns nun auch aus diesem Text anschaut, nach ihrem Tod »erfunden« hat, um durch ihre Heiligsprechung selbst an Bedeutung zu gewinnen. Dass Edith Stein die in der Hagiographie immer wiederkehrende Vorstellung, eine heilige Frau könne die leiblich und seelisch vollzogene Liebe zu einem Mann, könne Mutterschaft und Ehe nur als Opfer verstanden haben, scheinbar unreflektiert übernahm, mag erstaunen und wird im Zusammenhang mit ihrer eigenen Biographie besser zu verstehen sein.

Zum anderen wirft Edith Stein den kritischen Blick der Psychologin auf die Heilige und meint, zwei sich widersprechende Wesenszüge Elisabeths zu erkennen: heißblütige, ungestüme Liebes- und Lebenskraft, die alle Grenzen der Konvention und des Standes zu überstürmen bereit ist, sowie extreme Härte im Umgang mit der eigenen Natur, mit der sie versucht, Neigung und Willen gewaltsam zu brechen. Diesen zunächst offen gelegten Zwiespalt im Wesen der Heiligen führt Edith Stein im Weiteren nicht psychologisch sondern als Philosophin (im Rückgriff auf aristotelisches Denken) dem Verständnis zu: Auch das natürliche Wesen bedarf der Formung! Die tiefste Formung der Natur aber vollzieht sich nach christlichem Verständnis durch die göttliche Gnade, wo immer ein Mensch seinen Willen rückhaltlos in den Willen Gottes übergibt. Dabei wird die Natur nicht zerstört, sondern veredelt, auch da, wo der Prozess der Veredelung sehr schmerzhaft sein mag: *Gratia supponit naturam et perficit illam – die Gnade unterstützt die Natur und vollendet sie,* heißt es bei Thomas von Aquin.

Den nun folgenden Text erarbeitete Edith Stein 1931, im 700. Todesjahr der hl. Elisabeth von Thüringen. Er wurde im selben Jahr in der Benediktinischen Monatsschrift veröffentlicht.

Lebensgestaltung im Geist der hl. Elisabeth

*Von Dr. Edith Stein/Breslau**

Warum wohl unsere Zeit eine so jubiläumsfreudige, man möchte fast lieber sagen jubiläumssüchtige geworden ist? Vielleicht durch die drückende Last der Not, die das Verlangen erweckt, sich wieder und wieder für eine kurze Atempause der grauen, beklemmenden Gegenwartsatmosphäre zu entziehen und sich ein wenig zu wärmen an der Sonne besserer Tage? Aber eine solche Flucht aus der Gegenwart wäre eine unfruchtbare Art, Jubiläen zu feiern, und wir dürfen wohl annehmen, dass ein tieferes und gesünderes Verlangen, wenn auch seiner selbst nicht klar bewusst, die Blicke in die Vergangenheit lenkt: ein geistarmes und nach Geist dürstendes Geschlecht wendet sich überall dahin, wo einmal Geist in Fülle strömte, um davon zu trinken. Und das ist ein heilsamer Trieb. Denn der Geist ist lebendig und stirbt nicht. Wo er einmal am Werk war, Menschenleben und Gebilde von Menschenhand zu gestalten, da hinterlässt er nicht nur tote Denkmäler, sondern führt darin ein geheimnisvolles Dasein, wie eine verborgene und wohlbehütete Glut, die heil aufflammt, leuchtet und zündet, sobald ein belebender Hauch darüber hinstreicht. Der liebevoll eindringende Blick des Forschers, der in den Denkmälern der Vergangenheit den verborgenen Funken aufspürt – das ist der belebende Hauch, der die Flamme aufschlagen lässt. Aufgeschlossene Menschenseelen sind der Stoff, worin er zündet und zur formenden Kraft wird, die das Leben der Gegenwart bezwingen und gestalten hilft. Und wenn es ein *heiliges* Feuer war, das einmal hier auf Erden gebrannt und Spuren seines Wirkens hinterlassen hat, dann stehen alle Stätten und Überreste dieses Wirkens in heiliger Hut, vom Urquell alles Feuers und Lichtes wird die verborgene Glut geheimnisvoll genährt und erhalten, um als nie versiegende, befruchtende Segensquelle immer wieder hervorzubrechen.

Ein solcher Segensquell ist uns erschlossen durch das Gedächtnis der lieblichen Heiligen, die vor 700 Jahren als eine Frühvollendete ihre Augen für diese Welt schloss, um einzugehen in die strahlende Herrlichkeit des ewigen Lichtes. Wie ein wundersames Märchen mutet ihre Lebensgeschichte an: die Geschichte von dem ungarischen Königskinde Elisabeth, das im Schloss zu Pressburg geboren wurde, während zur gleichen Stunde der Magier Klingsor in Eisenach ihre Geburt in den Sternen las und ihren künftigen Ruhm und ihre Bedeutung für das Thüringer Land verkündete. Wie aus »Tausend und eine Nacht« klingen die Schilderungen von den Schätzen, die Königin Gertrud aufspeicherte, um ihr Töchterlein einst prächtig auszustatten, von den Wagen, auf die alle diese Herrlichkeiten verladen wurden, als Landgraf Hermann von Thüringen die 4-jährige

* Benediktinische Monatsschrift 13 (1931), Heft 9/10, S. 366 ff.

Prinzessin als Braut seines Sohnes auf die ferne Wartburg abholen ließ. Reiches Heiratsgut verhieß die Königin später noch nachzusenden. Aber ihr ruheloses Trachten nach Reichtum, Glanz und Macht fand ein jähes Ende; sie wurde von Verschwörern ermordet, und ihr Kind, das sie in die Fremde geschickt hatte, um ihm eine Krone zu sichern, war eine mutterlose Waise. – An die Innigkeit des deutschen Volksmärchens erinnert die Erzählung von den Kindern Ludwig und Elisabeth, die in herzlicher Geschwisterliebe zusammen aufwachsen und mit unwandelbarer Treue aneinander festhielten, als alles sich verschwor, um sie voneinander zu trennen, als nach und nach alle von dem fremden und seltsamen Kinde sich abwandten, das lieber mit zerlumpten Bettlern sich abgab als frohe Feste zu feiern, das besser in ein Kloster zu passen schien als auf einen Fürstenthron, als zum Mittelpunkt eines üppigen, strahlenden Hoflebens, wie es die thüringische Ritterschaft seit den Tagen des Landgrafen Hermann auf der Wartburg gewöhnt war.

Dann folgt der Ritterroman: die Schwertleite des jungen Landgrafen und sein Regierungsantritt, die glanzvolle Vermählung und das junge Eheglück des fürstlichen Paares, Elisabeths Leben als Landesherrin an der Seite ihres Gatten: Feste, Jagden, Ritte kreuz und quer durch ihre Lande, dazwischen stille Fürsorge für die Armen und Kranken im Umkreis der Wartburg; dann der zunehmende Ernst der Herrschersorgen: Kriegsfahrten des Gemahls, Regentschaft in seiner Abwesenheit, Kampf gegen Hungersnot und Seuche, die das Volk dahinraffen, und zugleich gegen die Widerstände ihrer Umgebung, die ihr nicht gestatten will, mit aller Kraft der Not zu wehren. Schließlich das Kreuzzugsgelübde des Landgrafen, der leidenschaftliche Schmerz des Abschiedes und der Trennung, das Zusammenbrechen der fassungslosen Witwe beim Eintreffen der Todesnachricht. Ein Frauenschicksal wie viele – so scheint es.

Aber was nun kommt, ist neu und hat nicht seinesgleichen. Die in Trauer Versunkene erhebt sich als »mulier fortis«, wie die Festliturgie sie preist, und nimmt ihr Geschick in die Hand. Sie verlässt bei Nacht und Sturm die Wartburg, wo man sie nicht mehr leben lassen will, wie ihr Gewissen es ihr vorschreibt. Sie sucht Zuflucht für sich und ihre Kinder in Eisenach, und da sie keine erträgliche Unterkunft findet, nimmt sie vorübergehend die Gastfreundschaft ihrer Verwandten von mütterlicher Seite an. Und als die Aussöhnung mit den Brüdern ihres Gatten erfolgt ist und sie in allen Ehren und in geschwisterlicher Liebe auf die Wartburg zurückgeholt wird, da duldet es sie nicht lange dort: sie muss den Weg zu Ende gehen, der sich vor ihr aufgetan hat, den Platz auf der Höhe verlassen, um unter den Ärmsten der Armen zu leben als eine von ihnen, ihre Kinder fremden Händen übergeben, um selbst dem Herrn allein anzugehören und ihm zu dienen in seinen leidenden Gliedern. Von allem entblößt gelobt sie sich dem Herrn an, der alles für die Seinen dahingab: am Karfreitag des Jahres 1229 legt sie die Hände auf den entblößten Altar der Franziskanerkirche in Marburg und nimmt das Kleid des Ordens, dem sie seit Jahren schon als Tertiarin angehörte, ohne noch ganz aus seinem Geist leben zu können, wie es das Verlangen ihres Herzens war. Nun ist sie die Schwester der Armen und dient ihnen in dem Spital, das sie ihnen gebaut hat. Nicht allzu lange, denn schon nach zwei Jahren sind ihre Kräfte erschöpft und die 24-jährige darf eingehen in die Freude ihres Herrn.

Ein Leben, durch seine äußeren Tatsachen bunt und reizvoll genug, um die Phantasie zu beschäftigen, um Staunen und Bewunderung zu erwecken. Aber nicht darum ist es uns zu tun. Zu dem, was hinter den äußeren Tatsachen steht, möchten wir vordringen, den Schlag des Herzens spüren, der solche Schicksale trug und solche Taten vollbrachte, den Geist in uns aufnehmen, der darin waltete. *Eins* verraten alle Tatsachen, die von Elisabeth berichtet werden, alle Worte, die uns von ihr erhalten sind: *ein glühendes Herz*, das mit inniger, zärtlich anschmiegender und treuer Liebe alles umfasst, was ihr nahe kommt. So hat sich die kleine Kinderhand in die Hand des Knaben gefügt, den politisches Machtstreben ehrgeiziger Eltern ihr zum Lebensgefährten gab, um sie nie wieder loszulassen. So hat sie mit den Gespielinnen, die man in den frühesten Kindertagen ihr beigesellte, ihr ganzes Leben geteilt, bis kurz vor ihrem Tode der strenge Führer sie von ihr nahm, um das letzte Band irdischer Liebe zu lösen. So hat sie die Kinder im Herzen getragen, die sie, selbst noch fast im Kindesalter, gebar. Und wenn sie sie von sich gab, so geschah es wohl in mütterlicher Liebe, die sie den eigenen allzu harten Weg nicht teilen lassen wollte, und in mütterlichem Pflichtgefühl, das sie ihrer durch die natürlichen Lebensverhältnisse gegebenen Bestimmung nicht eigenmächtig entziehen wollte; geschah aber auch, weil sie in sich ein Übermaß von Liebe fühlte, das eine Fessel in ihrem gottgewollten Beruf bedeutete.

Von frühester Jugend an öffnet sich ihr Herz in heißer, barmherziger Liebe allen Notleidenden und Bedrängten. Es drängt sie, die Hungernden zu speisen, die Kranken zu pflegen – aber niemals genügt es ihr, die materielle Not abzuwehren, immer ist es ihr Verlangen, die frierenden Herzen an ihrem Herzen zu erwärmen. Die armen Kinder in ihrem Spital laufen ihr in die Arme und nennen sie Mutter, weil sie fühlen, dass echte Mutterliebe ihnen entgegenkommt. All dieser überströmende Reichtum kommt aus einer unerschöpflichen Quelle: aus der Liebe des Herrn, der ihr nahe gewesen ist, so lange sie denken kann. Als Vater und Mutter sie von sich ließen, da ging er mit ihr in das ferne, fremde Land. Seit sie weiß, dass er in der Burgkapelle wohnt, zieht es sie dahin, mitten aus ihren Kinderspielen hinweg. Hier ist sie zu Hause. Wenn die Menschen sie schmähen und verspotten: hier findet sie Trost. So treu wie er ist keiner. Darum muss sie auch ihm treu sein und ihn lieben über alle und alles. Keines Menschen Bild darf sein Bild aus ihrem Herzen verdrängen. Darum überwältigt sie heftiger Reueschmerz, als das Wandlungsglöckchen sie aufschreckt und ihr zum Bewusstsein bringt, dass Auge und Herz dem Gatten an ihrer Seite zugewendet waren, statt dem heiligen Opfer zu folgen. Vor dem Bild des Gekreuzigten, der nackt und blutend am Kreuz hängt, kann sie nicht Schmuck und Krone tragen. Er hat die Arme weit ausgespannt, um alle an sich zu ziehen, die mühselig und beladen sind. Diese Liebe des Gekreuzigten muss sie zu allen Mühseligen und Beladenen tragen und wiederum Liebe zu dem Gekreuzigten in ihnen wecken. Alle sind sie Glieder am mystischen Leibe Christi. Sie dient dem Herrn, wenn sie ihnen dient. Aber sie muss auch dafür sorgen, dass sie durch Glauben und Liebe *lebendige* Glieder werden. Wer ihr nahe kommt, den sucht sie zum Herrn zu führen und sie übt ein gesegnetes Apostolat. Das zeigt das Leben ihrer Gefährtinnen, davon legt der Werdegang ihres Gatten ein beredtes Zeugnis ab und ebenso die innere Wandlung seines Bruders Konrad, der sich nach ihrem Tode, sichtlich unter ihrer Einwirkung, dem Ordensstande weihte. – Liebe Christi, das ist der Geist, der das Leben Elisabeths erfüllt und gestaltet hat, dem ihre nimmer rastende Nächstenliebe entquillt.

Noch ein anderer Wesenszug Elisabeths ist aus derselben Quelle zu begreifen: ihre herzbezwingende Fröhlichkeit. Sie liebt wilde Kinderspiele und freut sich noch daran, als sie nach den landesüblichen Begriffen von Zucht und Sitte ihnen längst entwachsen sein sollte. Sie hat Freude an allem Schönen, sie versteht es sehr wohl sich zu schmücken, glanzvolle Feste zu veranstalten und die Gäste zu erfreuen, als ihre fürstliche Stellung ihr das zur Pflicht macht. Vor allem in die Hütten der Armen will sie Freude tragen. Den Kindern nimmt sie Spielzeug mit und spielt selbst mit ihnen. Sogar die grämliche Witwe, die sie in der letzten Zeit ihres Lebens als Hausgenossin hat, kann ihre Heiterkeit nicht trüben und muss sich selbst ihre Scherze gefallen lassen. Und im tiefsten Herzen ist sie bewegt an jenem Tage der Armen, da sie Tausende nach Marburg lud, um den Rest ihres Witwengutes, das ihr in barem Geld ausgezahlt wurde, eigenhändig an sie zu verteilen. Vom Morgen bis zum Abend war sie durch die Reihen geschritten, um jedem das Seine zu geben. Als die Nacht hereinbrach, waren viele zurückgeblieben, die zu schwach und elend waren, um noch den Heimweg anzutreten. Sie lagerten im Freien und Elisabeth ließ ihnen Feuer anstecken. Da wurde ihnen wohl, und Gesang stieg von den Lagerfeuern auf. Staunend hörte es die Fürstin, und es war ihr die Bestätigung dessen, was sie lebenslang geglaubt und geübt hatte: »Seht, ich habe es euch gesagt, man muss die Armen nur froh machen.« Dass Gott seine Geschöpfe zur Freude geschaffen habe und dass es sich zieme, ein strahlendes Antlitz zu ihm zu erheben, davon war sie längst überzeugt. Und auch das wurde ihr bestätigt, da die Sterbende durch den süßen Gesang eines Vögleins zur ewigen Freude gerufen wurde.

Überströmende Liebe und Freude wirkten sich aus in einer freien Natürlichkeit, die sich in keine Konvention fügen konnte. Sollte man mit abgemessenen

Edith Stein als Referentin in Wien 1931.

Schrittchen gehen und zierliche, fertig gedrechselte Redensarten lispeln, wenn draußen vor dem Burgtor das Zeichen erklang, das die Heimkehr des Herrn verkündete? Elisabeth vergaß unrettbar alle Regeln der Zucht, wenn ihr Herz stürmisch zu schlagen begann, und sie folgte dem Rhythmus und Takt ihres Herzens. Oder sollte man gar in der Kirche daran denken, in welchen Formen es gesellschaftlich erlaubt sei, seiner Andacht Ausdruck zu geben? Sie konnte nicht anders als tun, wie die Liebe ihr gebot, mochte es ihr auch scharfen Tadel eintragen. Nie und nimmer konnte sie begreifen, dass es unpassend sein sollte, den Armen selbst die Gaben hinauszutragen, mit ihnen freundlich zu sprechen, in ihre Hütten zu gehen und sie im eigenen Hause zu versorgen. Sie wollte nicht eigenwillig und ungehorsam sein und mit den Ihren in Unfrieden leben – aber gegen die gebietende Stimme in ihrem Innern konnten menschliche Stimmen nicht aufkommen. Darum konnte sie auf die Dauer nicht unter denen leben, die im Bann der Konvention standen, die von altgewohnten Einrichtungen und eingewurzelten Lebensauffassungen sich nicht losmachen konnten und wollten. Sie vermochte es, solange ein heiliges Band sie festhielt, und ein treuer Beschützer ihr zur Seite stand, der dem Verlangen ihres Herzens verständnisvoll Rechnung trug und doch auch mit menschlicher Klugheit die Ansprüche der Umgebung berücksichtigte. Nach dem Tode des Gatten musste sie die Kreise verlassen, in denen sie geboren und erzogen war, und ihren eigenen Weg gehen. Es war ein scharfer und schmerzlicher Schnitt, sicherlich auch für sie. Aber mit dem Herzen voller Liebe, das vor keinen Schranken halt machte, die von leidenden Brüdern und Schwestern trennten, fand sie den Weg, den heute so viele mit viel gutem Willen und Aufgebot ihrer ganzen Kraft vergeblich zu bahnen suchen: den Weg zu den Herzen der Armen.

Es geht durch alle Jahrhunderte ein Sehnen der Menschen, das niemals zur Ruhe kommt und bald leiser bald lauter sich ausspricht. Einer, der es besonders lebhaft empfand, hat eine zündende Formel dafür gefunden: Rückkehr zur Natur. Und einer, der in verzehrender Sehnsucht sein Leben lang diesem Ideal vergeblich nachjagte, bis er zusammenbrach, hat ein seltsam eindringliches Bild des Menschen gezeichnet, dessen gesamtes Verhalten in ungebrochener Bewegung aus dem Innersten hervorquillt, ohne Verstandeserwägung und Willensanstrengung, allein vom Gebot des Herzens gelenkt: die Anmut der Marionette wäre ihm Eigen[1].

Entspricht die hl. Elisabeth diesem Ideal? Die angeführten Tatsachen, die von ihrer spontanen Art zu handeln zeugen, scheinen dafür zu sprechen. Aber die Quellen berichten von anderen Tatsachen, die nicht minder deutlich von einem stahlharten Willen zeugen, von einem unerbittlichen Kampf gegen die eigene Natur: die liebliche, jugendlich-heitere, bezaubernd natürliche ist zugleich eine

[1] Heinrich *von Kleist*, Über das Marionettentheater.

streng aszetische Heilige. Früh genug hat sie erkennen müssen, dass es nicht ohne Gefahr ist, sich dem Zug des Herzens hemmungslos zu überlassen. Übermäßige Liebe zu ihren Verwandten, Stolz und Habgier machten Königin Gertrud verhasst beim ungarischen Volk und bereiteten ihr den jähen, unvorbereiteten Tod von Mörderhand. Ungezähmte Leidenschaft führte Gertruds Schwester Agnes von Meran zur ehebrecherischen Verbindung mit dem französischen König und brachte das Interdikt über ganz Frankreich. Rücksichtsloser politischer Ehrgeiz verstrickte Landgraf Hermann in ein ruheloses Fehdeleben und ließ ihn im Kirchenbann sterben. Selbst den eigenen Gatten musste Elisabeth zeitweise in ungerechten Machtkämpfen und im Bann sehen. Und war denn sie selbst frei von diesen unheimlichen Gewalten in der eigenen Brust? O nein, sie wusste es wohl, dass auch sie sich nicht gefahrlos der Führung des eigenen Herzens überlassen konnte. Wenn das Kind mit frommer List sich Spiele ausdenkt, bei denen es zur Kapelle hüpfen kann oder sich zu Boden werfen und dabei heimlich seine Gebete verrichten, so ist gewiss ein mächtiger Zug der Gnade in dem Kinderherzen wirksam; es mag aber doch auch ein Ahnen darin sein, dass es in Gefahr ist, sich im Spiel von Gott hinwegzuverlieren. Deutlicher ist das noch, wenn das junge Mädchen nach dem ersten Tanz mit ernstem Gesicht zurücktritt und spricht: Ein Tanz genügt für die Welt, auf die anderen will ich um Gottes willen verzichten. Wenn sie nachts vom Lager aufstand und hinkniete, um zu beten, oder gar das Zimmer verließ, um sich von den Mägden geißeln zu lassen, so spricht daraus wohl nicht nur das allgemeine Verlangen, Buße zu tun und um des Herrn willen freiwillig zu leiden, sondern sie will sich retten vor der Gefahr, an der Seite des geliebten Gatten den Herrn zu vergessen. Sicherlich zog Elisabeths natürlicher Schönheitssinn hübsche Kinder den hässlichen vor und schreckte vor dem Anblick und Geruch ekelhafter Wunden zurück. Wenn sie immer wieder gerade solche elende Geschöpfe sich aussucht, um sie selbst zu pflegen, so spricht neben der barmherzigen Liebe zu diesen Ärmsten wohl auch der Wille mit, den natürlichen Abscheu zu überwinden. Noch in ihren letzten Lebensjahren hat Elisabeth den Herrn um drei Dinge gebeten: um Verachtung aller irdischen Güter, um die Gabe, Demütigungen freudig zu ertragen, um Befreiung von der übermäßigen Liebe zu ihren Kindern. Sie konnte ihren Mägden berichten, dass sie in all dem erhört worden sei. Aber dass sie darum bitten musste, ist ein Zeichen, dass es nicht von Natur aus in ihr war und dass sie lange vergeblich danach gerungen haben mag.

Das Leben Gott wohlgefällig zu gestalten, dies Ziel erstrebt Elisabeth nicht nur für sich selbst und im Kampf gegen die eigene Natur. Ganz bewusst und mit der gleichen unbeugsamen Festigkeit sucht sie auf ihre Umgebung einzuwirken. Als Landgräfin bemüht sie sich, gegen die übermäßige Kleiderpracht zu wirken und die Edelfrauen zum Verzicht auf diese oder jene Eitelkeit zu bewegen. Als sie

anfängt, alle Speisen zu meiden, die aus unrechtmäßigen Einkünften stammen, und dadurch oft gezwungen ist, an der voll besetzten fürstlichen Tafel zu hungern, da ist es ihr selbstverständlich, dass ihre treuen Gefährtinnen Guda und Isentrud ihre Entbehrungen teilen, wie sie ihr später auch in das Elend der freiwilligen Verbannung und Armut folgen. Und welcher Protest gegen die ganze Lebenshaltung ihrer Umgebung lag in der Beobachtung des Speiseverbotes! Die stärksten Zumutungen bedeutete ihre immer strengere Lebensgestaltung sicherlich für ihren Gemahl; mit anzusehen, wie sie mit äußerster Härte gegen sich selbst vorging, wie sie ihre Gesundheit gefährdete, sein Gut mit vollen Händen ausstreute und durch all das den Widerspruch seiner Familie und des ganzen Hofgesindes erregte, wie sie schließlich darum kämpfte, sich ihm innerlich zu entziehen, und sogar bitter beklagte, dass sie durch die Ehe gebunden war – das forderte heroische Selbstüberwindung auch von seiner Seite, und man versteht es wohl, dass der junge Landgraf, der all das in Liebe und Geduld trug und treu bemüht war, seiner Gattin in ihrem Streben nach Vollkommenheit zur Seite zu stehen, beim Volk in den Ruf der Heiligkeit kam.
Zunächst sind es wohl die Lehren des Evangeliums und die allgemeine aszetische Praxis der Zeit gewesen, die Elisabeth in ihrem Vollkommenheitsstreben leiteten. Da und dort blitzt ihr eine Erkenntnis auf und sie sucht sie in die Praxis umzusetzen. Als klar umrissenes Ideal und geschlossene Lebensform tritt ihr entgegen, was sie sucht, als die Franziskaner nach Deutschland kommen und Rodiger als ihr Gast auf der Wartburg sie über die Lebensweise des Armen von Assisi unterrichtet. Nun weiß sie auf einmal ganz genau, was sie will und wonach sie sich immer gesehnt hat: ganz arm sein, von Tür zu Tür betteln gehen, durch keine Habe und kein menschliches Band mehr gefesselt, frei auch von eigenem Willen ganz allein dem Herrn zu Eigen. Das eheliche Band zu lösen, sie von sich gehen zu lassen, dazu konnte sich Landgraf Ludwig nicht entschließen. Aber zu einem geregelten, ihrem Ideal möglichst angepassten Leben wollte er ihr verhelfen. Es war wohl besser, wenn kein Franziskaner ihr Führer wurde – sonst wären ihre unerfüllbaren Wünsche nicht zur Ruhe gekommen – sondern einer, der ihr Übermaß mit ruhiger Vernunft dämpfte und doch für ihr innerstes Verlangen Verständnis hatte. Ein solcher Mann war Meister Konrad von Marburg, der dem Landgrafen als Führer für seine Gemahlin empfohlen wurde. Ein Weltpriester, aber arm wie ein Bettelmönch, von äußerster Strenge gegen sich selbst wie gegen andere, ganz dem Dienst des Herrn geweiht – so durchzog er Deutschland als Kreuzzugsprediger und Kämpfer für die Reinheit des Glaubens. Ihm gelobte Elisabeth im Jahre 1225 Gehorsam und blieb bis zum Tode unter seiner Leitung. Das war wohl die stärkste Brechung des eigenen Willens, dass sie sich ihm unterwarf und ihm dauernd unterworfen blieb, denn er nahm nicht nur ihrem eigenen Wunsch gemäß aufs Schärfste den Kampf gegen die niedere Natur auf, sondern lenkte auch ihre Gottes- und

Nächstenliebe in andere Bahnen, als es ihrem Antrieb entsprach. Niemals gestattete er ihr, sich aller Güter zu entäußern – weder vor noch nach dem Tode ihres Gatten – er wehrte ihrem wahllosen Almosengeben, schränkte es nach und nach ein und verbot es ihr schließlich ganz – er suchte sie auch von der Pflege ansteckender Kranker zurückzuhalten (der einzige Punkt, in dem Elisabeth sich bis zuletzt nicht ganz gefügt hat).

Sicherlich war sein Vollkommenheitsideal kein geringeres als das ihre. Er war sich von vornherein klar, dass es eine heilige Seele war, die seiner Leitung anvertraut wurde, und er wollte alles tun, was er vermochte, um sie zum Gipfel der Vollkommenheit zu führen. Über die Mittel dazu aber dachte er anders als sie. Zunächst aber wollte er sie lehren, *in ihrem Stande* das Ideal zu erstreben, wie er ja für sich selbst auch nicht den Eintritt in einen Orden als notwendig erachtet hatte. So erlaubte er ihr, sich den Franziskanern als Tertiarin anzuschließen und interpretierte ihr die Gelübde ihren Lebensverhältnissen entsprechend: Solange ihr Gatte lebte, sollte sie alle ehelichen Pflichten erfüllen, aber im Falle seines Todes auf Wiederverheiratung verzichten. Sie sollte arm leben, aber ihren Besitz nicht sinnlos verschleudern, sondern für die Armen vernünftig verwalten. Den Anfang dieses armen Lebens stellte das Speiseverbot dar, das ihr alle Nahrung untersagte, die nicht aus rechtmäßigen Einnahmen stammte. Die Durchführung dieses Verbotes soll es gewesen sein, die sie (nach neueren Forschungen) nach dem Tode ihres Gatten veranlasste, die Wartburg zu verlassen. Es wird angenommen, dass ihr Schwager Heinrich Raspe ihre Absonderung von der fürstlichen Tafel nicht länger dulden wollte und ihr die Einnahmen aus ihrem Witwengut sperrte, um sie gefügig zu machen (wohl auch, um ihr verschwenderisches Wohltun zu beenden). Nach der äußersten Not und Verlassenheit, in die sie durch diese freiwillige oder unfreiwillige Verbannung geraten war, vermochte sie sich in die alten Verhältnisse nicht wieder einzugewöhnen. Nur vorübergehend kehrte sie nach der Aussöhnung mit der landgräflichen Familie auf die Wartburg zurück und begann sofort, mit Meister Konrad zu beraten, in welcher Form sie am besten ihr franziskanisches Ideal verwirklichen könnte. Er ging auf keinen ihrer Vorschläge ein, weder den Eintritt in ein Kloster noch ein Einsiedler- oder Bettlerleben gestattete er. Ihre Gelübde zu erneuern und sich mit dem Ordensgewand bekleiden zu lassen, das konnte er ihr nicht verwehren. Auch dass sie sich in ihrer Stadt Marburg, die sein eigener Wohnsitz war, ansiedelte, ließ er zu. Die Lebensform bestimmte er ihr nach seinem Ermessen, indem er von ihren Mitteln ein Spital in Marburg erbaute und ihr bestimmte Dienste darin zuwies. Dass sie von ihren Einkünften nichts für sich verwendete, sondern ihren dürftigen Unterhalt mit den eigenen Händen erarbeitete (durch Wollespinnen für das Kloster Altenburg), war wohl von ihr selbst ersonnen, aber auch in ihres Führers Sinn. Die schwerste und wichtigste

Aufgabe nach Meister Konrads Auffassung war es, seinen Schützling im Gehorsam zu unterweisen. Dass Gehorsam besser sei als Opfer, dass ohne Losschälung von allen eigenen Wünschen und Neigungen keine Vollkommenheit zu erreichen sei, war seine heilige Überzeugung. Und im Eifer für sein Ziel ließ er sich bei den immer wiederkehrenden Übertretungen seiner Befehle zu körperlichen Züchtigungen hinreißen. Elisabeth hat sicherlich im Innersten mit ihm übereingestimmt. Das beweist nicht nur die Geduld und Sanftmut, mit der sie diese harten Demütigungen ertrug. Sie hätte sicher in einem so wesentlichen Punkte wie dem Verzicht auf die ersehnte Lebensform nicht nachgegeben, wenn sie nicht von der Bedeutung des Gehorsams durchdrungen gewesen wäre. In dem Führer, den man ihr gegeben, den nicht sie selbst gewählt hatte, sah sie Gottes Stellvertreter. Untrüglicher als der Zug des eigenen Herzens gab sein Wort Gottes Willen kund. Darauf allein aber kommt es schließlich an: nach Gottes Willen sein Leben zu gestalten. Einen rücksichtslosen Kampf gegen die natürlichen Neigungen führen darum beide. Bald ist es Elisabeth selbst, die vorangeht und nur die Billigung des Meisters findet; so bei der Übersiedelung nach Marburg, bei der Trennung von ihren Kindern. Bald gebietet Konrad, und Elisabeth fügt sich im Gehorsam; als er ihr die geliebten Gefährtinnen aus ihrer Jugend nimmt und sie durch schwer erträgliche Hausgenossinnen ersetzt; als er ihr die Freude, persönlich Almosen auszuteilen, mehr und mehr einschränkt und schließlich ganz untersagt. Nur in *einem* Punkt hat sie nicht ganz nachgegeben: Außer ihrem Dienst im Spital noch in ihrem eigenen kleinen Häuschen daneben ein krankes Kind mit einem besonders unleidlichen Übel bei sich zu haben und ganz allein zu versorgen. Ein krätzekranker Knabe saß noch an ihrem Totenbett, so berichtete Meister Konrad selbst an Papst Gregor IX., der ihm nach dem Tode des Landgrafen die Fürsorge für die Witwe ans Herz gelegt hatte und bei dem er sofort nach ihrem Tode mit Eifer ihre Heiligsprechung betrieb.

So scheint es ein zwiespältiges Bild, das wir von der Heiligen und von ihrer Lebensgestaltung gewinnen; auf der einen Seite ein stürmisches Temperament, das in spontanen Bewegungen den Eingebungen eines heißen, liebeerfüllten Herzens folgt, ungehemmt durch eigene Reflexionen wie durch fremde Einsprüche – auf der anderen ein gewaltsam zugreifender Wille, der unablässig bemüht ist, die eigene Natur zu bändigen und nach festen Grundsätzen in bewusstem Gegensatz zu den Neigungen des Herzens das Leben in eine von außen übernommene, vorgebildete Form zwingt.

Doch es gibt einen Punkt, von dem aus die Gegensätze zu begreifen sind und sich schließlich in einer Harmonie auflösen, die erst jenem Sehnen nach Natürlichkeit wahre Erfüllung gibt. In dem Bekenntnis zur »unverbildeten menschlichen Natur« lebt der Glaube an eine formende Kraft im Menschen, die von innen heraus wirkend, ungestört durch Druck und Zug von außen, den Menschen und sein Leben zu einem harmonischen, formvollendeten Gebilde gestaltet. Aber die Erfahrung bestätigt diesen schönen Glauben nicht. Wohl ist die Form im Innern verborgen, aber verstrickt in wuchernde Gewebe, die eine reine Auswirkung hemmen. Wer seine Natur sich selbst überlässt, den treibt es bald dahin, bald dorthin, er kommt nicht zu klarer Formung und Gestaltung. Und Formlosigkeit ist nicht Natürlichkeit. Wer nun die eigene Natur in Zucht nimmt, wuchernde Triebe beschneidet und ihr die Form zu geben sucht, die ihm gut dünkt, vielleicht eine Form, die er draußen fertig vorgefunden hat, der mag wohl hier und da der inneren Form Raum schaffen zu freier Auswirkung, aber es kann auch sein, dass er ihr Gewalt antut, und an Stelle der frei entfalteten Natur tritt Unnatur und Machwerk. Unsere Erkenntnis ist Stückwerk; unser Wollen und Wirken, wenn es auf sie allein baut, kann kein vollendetes Gebilde schaffen; kann es auch darum nicht, weil es seiner selbst nicht vollkommen mächtig ist und oft vor dem Ziel zusammenbricht. Und so reckt sich jene innere Formkraft, die in Banden liegt, einem Licht entgegen, das sicherer leitet, und einer Kraft, die sie frei macht und ihr Raum schafft. Das ist das Licht und die Kraft der göttlichen Gnade. Mächtig war der Zug der Gnade in der Seele des Kindes Elisabeth. Sie zündete darin, und hell stieg die Flamme der Gottesliebe empor, alle Hüllen und Schranken durchbrechend. Da legte sich dieses Menschenkind in die Hände des göttlichen Bildners. Ihr Wille wurde ein gefügiges Werkzeug des göttlichen Willens, und von ihm geleitet konnte er daran gehen, die eigene Natur zu zähmen und zu beschneiden, der inneren Form freie Bahn zu schaffen, konnte auch eine äußere Form finden, die der inneren gemäß war, in die sie hineinwachsen konnte, ohne ihre natürliche Richtung zu verlieren. Und so stieg sie empor zu jenem vollendeten Menschentum, das reine Auswirkung der durch die Kraft der Gnade befreiten und verklärten Natur ist. Auf dieser Höhe ist es gefahrlos, dem Zug des Herzens zu folgen, weil das eigene Herz eingegangen ist in das göttliche Herz und in seinem Takt und Rhythmus schlägt. Hier kann das kühne Wort Augustins die Richtschnur der Lebensgestaltung sein:

Ama et fac quod vis[2].

[2] Liebe und tu, was du willst.

3. Sancta Discretio

Einführung

Katharina Oost

Mit dieser 1938 niedergeschriebenen und 1962 in der Benediktinischen Monatsschrift veröffentlichten Betrachtung lenkt Edith Stein ihren Blick in das Herz benediktinischer Spiritualität, in die *discretio*. Im 64. Kapitel seiner Regel zeichnet der hl. Benedikt das Bild des Abtes, der sich eben durch jene *discretio, die Mutter aller Tugenden,* auszeichnen soll. Bei allem, was der Abt tue, sagt Benedikt, *unterscheide er genau und halte Maß. Er denke an die maßvolle Unterscheidung des hl. Jakob, der sprach: »Wenn ich meine Herden unterwegs überanstrenge, werden alle an einem Tag zugrunde gehen.« … So halte er in allem Maß, damit die Starken finden, wonach sie verlangen, und die Schwachen nicht davonlaufen.* – Die Mutter aller Tugenden – eine mütterliche Tugend!

Der erste Biograph des hl. Benedikt, Papst Gregor der Große, urteilt, Benedikt habe eine Regel geschrieben *ausgezeichnet durch maßvolle Unterscheidung – regulam discretione praecipuam.*[1] Was das Werk auszeichnet, muss auch seinem Autor eigen sein.

Discretio, Maßhaltung, Unterscheidung der Geister setzt Selbst-Bewusstsein, Selbsterkenntnis voraus sowie die Mäßigung der Leidenschaften und Affekte. Die Kardinaltugend der *temperantia,* das ritterliche Tugendideal der *mâze* klingen hier an.

Wie gelangt man zu solcher Kunst im Umgang mit sich selbst?, fragt Edith Stein und antwortet: nie allein von Natur, zuletzt immer durch Gnade. Nicht auf dem Weg des diskursiven Denkens und Zergliederns, sondern auf dem des ganzheitlichen Schauens. An dessen Ende, auf dem Gipfel der unterscheidenden Erkenntnis die glückselige Schau. Auch die freilich immer nur durch Gnade.

[1] Gregor der Große: Der Hl. Benedikt, hrsg. im Auftrag der Salzburger Äbtekonferenz, St. Ottilien, 1995, Kap. 36. – Offenbar verwechselt Edith Stein in ihrem Zitat der ersten Zeile zwei ähnlich klingende lateinische Wörter: *perspicuus (offenbar, klar, durchsichtig)* und *praecipuus (ausgezeichnet, hervorragend).*

Sancta Discretio[1]

*Schw. Teresia Benedicta a Cruce O. C. D. (Edith Stein)**

Man nennt St. Benedikts hl. Regel »discretione perspicua«, ausgezeichnet durch Diskretion. Die Diskretion gilt als besonderes Siegel benediktinischer Heiligkeit. Aber im Grunde gibt es ohne sie überhaupt keine Heiligkeit, ja, wenn man sie tief und weit genug fasst, fällt sie mit der Heiligkeit selbst zusammen.

Man vertraut jemandem etwas an »unter Diskretion«, d. h. man erwartet, dass er darüber schweigen wird. Aber Diskretion ist mehr als Verschwiegenheit. Der Diskrete weiß, ohne dass man ihn darum bittet, worüber er nicht sprechen darf. Er hat die Gabe *zu unterscheiden*, was im Schweigen gehütet und was offenbart werden muss, *wann* es Zeit ist zu reden und wann zu schweigen, wem man etwas anvertrauen darf und wem nicht. All das gilt für seine eigenen Angelegenheiten und für die anderer. Wir empfinden es ja auch als »Indiskretion«, wenn jemand über das, was ihn selbst betrifft, spricht, wo es nicht angebracht ist. Der Diskrete rührt auch nicht mit Fragen an etwas, was nicht berührt werden will. Aber er weiß auch, wann und wo eine Frage angebracht ist, und wann es verletzend wäre, sie zu unterlassen.

Man schenkt uns eine Summe »à discrétion«, d. h. zu unserer freien Verfügung. Das bedeutet nicht, dass wir nach Willkür damit umgehen dürfen. Der Geber überlässt uns die Verwendung, weil er überzeugt ist, dass wir am besten unterscheiden können, was damit anzufangen ist. Auch hier ist also Diskretion Gabe der Unterscheidung.

Im besonderen Maße bedarf ihrer, wer Seelen zu leiten hat. St. Benedikt spricht davon im Zusammenhang dessen, was vom Abt zu fordern ist (s. Regula Kap. 64): Er soll bei seinen Anordnungen »vorausschauend und überlegt sein, und ob es eine göttliche oder eine weltliche Arbeit ist, die er aufträgt – er soll *unterscheiden* und abwägen, jener *Unterscheidung* Jakobs gedenkend, der sprach: ›Wenn ich meinen Herden auf dem Weg zuviel zumute, werden sie alle an einem Tage sterben‹ (Gen 33,13). Diese und andere Zeugnisse für die *Unterscheidung*, die Mutter der Tugenden, soll er sich zu Herzen nehmen und alles so abwägen, dass er das trifft, wonach die Starkmütigen verlangen und wovor die Schwachen nicht zurückschrecken!«

Man könnte »discretio« hier mit »weiser Maßhaltung« wiedergeben. Aber die Quelle solchen weisen Maßhaltens ist doch die Gabe zu unterscheiden, was einem jeden angemessen ist.

* Erbe und Auftrag 38 (1962), Heft 3, S. 179 ff.

[1] Diese Betrachtung hatte Edith Stein ihrer Novizenmeisterin und späteren Biographin M. Teresia Renata a Spiritu Sancto zum Namenstag (15.10.1938) gewidmet, in deren nachgelassenen Papieren sich der Text jetzt gefunden hat.

Woher kommt nun diese Gabe? Es gibt etwas Natürliches, das bis zu einem gewissen Grade dazu befähigt. Wir nennen es Takt oder Feinfühligkeit, eine Frucht ererbter und durch mancherlei Bildungsarbeit und Lebenserfahrung erworbener seelischer Kultur und Weisheit. Kardinal Newman sagt, der vollendete Gentleman sehe dem Heiligen zum Verwechseln ähnlich. Aber das reicht doch nur bis zu einer gewissen Belastungsprobe. Darüber hinaus bricht dieses natürliche Ausgewogensein der Seele zusammen. Die natürliche discretio dringt auch nicht in die Tiefe. Sie weiß wohl »mit den Menschen umzugehen« und gleich mildem Öl den Reibungen im Räderwerk des gesellschaftlichen Lebens zuvorzukommen. Aber die Gedanken des Herzens, das Innerste der Seele bleibt ihr verborgen. Dahin dringt nur der Geist, der alles durchforscht, selbst die Tiefen der Gottheit. Die echte discretio ist übernatürlich. Sie findet sich nur dort, wo der Hl. Geist herrscht, wo eine Seele in ungeteilter Hingabe und ungehemmter Beweglichkeit auf die leise Stimme des holden Gastes lauscht und seiner Winke gewärtig ist.

Ist die discretio als Gabe des Hl. Geistes anzusehen? Nicht als eine der bekannten Sieben Gaben ist sie aufzufassen, noch als eine neue achte. Sie gehört wesentlich zu jeder Gabe, ja, man darf wohl sagen, die Sieben Gaben seien verschiedene Ausprägungen dieser einen Gabe. Die Gabe der *Furcht* »unterscheidet« in Gott die *divina maiestas* und ermisst den unendlichen Abstand zwischen Gottes Heiligkeit und eigener Unreinheit. Die Gabe der *Frömmigkeit* unterscheidet in Gott die *pietas,* die *Vatergüte*, und schaut mit kindlich-ehrfürchtiger Liebe zu Ihm auf, mit einer Liebe, die zu unterscheiden weiß, was dem *Vater* im Himmel gebührt.
Bei der *Klugheit* leuchtet es sichtlich am ehesten ein, dass sie Unterscheidungsgabe ist, Unterscheidung dessen, was in einer jeden Lebenslage das Angemessene ist. Bei der *Stärke* könnte man geneigt sein zu denken, dass es sich hier um etwas rein Willensmäßiges handle. Aber die Trennung zwischen der Klugheit, die den rechten Weg erkennt, ohne ihn zu gehen, und einer Stärke, die sich blind durchsetzt, ist nur im rein Natürlichen möglich. Wo der Hl. Geist herrscht, da wird der Menschengeist lenksam ohne Widerstreben. Die Klugheit bestimmt ohne Hemmung das praktische Verhalten, die Kraft ist von der Klugheit erleuchtet. Beide zusammen ermöglichen es dem Menschengeist, sich geschmeidig den Verhältnissen anzupassen. Weil er widerstandslos dem Hl. Geist hingegeben ist, ist er allem gewachsen, was an ihn herantritt. Dieses himmlische Licht lässt ihn als Gabe der *Wissenschaft* in aller Klarheit alles Geschaffene und alles Geschehen in seiner Ordnung zum Ewigen unterscheiden, in seinem Aufbau verstehen und ihm den gebührenden Platz und das ihm zukommende Gewicht anweisen. Ja, es gibt ihm als Gabe des *Verstandes* Einblick in die Tiefen der Gottheit selbst und lässt die offenbarte Wahrheit hell vor ihm aufleuchten. In

seiner Vollendung als Gabe der *Weisheit* eint es ihn mit dem Dreifaltigen selbst und lässt ihn gleichsam den ewigen Urquell selbst und alles, was von ihm ausgeht und gehalten wird, in jener göttlichen Lebensbewegung, die Erkennen und Lieben in eins ist, durchdringen.

Die sancta discretio ist demnach radikal unterschieden vom menschlichen Scharfsinn. Sie unterscheidet nicht durch schrittweise vorgehendes Denken wie der forschende Menschengeist, nicht durch Zergliedern und Zusammenfassen, durch Vergleichen und Sammeln, durch Schließen und Beweisen. Sie unterscheidet, wie das Auge im klaren Tageslicht mühelos die scharfen Umrisse der Dinge vor sich sieht. Das Eindringen in Einzelheiten lässt den Überblick über die Zusammenhänge nicht verlieren. Je höher der Wanderer steigt, desto mehr weitet sich der Blick, bis vom Gipfel die ganze Rundsicht frei wird. Das vom himmlischen Lichte erleuchtete Geistesauge reicht in die weiteste Ferne: nichts verschwimmt, nichts wird ununterscheidbar. Mit der Einheit wächst die Fülle, bis im einfachen Strahl des göttlichen Lichtes die ganze Welt sichtbar wird wie bei St. Benedikt in der *Magna Visio*.

4. Eingliederung der Frau in das Corpus Christi mysticum

Einführung

Katharina Oost

Edith Stein hat in den Jahren 1928–1933, die wir ihre Beuroner Jahre nennen könnten, eine Reihe von Vorträgen zur Frauenfrage gehalten. Der folgende Text lag einem Vortrag zugrunde, den sie am 25.7.1932 in Augsburg auf dem 14. Verbandstag des süddeutschen Verbandes der katholischen Jungmädchenvereine unter dem Thema »Aufgabe der Frau als Führerin der Jugend zur Kirche« gehalten hatte.[1]

Die kompromisslose Orientierung der Frauenfrage an biblischen und kirchlichen Inhalten hat schon damals Befremden hervorgerufen. Im Gegensatz zu vielen anderen Vorträgen, mit denen Edith Stein ihre Zuhörer tief beeindruckte, fand dieser hier kein positives Echo, wie die Aussprache des nächsten Tages zeigt.[2] Zu abgehoben, zu fern der Alltagswirklichkeit der Erziehungsarbeit schien das hier entworfene pädagogische Ideal, zu radikal schon damals die Unterordnung unter christliche Glaubensinhalte.

Wie konnte es geschehen, dass Edith Stein, die ja mitten aus dem pädagogischen Alltag kam und keineswegs im Philosophenstübchen ihre Gedanken formuliert hatte, mit ihrem Vortrag so wenig die konkreten Probleme und Fragen der Pädagogen hatte berühren können? Nach ihren eigenen Worten benutzte sie die Themen ihrer Vorträge jeweils nur als Sprungbrett für die ihr weit wichtigere Verkündigung dessen, was ihr Leben im Innersten erleuchtete. In einem Brief an die Benediktinerin Adelgundis Jaegerschmid im Kloster St. Lioba in Freiburg schreibt Edith Stein im April 1931: *Es ist im Grunde nur eine kleine einfache Wahrheit, die ich zu sagen habe: wie man es anfangen kann, an der Hand des Herrn zu leben. Wenn dann die Leute etwas anderes von mir verlangen und mir geistreiche Themen stellen, die mir sehr fern liegen, dann kann ich sie nur als Einleitung nehmen, um schließlich auf mein Ceterum censeo zu kommen.*[3]

Die Radikalität ihres *Ceterum censeo* (im Übrigen bin ich der Meinung) hat manche damalige Zuhörerin auf Distanz gehen lassen und ist auch heute noch geeignet, Abwehr hervorzurufen. Das Augenmerk auf die wohltuend selbstbewusste, nirgend überhebliche, stets ruhige und klare Diktion und die gelassene Souveränität der Rednerin zu lenken, mag den Zugang zu dem folgenden, sachlich nüchternen, bisweilen sperrigen Text erleichtern.

[1] ESGA Bd. 13, S. 209 ff.
[2] ESGA Bd. 13, S. 239 ff.
[3] ESGA, Bd. 2, Nr. 150.

Und immer aktuell und nie überholbar bleibt ihre Aussage vom Ende des Vortrages:
Es ist das Höchste erreichbar, weil mit jeder Brücke, die ins Jenseits geschlagen wird, ein Weg gebahnt ist für die Kräfte, die von oben uns zu Hilfe kommen und alles bewirken können, was alle Menschenmühe nicht zu leisten vermag.

Eingliederung der Frau in das Corpus Christi mysticum

*Von Dr. Edith Stein**

Die Stellung der Frau in der Kirche[1]

Das Ziel der religiösen Bildungsarbeit muss es sein, die jungen Menschen an der Stelle, die ihnen durch die ewige Ordnung bestimmt ist, in das Corpus Christi mysticum einzugliedern. Alle, die der Erlösung teilhaftig werden, werden gerade damit *Kinder der Kirche*, und darin gibt es keinen Unterschied für Männer und Frauen. Weil aber die Kirche nicht nur die Gemeinschaft der Gläubigen ist, sondern eben der mystische Leib Christi, das heißt ein Organismus, in dem die Einzelnen den Charakter von Gliedern und Organen annehmen, durch Natur und Gaben aufeinander und auf den Zweck des Ganzen abgestimmt, kommt auch der Frau als solcher eine eigentümliche *Organ*stellung in der Kirche zu. Und schließlich ist sie berufen, in der höchsten und reinsten Entfaltung ihres Wesens das Wesen der Kirche selbst zu verkörpern, ihr Symbol zu sein. Religiöse Mädchenbildung muss zu diesen drei Stufen der Zugehörigkeit der Kirche hinleiten.

Erste Bedingung zum Verständnis dieser Aufgabe ist *Klarheit über das Wesen der Kirche*. Dem menschlichen Verständnis am ehesten zugänglich ist die Auffassung der Kirche als Gemeinschaft der Gläubigen. Wer an Christus und sein Evangelium glaubt, auf die Erfüllung seiner Verheißungen hofft, ihm in Liebe anhängt und seine Gebote hält, den muss mit allen, die gleichen Sinnes sind, tiefste Gesinnungs- und Liebesgemeinschaft verbinden. Die dem Herrn während seines Erdendaseins anhingen, sind das junge Reis der Christusgemeinde gewesen: sie haben sie ausgebreitet und das Glaubensgut, das sie zusammenhielt, durch die Folge der Zeiten bis auf den heutigen Tag vererbt.

Aber wenn schon eine natürliche menschliche Gemeinschaft mehr ist als ein loser Verband von einzelnen Individuen, wenn wir schon hier ein Verwachsen zu einer Art organischer Einheit feststellen können, so gilt das in eminentem Sinne von der übernatürlichen Gemeinschaft der Kirche. Die Verbindung der Seele mit Christus ist etwas anderes als die Gemeinschaft zwischen irdischen Personen: sie ist ein Hineinwachsen und Hineinwurzeln (das sagt das Gleichnis vom Weinstock und den Reben), das mit der Taufe anhebt und durch die anderen Sakramente ständig verstärkt und in verschiedener Richtung ausgestaltet wird. Dies reale Einswerden mit Christus hat aber ein Glied-zu-Glied-werden mit allen Christen zur Folge. So gestaltet sich die Kirche zum mystischen Leib Christi. Der Leib ist lebendiger Leib, und der Geist, der ihn belebt, ist der Geist Christi, der vom Haupt den Gliedern zuströmt. Der Geist aber, der von Christus ausströmt, ist der Heilige Geist: so ist die Kirche der Tempel des Heiligen Geistes.

* Benediktinische Monatsschrift 15 (1933), Heft 11/12, S. 412 ff.

[1] Man vergleiche die Aufsätze der Verfasserin über »Probleme der Frauenbildung« in der Benediktinischen Monatsschrift 14 (1932), S. 356 ff. und S. 436 ff. sowie 15 (1933), S. 24 ff. und 110 ff.

Trotz der realen organischen Einheit von Haupt und Leib steht die Kirche gleich einer selbständigen Person neben Christus. Als Sohn des ewigen Vaters lebte Christus vor aller Zeit und allem Menschendasein. Durch die Schöpfung lebte die Menschheit, ehe Christus ihre Natur annahm und in sie einging. Indem er in sie einging, hat er sein göttliches Leben in sie hineingetragen. Indem er sie durch das Erlösungswerk aufnahmefähig machte für die Gnade und sie mit der Gnade erfüllte, hat er sie aus sich neu erzeugt. Die Kirche ist die aus Christus neu erzeugte, erlöste Menschheit. Die Urzelle dieser erlösten Menschheit ist Maria, in der sich zuerst die Reinigung und Heiligung durch Christus, das Erfülltwerden mit dem Heiligen Geist vollzog. Ehe der Menschensohn aus der Jungfrau geboren wurde, erzeugte der Gottessohn eben diese Jungfrau als die Gnadenvolle und in und mit ihr die Kirche. So steht sie als ein neues Geschöpf neben ihm, obwohl unlöslich mit ihm verbunden.

Jede Seele, die durch die Taufe gereinigt und in den Gnadenstand erhoben wird, ist dadurch durch Christus erzeugt und für Christus geboren. Sie wird aber erzeugt in der Kirche und geboren durch die Kirche. Die Organe der Kirche sind es, durch die jedes neue Glied gebildet und mit göttlichem Leben erfüllt wird. So ist die Kirche die Mutter aller Erlösten. Sie ist es aber durch die innigste Vereinigung mit Christus, indem sie als sponsa Christi an seiner Seite steht und sein Werk, die Erlösung der Menschheit, mit ihm wirkt. *Für die übernatürliche Mutterschaft der Kirche ist die Frau wesentliches Organ.* Zunächst durch ihre *leibliche Mutterschaft.* Damit die Kirche sich vollende – wozu gehört, dass sie zu der ihr bestimmten Gliederzahl gelange – muss die Menschheit sich forterzeugen. Das Gnadenleben setzt das natürliche Leben voraus. Der leiblich-seelische Organismus der Frau ist für die Aufgabe der natürlichen Mutterschaft gebildet, und die Erzeugung der Nachkommenschaft ist durch das Ehesakrament geheiligt und in den Lebensprozess der Kirche selbst einbezogen. Der Anteil der Frau an der übernatürlichen Mutterschaft der Kirche geht aber weiter. *Sie ist dazu berufen, an der Erweckung und Förderung des Gnadenlebens in den Kindern mitzuwirken, ist also unmittelbares Organ der übernatürlichen Mutterschaft der Kirche, sie gewinnt selbst Anteil an dieser übernatürlichen Mutterschaft.* Und darin ist sie nicht beschränkt auf die eigenen Kinder. Zunächst schließt das Sakrament der Ehe die Berufung der Eheleute zu wechselseitiger Förderung im Gnadenleben ein. Darüber hinaus ist es Aufgabe der Hausmutter, alle in ihrer Obhut Lebenden in ihre mütterliche Fürsorge einzubeziehen. Schließlich ist Weckung und Förderung des Glaubenslebens in den Seelen, wo immer die Möglichkeit dazu gegeben ist, Beruf jedes Christen. Die Frau ist aber in besonderer Weise dazu berufen dank der besonderen Stellung zum Herrn, die ihr zugedacht ist.

Der Schöpfungsbericht stellte die Frau an die Seite des Mannes als die ihm entsprechende Gehilfin, damit beide wie ein einziges Wesen zusammenwirkten. Der Epheserbrief stellt dies Verhältnis dar als Verhältnis von Haupt und Leib und

damit als Symbol des Verhältnisses Christi zur Kirche. Danach ist die Frau als Symbol der Kirche aufzufassen. Das Hervorgehen Evas aus der Seite des ersten Adam wird als Vorbild des Hervorgehens der neuen Eva – und darunter ist einmal Maria, sodann aber die ganze Kirche zu verstehen – aus der geöffneten Seite des neuen Adam gedeutet. Die Frau, die in echt christlicher Ehe, das heißt in unlöslicher Lebens- und Liebesgemeinschaft mit dem Gatten verbunden ist, stellt die Kirche als Gottesbraut dar. Noch eindringlicher und vollkommener ist die Kirche persönlich verkörpert in der Frau, die als sponsa Christi ihr Leben dem Herrn geweiht hat und in eine unlösliche Verbindung mit ihm eingegangen ist. Sie steht selbst an seiner Seite wie die Kirche und wie deren Urbild und Keimzelle, die Gottesmutter, als Gehilfin in seinem Werk, der Erlösung. Die volle Hingabe ihres ganzen Seins und Lebens ist Mitleben und Mitwirken mit Christus, das heißt aber Mitleiden und Mitsterben, jenen fruchtbaren Tod, aus dem das Gnadenleben der Menschheit entspringt. Und so wird das Leben der Gottesbraut übernatürliche Mutterschaft für die ganze erlöste Menschheit, gleichgültig ob sie unmittelbar selbst an den Seelen arbeitet oder nur durch ihr Opfer Gnadenfrüchte hervorbringt, von denen sie selbst und vielleicht kein Mensch Kenntnis hat.
Maria ist vollkommenstes Symbol (weil Urbild und Ursprung) der Kirche. Sie ist auch einzigartiges Organ der Kirche: das Organ, aus dem der ganze mystische Leib, ja aus dem das Haupt gebildet wurde. Man nennt sie, um ihre zentrale und wesentliche Organstellung zu bezeichnen, gern das Herz der Kirche. Die Bezeichnungen »Leib«, »Haupt« und »Herz« sind gewiss Bilder. Aber, was damit ausgedrückt ist, ist etwas durchaus Reales. Und so gewiss Haupt und Herz eine ausgezeichnete Rolle im menschlichen Körper spielen, alle anderen Organe und Glieder in ihrem Sein und Wirken von ihnen abhängig sind und zwischen Haupt und Herz ein ausgezeichneter Zusammenhang besteht, so gewiss muss auch Maria kraft ihrer einzigartigen Verbindung mit Christus eine reale – und das heißt hier eine mystische – Verbindung mit den anderen Gliedern der Kirche haben, die über die Verbindung der anderen Glieder untereinander an Grad und Art und Bedeutung hinausragt, analog wie die Verbindung der Mutter mit den Kindern die Verbindung der Geschwister untereinander überragt. Die Bezeichnung Marias als unserer Mutter ist kein bloßes Bild. Maria *ist* unsere Mutter im realsten und eminenten, d. h. die irdische Mutterschaft übertreffenden Sinn. Sie hat uns unserem Gnadenleben nach geboren, indem sie ihr ganzes Sein, Leib und Seele, in die Gottesmutterschaft hineingab. Darum besteht eine intime Verbindung von ihr zu uns: sie liebt uns, sie kennt uns, sie ist bestrebt einen jeden von uns zu dem zu machen, was er sein soll, vor allem: jeden in die nächste Verbindung zum Herrn zu bringen. Das gilt für alle Menschen; es muss aber für die Frauen noch eine besondere Bedeutung haben: in ihrer Mutterschaft, der natürlichen und übernatürlichen, und in ihrer Gottesbrautschaft setzt sich gewissermaßen Mutterschaft und Gottesbrautschaft der Virgo-Mater fort. Und wie das Herz

Edith Stein am Tag ihrer Einkleidung in Köln 15.4.1934.

die Organe des weiblichen Körpers in ihren Funktionen unterstützt und sie erst möglich macht, so dürfen wir an ein Mitwirken Mariens überall dort, wo eine Frau ihren Frauenberuf erfüllt, glauben; ebenso wie an ein Mitwirken Mariens in allem Wirken der Kirche. Wie aber die Gnade ihr Werk in den Seelen nicht vollbringen kann, ohne dass sie sich in freier Entscheidung ihr öffnen, so kann auch Maria ihre Mutterschaft nicht voll auswirken, wenn sich die Menschen ihr nicht anvertrauen. Frauen, die auf einem der verschiedenen möglichen Wege ihren Frauenberuf erfüllen wollen, werden am sichersten ans Ziel gelangen, wenn sie nicht nur das Vorbild der Virgo-Mater lebendig vor Augen haben und sich ihm in eigener Bildungsarbeit nachzubilden versuchen, sondern sich ihrer Führung anvertrauen, sich ganz unter ihre Leitung stellen. Die ihr angehören, kann sie selbst nach ihrem Bilde formen.
So sind die Stufen gezeigt, die zur gottgewollten Eingliederung der Frau in die Kirche emporführen: *Gotteskindschaft, Organ der Kirche* in natürlicher und übernatürlicher Mutterschaft, *Symbol der Kirche* – und auf allen Stufen Marienkindschaft. Was kann von menschlicher Seite geschehen, um die weibliche Jugend diesen Weg zu führen?

Führung der Jugend zur Kirche

Die erste Aufgabe ist die Hinführung zur Gotteskindschaft, der erste und wesentlichste Schritt dazu der Vollzug der Taufe. Dieser ist im Allgemeinen Sache des *Priesters*, die Sorge dafür aber in erster Linie Sache der *Eltern*. Durch die Taufe ist das Gotteskind geboren und ist Kind der Kirche. Das Gnadenleben ist aber in ihm wie ein verborgenes kleines Flämmchen, das sorgfältig gehütet und genährt werden muss. Es zu hüten und zu nähren, ist in den ersten Jahren vor allem die Aufgabe der Mutter. Es hüten heißt, es vor jedem Hauch bewahren, der es auslöschen könnte. Es wird ausgelöscht durch den Unglauben und durch die Sünde. Beides ist beim Kinde erst möglich, wenn es zum Gebrauch der Vernunft und Freiheit erwacht ist. Dennoch bedarf es schon vorher der Hut. Denn es können Giftstoffe in die Seele eindringen, ehe noch das wache Geistesleben begonnen hat: was sich vor den Augen des Kindes abspielt, was an sein Ohr dringt, was es an körperlicher Berührung erfährt, ja was schon vor der Geburt einwirkt, kann Eindrücke in der Seele hinterlassen, deren Folgen im späteren Leben nicht abzusehen sind. Darum muss die *Mutter* die Atmosphäre, in der das Kind lebt, rein erhalten. Sie muss vor allem dafür sorgen, dass sie selbst rein ist und bleibt, und muss nach Möglichheit suchen, Menschen, denen sie nicht unbedingt vertrauen kann, vom Kinde fern zu halten. Das Nähren der Flamme geschieht, ehe das Kind zur Vernunft erwacht, durch das Gebet der Mutter und dadurch, dass sie es dem Schutze der Gottesmutter anvertraut. Sobald die Vernunft erwacht, beginnt die Möglichkeit der unmittelbaren Einwirkung. Das Kind muss den Vater im Himmel, das Jesuskind, die Gottesmutter, den Schutzengel kennen und lieben lernen. Mit wachsendem Verständnis ist immer tieferes und weiteres Eindringen in die Glaubenswelt möglich. Das reine, unverdorbene Kinderherz hat darin keine Schwierigkeiten und verlangt noch immer mehr. Sobald das Verständnis dafür zu erschließen ist, müssen auch die *Gnadenquellen der Sakramente* zugänglich gemacht werden. Sie sind die stärkste Nahrung des Gnadenlebens und die wirksamste Sicherung gegen die Gefahren, die um eben diese Zeit fast unvermeidlich sind: wenn zum Einfluss der Mutter und des engsten Familienkreises mannigfaltige und vielfach unkontrollierbare Einflüsse hinzutreten.

Wenn in den ersten Jahren ein fester und sicherer Grund für die religiöse Bildung gelegt ist, hat die Schule leichte Arbeit. Aber wir alle wissen, wie selten heute die Mutter ihre Aufgabe erfüllt, wieviele Kinder ohne alle Kenntnis des Glaubens zur Schule kommen, wieviele schon voreingenommen sind durch Einflüsse des Unglaubens in der Familie oder auf der Straße, bei wievielen die Herzensreinheit getrübt ist durch das, was sie schon im zartesten Kindesalter mitansehen und -hören müssen. Dadurch ist der Weg für das ungehemmte Einstrahlen der göttlichen Wahrheit verbaut. Aber die Aufgabe ist keineswegs hoffnungslos, wenn das Kind in der *Schule* das findet, was ihm das Elternhaus schuldig blieb: Einführung in das Glaubensleben durch eine mütterliche, reine, gottverbundene Erzieherin. Es ist im Kinderherzen, auch in dem schon vom Hauch der Sünde angekränkelten, ein so starkes Verlangen nach Reinheit, Güte und Liebe, eine Sehnsucht, lieben und vertrauen zu dürfen. Die *Lehrerin*, die den Kleinen entgegenkommt wie eine rechte Mutter, hat sie schnell gewonnen und kann sie führen, wohin sie will. Der Weg über den persönlichen Anschluss an sie ist fast unvermeidlich, aber es darf nicht dabei bleiben; es muss ihr Ziel sein, eine unmittelbare und starke Verbindung zur Welt des Glaubens herzustellen, die bestehen bleibt, wenn ihre eigene Einwirkung aufhört, und die gegenüber gefährlichen Einwirkungen von anderer Seite standhält. In den ersten Schuljahren werden die Erzählungen aus der Heiligen Schrift, lebendig dargeboten, auf Phantasie und Gemüt stark einwirken. Die Pflege schöner religiöser Bräuche im Schulleben, Anschluss an das Kirchenjahr in Advents- und Weihnachtsfeiern, mit Maialtar und Mailiedern etc., gemeinsamer Kirchenbesuch mit gut gepflegtem liturgischem Gebet und Gesang werden liebe und wertvolle Gewöhnungen anbahnen. Aber es wäre bedenklich, sich auf Phantasie, Gemüt und die Macht der Gewohnheit zu verlassen: Verkennung der übermächtigen Gewalt der Urtriebe und großen Lebenskrisen, Verkennung auch der weiblichen Natur, in der wohl Phantasie und Gemüt (wenn man dabei vorwiegend an die Domäne der Gefühle und Stimmungen denkt) leicht ansprechen und lange nachklingen, aber doch nicht das Zentrum sind, in dem die letzten großen Entscheidungen fallen. *Religiöse Bildung*, die standhalten soll, muss im *Objektiven* verankert sein und den stärksten Realitäten der Natur die stärkeren der Übernatur entgegenstellen. Dafür ist notwendig die möglichst frühe Hinführung zu den *Sakramenten* und Hinwirken auf möglichst häufigen

Gebrauch, am besten auf die tägliche hl. Kommunion. Wir alle sind uns darüber einig, dass die Hinführung nicht in äußerer Gewöhnung oder gar in äußerem Zwang bestehen darf. Es ist notwendig, die Seele auf einen fruchtbaren Empfang der Sakramente vorzubereiten und in ihr die Sehnsucht danach zu erwecken; und dazu gehört, dass sie in ihrem Sinn verstanden werden, dass die große übernatürliche Realität, die hinter ihnen steht und in ihnen wohnt und durch sie in die Seele hineinwirkt, als solche erfasst wird. Das führt zu der Forderung (die aber nicht nur von hier aus, sondern allgemein im Sinne der Verankerung im Objektiven und der Einstellung auf die Realität der Übernatur zu stellen ist): die religiöse Bildung von vornherein auf dem Fundament klarer und gründlicher *dogmatischer Unterweisung* aufzubauen. Es soll ja ein Leben aus dem Glauben sein, was die religiöse Bildungsarbeit anzubahnen hat. Glaube aber ist nicht Sache der Phantasie und ist kein frommes Gefühl, sondern ist intellektuelles Erfassen (wenn auch nicht rationales Durchdringen) und willensmäßiges Ergreifen der ewigen Wahrheit, als voller geformter Glaube einer jener tiefsten Akte der Person, in dem alle ihre Kräfte aktuell werden. Sinnliche Anschauung und Phantasie regen die Verstandestätigkeit an und sind als Ausgangspunkt unentbehrlich; Gemütsbewegungen sind Triebkräfte, die den Willen zur Zustimmung bewegen und darum wertvolle Hilfen. Aber wenn man es bei ihnen bewenden lässt, wenn Intellekt und Wille nicht zu ihren Höchstleistungen aufgerufen werden, dann kommt kein echtes und volles Glaubensleben zustande. Und wer wollte den Mädchen Intellekt und Willen absprechen? Es hieße ihnen volles Menschenrecht streitig machen. Was ihnen durchschnittlich nicht liegt, ist *abstrakte* und *bloße* Verstandestätigkeit: sie wollen eine volle Realität erfassen; und sie wollen sie nicht bloß mit dem Verstand, sondern auch mit dem Herzen ergreifen. Und gerade, weil sie von Natur aus dazu neigen, die ganze Person im einzelnen Akt einzusetzen, »liegt« ihnen der Glaubensakt, der die ganze Person mit allen ihren Kräften verlangt, und sind sie leichter als die Knaben zu einem Leben aus dem Glauben zu führen. So verheerend ein gedächtnismäßiges Einprägen unverstandener Katechismussätze ist, so fruchtbar ist das Eindringen in die Glaubensgeheimnisse. Wenn das Weihnachtsevangelium, die Weihnachtsfeier mit den Gaben des Christkinds, dem geheimnisvollen Zauber der Heiligen Nacht die Bekanntschaft mit Maria und dem Kinde eingeleitet und die Herzen für sie gewonnen haben, dann ist ein Verlangen da, sie näher und tiefer kennen zu lernen. Und dann ist die Zeit gekommen, um in das Geheimnis der Menschwerdung und den erhabenen Beruf der Gottesmutter einzuführen. Dadurch wird zugleich das Verständnis dafür geweckt, was die Verbindung mit den jenseitigen Mächten, der vertrauensvolle Anschluss an sie für das ganze Leben bedeutet. Ebenso bereitet die Erzählung vom letzten Abendmahl den Boden für die Einführung in den Sinn der Eucharistie, die Passions- und Ostergeschichte für die Erschließung des Erlösungsgeheimnisses, des Sinnes von Leiden, Tod und Auf-

erstehung. *Und immer muss das Eindringen in die Mysterien des Christentums zu einer Umsetzung in Lebenspraxis führen.* Das wird nur dann gelingen, wenn die Menschen, die den Kindern die Geheimnisse erschließen, selbst davon durchdrungen sind, wenn ihr Leben davon geformt ist. Und nur, wenn liturgisches Beten Ausdruck liturgischen Lebens ist, wird es wahrhaft befruchtend und formend im religiösen Bildungsprozess mitwirken. Es ist oft hervorgehoben worden, dass Frauen wegen der größeren Einheit und Geschlossenheit ihres Wesens leichter zu einer Durchdringung des ganzen Lebens vom Glauben her kommen. Dann wird man aber zu der Folgerung gedrängt, dass sie bei entsprechender Vorbildung auch besonders befähigt sein werden, einen *lebensvollen und lebensformenden Religionsunterricht* zu geben; auf alle Fälle wird es ihnen eher gelingen, *Mädchen* in der entscheidenden Weise zu beeinflussen. Damit soll nicht einer Ausschaltung des priesterlichen Einflusses das Wort geredet werden. Aber es soll die Bedeutung der weiblichen Jugendführung hervorgehoben werden. Sie kann für das religiöse Leben nicht nur im Religionsunterricht fruchtbar werden (obwohl ja hier die Stelle ist, wo eigentlich der Grund gelegt werden sollte), sondern im ganzen Unterricht der Schule und auch außerhalb der Schule.
Je größer die Gefahren sind, denen das Kind außerhalb der Schule, im Elternhaus und auf der Straße ausgesetzt ist – erst recht, wenn die Schule keine konfessionelle ist – desto notwendiger wird eine Betreuung des Schulkindes außerhalb der Schulzeit von kirchlicher Seite. Die *Kinderhilfe*, wie sie an manchen Orten aus privater Initiative eingesetzt hat, müsste – in großem Maßstab organisiert – die Grundlage aller Arbeit an der Jugend werden, weil in den Kinderjahren der feste Grund für die religiöse Bildungsarbeit des ganzen Lebens geschaffen werden muss. Jeder Seelsorger und jede Lehrerin weiß, wie schwer die Erziehungsarbeit, und besonders die religiöse, an den Mädchen in den kritischen Jahren der Pubertätszeit ist; wie wenig Aussicht auf Erfolg besteht, wenn nicht *vorher* schon etwas vorhanden ist, was stark genug ist, um diese Stürme zu überstehen. Häufige Klagen über Erfolglosigkeit der Arbeit in den Jugendvereinen hängen gewiss damit zusammen, dass die Arbeit dort zu spät und in einem denkbar ungünstigen Entwicklungsstadium einsetzt. Natürlich wäre für eine Kinderhilfe großen Stils, wenn sie fruchtbare Arbeit leisten sollte, ein Stab von Jugendführerinnen nötig. Ich hielte es nicht für unmöglich sie zu gewinnen, wenn man die großen Scharen unbeschäftigter Junglehrerinnen heranziehen und ihnen die notwendige gründliche religiöse und psychologisch-pädagogische Durchbildung geben wollte. (Natürlich müsste streng gesiebt werden, ehe man sie zur Arbeit an der Jugend zuließe.) Auch von den bereits in den Jugendvereinen tätigen Führerinnen wären viele gewiss freudig bereit, ihre Arbeit auf jüngere Kinder auszudehnen.
Die Hinführung zur Gotteskindschaft sollte in den ersten Kinderjahren geleistet werden, wenn sie auch später immer wieder erneuert und vertieft werden muss. Dann würde die Zeit des Reifens frei für die weitere Aufgabe, die gerade in die-

sen Jahren in Angriff genommen werden sollte, die Vorbereitung auf die Organstellung, die der Frau in der Kirche zukommt. Gerade die Krisis, die sich in Leib und Seele des Mädchens vollzieht und die es so stark absorbiert, sollte benutzt werden, um ihm den großen und heiligen Sinn dessen, was es an sich erfährt, aufzuschließen. Gewiss wäre auch dazu in erster Linie wieder die Mutter berufen. Aber wie wenige Mütter, selbst unter den guten und gewissenhaften, sind imstande, es in der rechten Weise zu tun! Auch der Priester (Katechet oder Präses) steht hier vor einer sehr schwierigen Aufgabe. Er mag Psychologie studiert und lange Erfahrung im Umgang mit Mädchen haben: die Mädchenseele bleibt für ihn doch immer weitgehend eine terra incognita (je gründlicher seine psychologische Durchbildung ist, desto klarer wird er selbst sich darüber sein). So wird ihm gerade diesen heiklen Fragen gegenüber oft die nötige Sicherheit und darum die Freiheit und Unbefangenheit fehlen. Und wenn er sie hat, so wird bei den Mädchen die Unbefangenheit noch seltener vorhanden und noch schwerer herzustellen sein. Selbst reife Frauen bringen es sehr schwer fertig, über Tatsachen des Geschlechtslebens unbefangen-sachlich zu sprechen, weil diese für sie fast unlöslich mit dem Intim-Persönlichsten verknüpft sind. (Ruhe und Sachlichkeit diesem Gebiet gegenüber gibt die rein-wissenschaftliche Beschäftigung damit, vor allem die medizinische; viel radikaler aber ist die Befreiung durch die übernatürliche Sicht, die das Intim-Persönliche selbst nüchtern-sachlicher Betrachtung zugänglich macht.) Halbwüchsige Mädchen, die über sich selbst und die allgemeinen Tatsachen noch im Unklaren sind, für die das ganze Gebiet den Charakter des Geheimnisvollen und Sensationellen hat, wenn sie zudem noch im Priester den Mann sehen[2] und schon dadurch befangen sind, werden schwer in die rechte Einstellung zu bringen sein. Die Jugendführerin wird es erreichen können, wenn sie selbst jene große Freiheit und Unbefangenheit hat, die die Betrachtung der natürlichen Tatsachen im Lichte des Glaubens verleiht. Und wenn sie durch längeren Umgang eine intime Kenntnis der Mädchen und ihr volles Vertrauen hat, dann wird sie die Fragen, die ihnen vom Intim-Persönlichen her brennend sind, in der rechten Weise zur Sprache bringen können: allgemein und objektiv, sodass nicht der Eindruck des indiskreten Eindringenwollens in persönliche Bezirke entstehen kann, und doch so, dass jede darin die Antwort auf ihre persönlichen Fragen finden kann und ev. ermutigt wird, in persönlicher Aussprache Hilfe für ihre besonderen Schwierigkeiten zu suchen. Ehe und Mutterschaft in ihrem vollen katholischen Sinn müssten in diesen Jahren zu klarem Verständnis gebracht werden. Dabei sollten die Mädchen die Entwicklung, die

[2] Rudolf *Peil* betont in seiner »Konkreten Mädchenpädagogik« (Honnef a. Rh. 1932), dass dies im Allgemeinen nicht der Fall sei, dass die Mädchen vielmehr den Priester vor allem in seinem objektiven Charakter sehen und sich gerade darum ihm leichter erschließen als der Mutter oder Lehrerin. Ich bezweifle dies nicht, wenn der Priester ganz Priester und wenn die Mädchen schon so weit religiös durchgebildet sind, dass sie diese durchaus sachgemäße Einstellung haben. Ich bezweifle nur, dass die »konkrete Situation«, aus der heraus R. Peil spricht, die durchschnittliche Situation ist, mit der wir in der Mädchenbildung zu rechnen haben.

sie in sich erfahren, als Vorbereitung für ihren Beruf verstehen lernen; das würde sie befähigen, die Krisis gut zu überstehen und selbst später als Mütter und Jugendführerinnen der nächsten Generation beistehen zu können. Wenn Mutterschaft in ihrem vollen Sinne erschlossen werden soll, so muss sie nicht nur als natürliche, sondern auch als übernatürliche gedeutet werden. Und dabei ist klarzustellen, dass übernatürliche Mutterschaft auch losgelöst von der natürlichen möglich ist. Das ist unbedingt nötig für die künftige Lebensgestaltung der vielen, die nicht zur Ehe kommen werden. Sie müssen ins Berufsleben eintreten mit der Bereitschaft, das ganze Leben darin auszuhalten und es zu einem echten Frauenleben zu gestalten. Diese Einstellung müsste schon in der Schule angebahnt werden: im Religionsunterricht und in den anderen Stunden, so oft sich Gelegenheit bietet, die Fragen des späteren Lebens zur Sprache zu bringen, und sie müsste schon bei der Berufswahl ernstlich mitwirken. Sie kann aber durch die Jahre gemeinsamer Arbeit im Jugendverein erheblich vertieft und zu praktischer Auswirkung gebracht werden. Von größter Bedeutung ist es, dass die Mädchen in ihrer Führerin ein lebendiges Beispiel jungfräulicher Mutterschaft und ihres segensreichen Wirkens vor Augen haben.

Sodann halte ich für außerordentlich wichtig, eine vertiefte Auffassung der jungfräulichen Mutterschaft der Gottesmutter und der realen Bedeutung ihres mütterlichen Beistandes zu haben, gerade für Mädchen in der Vorbereitung und für die Frauen in der Ausübung ihres Frauenberufes. Was ich über die grundlegende Bedeutung der Dogmatik für alle religiöse Bildung gesagt habe, möchte ich für die Marienverehrung noch besonders betonen. Sie müsste, um ihre volle Wirksamkeit zu entfalten, viel stärker auf dogmatische Grundlagen gestellt werden. Die überlieferten Formen der Marienverehrung, wie sie in den Kongregationen vielfach noch üblich sind, scheinen mir heute keine durchschlagende Kraft mehr zu haben: die Poesie der Marienlieder und Maiandachten, die Symbolik der Marienfarben und -fahnen übt gewiss ihren Zauber auf kindliche Gemüter; sie ist überdies geeigneter Ausdruck echter Marienliebe und sie ist auch schon oft für Sünder und Ungläubige die Gnadenpforte gewesen. Aber die Erfahrung lässt sich doch nicht ableugnen, dass sie in ungezählten Fällen nicht standhielt gegenüber den Gefahren, denen die weibliche Jugend ausgesetzt ist. Gegenüber der realen Gewalt der Versuchung und der Leidenschaft versagen die zahmen Mittel der Psychologie und Ästhetik. Nur *die voll entfaltete Kraft des Mysteriums* kann hier den Sieg behaupten. Nur das Mädchen, das die Herrlichkeit jungfräulicher Reinheit und Gottverbundenheit erfasst hat, wird ernstlich um seine Reinheit kämpfen. Nur wer an die unbegrenzte Macht der »Hilfe der Christen« glaubt, wird sich ihrem Schutz übergeben – nicht bloß in mit- und nachgesprochenen Gebetsworten, sondern in einem von innen heraus vollzogenen, vollkräftigen Akt der Übergabe. Und wer in Marias Schutz steht, den wird sie bewahren. Einführung in die Mariendogmatik ist zugleich Einführung in die *Idee der*

»Sponsa Christi«. Zur vollendeten christlichen Bildung gehört es, erfüllt zu sein von dem erhabenen Beruf, an der Seite des Herrn zu stehen und das Leben in Gemeinschaft mit ihm zu führen. Kein Frauenleben kann arm und leer sein, das von diesem überirdischen Glück durchstrahlt ist. Das sollte das letzte Ziel aller Arbeit an den Mädchen sein, sie zu begeistern für das Ideal, ihr Leben zum Symbol der geheimnisvollen Verbindung zu gestalten, die Christus mit seiner Kirche, mit der erlösten Menschheit eingegangen ist. Das Mädchen, das eine Ehe eingeht, soll wissen, dass die Ehe diese erhabene Symbolbedeutung hat, und dass sie im Manne das Bild des Herrn ehren soll. Wer das erfasst hat und ernst nimmt, wird nicht leichthin eine Verbindung eingehen, wird sich und den Gefährten prüfen, ob sie zu einer so heiligen Aufgabe taugen. Und die sich dazu entschließt, wird wissen, dass sie ausharren muss, dass sie ein Leben lang darum ringen muss, in dem Gatten und in sich selbst das Gottesbild zur Vollendung zu führen, und es – im schlimmsten Falle – auch in der ärgsten Entstellung und Entehrung nicht preisgeben darf; sie wird wissen, dass sie ihre Kinder vom Herrn empfängt und für den Herrn heranbilden muss. – Und die anderen, die aus freiem Entschluss oder durch die Lebensverhältnisse genötigt zum Verzicht auf die Ehe kommen, sollen den frohen Glauben haben, dass der Herr sie zu einer besonders nahen Verbundenheit mit sich selbst ausersehen hat. Sie sollen die mannigfachen Formen eines gottverbundenen Lebens kennen lernen, des Ordenslebens wie des Berufslebens in der Welt. Vom klösterlichen Leben wird ihnen wohl zunächst am leichtesten das der werktätigen Genossenschaften zugänglich sein, die in Krankenpflege, Erziehung, sozialer Arbeit augenscheinlich echt weibliche Aufgaben erfüllen und darin die Liebe Christi wirksam werden lassen. Es kann aber auch eine gemeinsame Wanderung oder Reise zum Besuch einer Abtei verwendet werden, in der die Mädchen das feierliche Gotteslob in seiner ganzen Schönheit und Größe kennen lernen; und im Anschluss daran wird es möglich sein, ihnen das Verständnis zu erschließen für eine Lebensform, in der das opus Dei die erste Stelle einnimmt. Das Leben der kleinen Theresia von Lisieux kann eine Einführung in den verschlossenen Garten des Karmel werden, in die Geheimnisse des Opfers und des Anteils am Erlösungswerk durch stellvertretendes Sühneleiden. Wir haben heute auch genügend Lebensbilder aus Vergangenheit und Gegenwart, die uns Frauen mitten in der Welt und doch in der innigsten Verbundenheit mit dem Herrn und schließlich zur höchsten Vollkommenheit gereift zeigen. Es ist ein unerschöpflicher Reichtum da, der den Mädchen durch Erzählung, durch gemeinsame Lektüre und vertrauliche Besprechung erschlossen werden könnte. Es gehören nur Führerinnen dazu, die die Quellen kennen und aus ihnen schöpfen können, und das Feuer, das sie in den jungen Seelen entzünden sollen, selbst in sich tragen. Denen, die in der praktischen Arbeit an der Jugend stehen und die ganze Not und Verwahrlosung kennen, aus der die Kinder in die Schulen und in die Jugendvereine kommen, mag der Abstand allzu groß und unüberbrückbar scheinen

zwischen dem, was sie an Menschenmaterial in die Hände bekommen, und dem hohen Ideal, das ich gezeichnet habe. Aber wenn die Ziele klar und unanfechtbar die von Gott gestellten sind – und ich glaube, das sind sie – so muss die Bildungsarbeit auf sie eingestellt werden: sonst ist sie sinnlos und verlorene Mühe. Des Christen Beruf ist Heiligkeit und seine Lebensaufgabe, sich aus den Tiefen der Sünde dazu emporzuarbeiten. Gewiss, es erscheint als ein erschreckender Gegensatz: auf der einen Seite junge Mädchen, wie sie durchschnittlich sind: leichtfertig, oberflächlich, vergnügungssüchtig, erfüllt von Gedanken an schöne Kleider, Tanz, Liebschaften – und auf der anderen Seite die erhabensten Glaubensgeheimnisse. Wer sie nach Art der Vereinsarbeit alten Stils nur für ein paar Stunden am Sonntag bei sich hat und es dann als seine Aufgabe betrachtet, sie durch harmlose Freuden von gefährlichen fern zu halten, wird auf die Dauer kaum das erreichen können. Denn das Leben draußen lockt stärker als die harmlosen Freuden im wohlbehüteten Kreis, und wer davon gekostet hat, der findet auch an den harmlosen Freuden keinen Geschmack mehr. Aber wenn die Arbeit an der Jugend in früher Kindheit einsetzt und in dauernder Lebensgemeinschaft geleistet wird, wenn man in das Kinderleben alle Sonne der Freude an Gottes Geschöpfen hineinträgt, aber zugleich auch in den unverdorbenen Herzen den sicheren Grund legt für das Lebensgebäude, das bis in den Himmel emporsteigen soll, und dann Tag für Tag und Jahr für Jahr weiterbaut, dann ist das Ziel nicht unerreichbar. Es ist das Höchste erreichbar, weil mit jeder Brücke, die ins Jenseits geschlagen wird, ein Weg gebahnt ist für die Kräfte, die von oben uns zu Hilfe kommen und alles bewirken können, was alle Menschenmühe nicht zu leisten vermag.

Millionen von Kindern sind heute heimatlos und verwaist, auch wenn sie ein Elternhaus und eine Mutter haben. Sie hungern nach Liebe und harren einer Führerhand entgegen, die sie aus Schmutz und Elend hinaufziehen soll in Reinheit und Licht. Wie sollte da unsere große Mutter, die Kirche, nicht ihre Arme weit öffnen, um diese Lieblinge des Herrn an ihr Herz zu nehmen? Sie braucht aber dazu menschliche Arme und menschliche Herzen, mütterliche Arme und mütterliche Herzen. Im Namen der Kirche Arbeit an der Jugend und speziell an der weiblichen Jugend zu leisten, das ist vielleicht die größte Aufgabe, die es gegenwärtig in Deutschland zu lösen gibt. Wenn sie gelöst würde, dann könnten wir hoffen, dass ein Geschlecht von Müttern heranwüchse, deren Kinder wieder ein Heim hätten und nicht wie Waisenkinder betreut werden müssten; dann könnte in Deutschland noch einmal ein sittlich gesundes und christusgläubiges Volk erstehen.

5. Das Weihnachtsgeheimnis
Einführung

Katharina Oost

Den nachfolgenden Text, den Edith Stein am 13. Januar 1931 als Vortrag vor dem Akademiker-Verband in Ludwigshafen halten sollte, erarbeitete sie in Beuron während ihres Weihnachtsaufenthaltes vom 20. 12. 1930 bis zum 3. 1. 1931.

Entstehungszeit und -ort sind belegt durch einen Brief, in dem Edith Stein am 2. Januar 1931 von Beuron aus an Pfarrer Ludwig Husse schreibt: ... *das Gewissen hat sich in meinen Beuroner Weihnachtstagen manchmal gerührt und mir vorgehalten, dass mir für den 13. 1. ein Vortrag bevorsteht. Sie werden aber begreifen, dass mir hier kein anderes Thema einfallen wollte als das Weihnachtsgeheimnis selbst.*[1]

Der im ersten Eindruck schlichte Text, der sich mit altvertrauten, gefühlvollen Bildern dem Lesen öffnet, führt tief hinein in die Grundspannung menschlicher Existenz, in das Ausgespanntsein des Menschen zwischen Licht und Finsternis, Frieden und Schwert, Krippe und Kreuz. An der Krippe verdichtet sich die Präsenz des Bösen. Am Ort des Heilsgeschehens versammeln sich die Kräfte der Finsternis.

In diesem kleinen Text klingen die großen Themen der Mystik an und damit die spirituellen Erfahrungen, die Edith Stein zugekommen waren: die Nacht des Glaubens, der verborgene Gott – die Überantwortung des eigenen Willens – die Hingabe der ganzen Person – Menschenliebe als Maßstab der Gottesliebe – die egofreie Liebe zum Mitmenschen – das Himmelreich mitten in uns. Und hellsichtig scheint der Text an manchen Stellen die politische Entwicklung im Deutschland der Nazi-Diktatur vorauszuschauen.

[1] ESGA, Bd. 2, Nr. 128.

Weihnachtskrippe in der Gnadenkapelle.

Das Weihnachtsgeheimnis

Menschwerdung und Menschheit

*Sr. Teresia Benedicta a Cruce (Dr. Edith Stein)**

Advent und Weihnacht

Wenn die Tage kürzer und kürzer werden, wenn (in einem normalen Winter) die ersten Schneeflocken fallen, dann tauchen scheu und leise die ersten Weihnachtsgedanken auf. Und von dem bloßen Wort geht ein Zauber aus, dem sich kaum irgend ein Herz entziehen kann. Selbst die Andersgläubigen und Ungläubigen, denen die alte Geschichte vom Kinde zu Bethlehem nichts bedeutet, rüsten für das Fest und überlegen, wie sie da und dort einen Strahl der Freude entzünden können. Es geht wie ein warmer Strom der Liebe über die ganze Erde schon Wochen und Monate vorher. Ein Fest der Liebe und Freude – das ist der Stern, auf den *alle* in den ersten Wintermonaten zugehen. – Für den Christen und besonders für den katholischen Christen ist es noch etwas anderes. Ihn führt der Stern zur Krippe mit dem Kindlein, das den Frieden auf die Erde bringt. In zahllosen lieblichen Bildern stellt es uns die christliche Kunst vor Augen; alte Weisen, aus denen der ganze Zauber der Kindheit klingt, singen uns davon.

Wer mit der Kirche lebt, dem rufen die Rorateglocken und die Adventlieder eine heilige Sehnsucht im Herzen wach; und wem der unerschöpfliche Born der hl. Liturgie erschlossen ist, bei dem pocht Tag um Tag der große Prophet der Menschwerdung mit seinen gewaltigen Mahnworten und Verheißungen an: »Tauet Himmel von oben und Wolken regnet den Gerechten! Nahe ist schon der Herr! Lasst uns ihn anbeten! Komm Herr und zögere nicht! – Jerusalem, frohlocke mit großer Freude, denn Dein Heiland kommt zu Dir!« Vom 17. bis 24. Dezember rufen die großen O-Antiphonen zum Magnificat (O Weisheit, O Adonai, O Wurzel Jesse, O Schlüssel Davids, O Aufgang, O Völkerkönig) immer sehnsüchtiger und inbrünstiger ihr »Komm, uns zu befreien«. Und immer verheißungsvoller klingt es: »Siehe, alles ist erfüllt« (am letzten Advent-Sonntag); und schließlich: »Heute sollt Ihr wissen, dass der Herr kommt und morgen werdet Ihr schauen Seine Herrlichkeit.« Ja, wenn am Abend die Lichterbäume brennen und die Gaben getauscht werden, da drängt die unerfüllte Sehnsucht immer noch hinaus, nach einem anderen Lichtglanz, bis die Glocken zur Christmette läuten und das Wunder der Heiligen Nacht sich auf licht- und blumengeschmückten Altären erneuert: »Und das Wort ist Fleisch geworden.« Nun ist der Augenblick der seligen Erfüllung da.

* Ersterscheinung: Karmel »Maria vom Frieden« Köln, 1950.

Die Gefolgschaft des Mensch gewordenen Gottessohnes

Solches Weihnachtsglück hat wohl jeder von uns schon erlebt. Aber noch sind Himmel und Erde nicht eins geworden. Der Stern von Bethlehem ist ein Stern in dunkler Nacht, auch heute noch. Schon am zweiten Tage legt die Kirche die weißen Festgewänder ab und kleidet sich in die Farbe des Blutes, und am vierten Tage in das Violett der Trauer: Stephanus, der Erzmartyrer, der als Erster dem Herrn im Tode nachfolgte, und die unschuldigen Kinder, die Säuglinge von Bethlehem und Juda, die von rohen Henkershänden grausam hingeschlachtet wurden, sie stehen als Gefolge um das Kind in der Krippe. Was will das sagen? Wo ist nun der Jubel der himmlischen Heerscharen, wo die stille Seligkeit der Heiligen Nacht? Wo ist der Friede auf Erden? Friede auf Erden denen, die guten Willens sind. Aber nicht alle sind guten Willens.

Darum musste der Sohn des Ewigen Vaters aus der Herrlichkeit des Himmels herabsteigen, weil das Geheimnis der Bosheit die Erde in Nacht gehüllt hatte. Finsternis bedeckte die Erde und Er kam als Licht, das in der Finsternis leuchtet, aber die Finsternis hat Ihn nicht begriffen. Die Ihn aufnahmen, denen brachte Er das Licht und den Frieden; den Frieden mit dem Vater im Himmel, den Frieden mit allen, die gleich ihnen Kinder des Lichtes und Kinder des Vaters im Himmel sind, und den tiefen inneren Herzensfrieden; aber nicht den Frieden mit den Kindern der Finsternis. Ihnen bringt der Friedensfürst nicht den Frieden sondern das Schwert. Ihnen ist Er der Stein des Anstoßes, gegen den sie anrennen und an dem sie zerschellen. Das ist eine schwere und ernste Wahrheit, die wir uns durch den poetischen Zauber des Kindes in der Krippe nicht verdecken lassen dürfen. Das Geheimnis der Menschwerdung und das Geheimnis der Bosheit gehören eng zusammen. Gegen das Licht, das vom Himmel herabgekommen ist, sticht die Nacht der Sünde umso schwärzer und unheimlicher ab. Das Kind in der Krippe streckt die Händchen aus und Sein Lächeln scheint schon zu sagen, was später die Lippen des Mannes gesprochen haben: »Kommt her zu mir alle, die ihr mühselig und beladen seid.« Und die Seinem Ruf folgen, die armen Hirten, denen auf den Fluren von Bethlehem der Lichtglanz des Himmels und die Stimme des Engels die frohe Botschaft verkündeten, und die darauf treuherzig ihr »Lasset uns nach Bethlehem gehen« sprachen und sich auf den Weg machten, die Könige, die aus fernem Morgenlande im gleichen schlichten Glauben dem wunderbaren Stern folgten, ihnen floss von den Kinderhänden der Tau der Gnade zu und sie »freuten sich mit großer Freude.« Diese Hände geben und fordern zugleich: ihr Weisen, legt eure Weisheit nieder, und werdet einfältig wie die Kinder; ihr Könige, gebt eure Kronen und eure Schätze und beugt euch in Demut vor dem König der Könige; nehmt ohne Zögern die Mühen und Leiden und Beschwerden auf euch, die Sein Dienst erfordert. Ihr Kinder, die ihr noch nichts freiwillig geben könnt, euch nehmen die Kinderhände euer zartes Leben, ehe es noch recht begonnen hat: es kann nicht besser angewendet werden, als aufgeopfert zu werden für den Herrn des Lebens. »Folge mir«, so sprachen die Kinderhände, wie später die Lippen des Mannes gesprochen haben. So sprachen sie zu dem Jünger, den der Herr lieb hatte und der nun auch zu der Gefolgschaft an der Krippe gehört. Und der heilige Johannes, der Jüngling mit dem reinen Kinderherzen, folgte ohne zu fragen: Wohin? und Wozu? Er verließ des Vaters Schiff und ging dem Herrn nach auf allen Seinen Wegen bis hinauf nach Golgatha. »Folge mir« – das vernahm auch der Jüngling Stephanus. Er folgte dem Herrn zum Kampf gegen die Mächte der Finsternis, die Verblendung des hartnäckigen Unglaubens; er legte Zeugnis für Ihn ab mit seinem Wort und seinem Blut; er folgte Ihm auch in Seinem Geist, dem Geist der Liebe, der die Sünde bekämpft, aber den Sünder liebt und noch im Tode für den Mörder vor Gott eintritt. Lichtgestalten sind es, die um die Krippe knien: die zarten unschuldigen Kinder, die treuherzigen Hirten, die demütigen Könige, Stephanus, der begeisterte Jünger, und der Liebesapostel Johannes; sie alle folgten dem Ruf des Herrn. Ihnen gegenüber steht die Nacht der unbegreiflichen Verhärtung und Verblendung: die Schriftgelehrten, die Auskunft geben können über Zeit und Ort, da der Heiland der Welt geboren werden soll, die aber kein »Lasst uns nach Bethlehem gehen!« daraus ableiten; der König Herodes, der den Herrn des Lebens töten will. Vor dem Kind in der Krippe scheiden sich die Geister. Er ist der König der Könige und der Herr über Leben und Tod. Er spricht Sein »Folge mir«, und wer nicht für Ihn ist, ist wider Ihn. Er spricht es auch für uns und stellt uns vor die Entscheidung zwischen Licht und Finsternis.

Der mystische Leib Christi

Einssein mit Gott

Wohin das göttliche Kind uns auf dieser Erde führen will, das wissen wir nicht und sollen wir nicht vor der Zeit fragen. Nur das wissen wir, dass denen, die den Herrn lieben, alle Dinge zum Guten gereichen. Und ferner, dass die Wege, die der Heiland führt, über diese Erde hinausgehen.

O wunderbarer Tausch! Der Schöpfer des Menschengeschlechts verleiht uns, einen Leib annehmend, Seine Gottheit. Zu diesem wunderbaren Werk ist ja der Erlöser auf die Welt gekommen. Gott ward ein Menschenkind, damit die Menschen Gotteskinder werden konnten. Einer von uns hatte das Band der Gotteskindschaft zerrissen, einer von uns musste es wieder knüpfen und für die Sünde zahlen. Keiner aus dem alten, dem kranken und verwilderten Stamm konnte es. Ein neues, gesundes und edles Reis musste aufgepfropft werden. Einer von uns ist Er geworden; aber damit mehr als das: eins mit uns. Das ist ja das Wunderbare am Menschengeschlecht, dass wir alle eins sind. Wäre es anders, stünden wir als selbständige und getrennte Einzelwesen frei und unabhängig nebeneinander, dann hätte der Fall des einen nicht den Fall aller nach sich ziehen können. Dann hätte andererseits wohl für uns der Sühnepreis gezahlt und uns zugerechnet werden können, aber es wäre nicht Seine Gerechtigkeit auf die Sünder übergegangen, es wäre keine Rechtfertigung möglich gewesen. Er aber kam, um ein geheimnisvoller Leib mit uns zu sein: Er unser Haupt, wir Seine Glieder. Legen wir unsere Hände in die Hände des göttlichen Kindes, sprechen wir unser »Ja« zu Seinem »Folge mir«, dann sind wir Sein, und der Weg ist frei, dass Sein göttliches Leben auf uns übergehen kann.

Das ist der Anfang des ewigen Lebens in uns. Es ist noch nicht seliges Gottschauen im Glorienlicht; es ist noch Dunkel des Glaubens, aber es ist nicht mehr von dieser Welt, es ist schon Stehen im Gottesreich. Als die allerseligste Jungfrau ihr »Fiat« sprach, da begann das Gottesreich auf Erden und sie war seine erste Dienerin. Und alle, die sich vor und nach der Geburt des Kindes in Wort und Tat zu Ihm bekannten – der heilige Josef, die heilige Elisabeth mit ihrem Kinde und alle, die um die Krippe standen –, sie traten in das Gottesreich ein. Es ist anders geworden, als man sich nach Psalmen und Propheten die Herrschaft des Gotteskönigs gedacht hatte. Die Römer blieben die Herren im Lande, und Hohepriester und Schriftgelehrte hielten weiter das arme Volk unter ihrem Joch. Unsichtbar trug jeder, der dem Herrn angehörte, sein Himmelreich in sich. Seine irdische Bürde wurde ihm nicht abgenommen, sondern sogar noch manche andere dazugelegt; aber was er in sich hatte, war eine beschwingte Kraft, die das Joch sanft machte, und die Last leicht. So ist es noch heute bei jedem Gotteskind. Das göttliche Leben, das in der Seele entzündet wird, ist das Licht, das in die Finsternis gekommen ist, das Wunder der Heiligen Nacht. Wer es in sich trägt, der versteht, wenn davon gesprochen wird. Für die anderen aber ist alles, was man darüber sagen kann, ein unverständliches Stammeln. Das ganze Johannes-Evangelium ist ein solches Stammeln von dem ewigen Licht, das Liebe und Leben ist. Gott in uns und wir in Ihm, das ist unser Anteil am Gottesreich, zu dem die Menschwerdung den Grund gelegt hat.

Einssein in Gott

Einssein mit Gott: das ist das Erste. Aber ein Zweites folgt gleich daraus. Ist Christus das Haupt, wir die Glieder im mystischen Leib, dann stehen wir zueinander wie Glied zu Glied, und wir Menschen miteinander sind *eins in Gott*, ein göttliches Leben. Wenn Gott in uns ist und wenn Er die Liebe ist, so kann es nicht anders sein, als dass wir die Brüder lieben. Darum ist unsere Menschenliebe das Maß unserer Gottesliebe. Aber es ist eine andere als die natürliche Menschenliebe. Die natürliche Liebe gilt diesem oder jenem, der uns durch Bande des Blutes verbunden oder durch Verwandtschaft des Charakters oder gemeinsame Interessen nahe steht. Die andern sind »Fremde«, die einen »nichts angehen«, einem eventuell sogar durch ihr Wesen widerwärtig sind, so dass man sie sich möglichst weit vom Leibe hält. Für den Christen gibt es keinen »fremden Menschen«. Der ist jeweils der »Nächste«, den wir vor uns haben und der unser am meisten bedarf; gleichgültig, ob er verwandt ist oder nicht, ob wir ihn »mögen« oder nicht, ob er der Hilfe »moralisch würdig« ist oder nicht. Die Liebe Christi kennt keine Grenzen, sie hört nimmer auf, sie schaudert nicht zurück vor Hässlichkeit und Schmutz. Er ist um der Sünder willen gekommen und nicht um der Gerechten willen. Und wenn die Liebe Christi in uns lebt, dann machen wir es wie Er und gehen den verlorenen Schafen nach.

Die natürliche Liebe geht darauf aus, den geliebten Menschen für sich zu haben und ihn möglichst ungeteilt zu besitzen. Christus ist gekommen, um die verlorene Menschheit für den Vater zurückzugewinnen; und wer mit Seiner Liebe liebt, der will die Menschen für Gott und nicht für sich. Das ist freilich zugleich der sicherste Weg, um sie auf ewig zu besitzen, denn wenn wir einen Menschen in Gott geborgen haben, dann sind wir ja mit ihm in Gott eins, während die Sucht zu erobern oft – ja wohl früher oder später immer – zum Verlust führt. Es gilt für die fremde Seele wie für die eigene und für jedes äußere Gut: wer äußerlich darauf aus ist, zu gewinnen und zu bewahren, der verliert. Wer an Gott hingibt, der gewinnt.

Dein Wille geschehe!

Damit rühren wir an ein drittes Zeichen der Gotteskindschaft. Einssein mit Gott war das Erste. Dass alle eins seien in Gott das Zweite. Das Dritte: »Daran erkenne ich, dass ihr mich liebt, wenn ihr meine Gebote haltet.« Gotteskind sein heißt: an Gottes Hand gehen, Gottes Willen, nicht den eigenen Willen tun, alle Sorge und alle Hoffnung in Gottes Hand legen, nicht mehr um sich und seine Zukunft sorgen. Darauf beruht die Freiheit und Fröhlichkeit des Gotteskindes. Wie wenig auch von den wahrhaft Frommen, selbst heroisch Opferwilligen, besitzen sie! Sie gehen immer niedergebeugt unter der schweren Last ihrer Sorgen und Pflichten. Alle kennen das Gleichnis von den Vögeln unter dem Himmel und den Lilien auf dem Felde. Aber wenn sie einem Menschen begegnen, der kein Vermögen, keine Pension und keine Versicherung hat und doch unbekümmert um seine Zukunft lebt, dann schütteln sie den Kopf wie über etwas Ungewöhnliches. Freilich, wer von dem Vater im Himmel erwartet, dass Er ihm jederzeit für *das* Einkommen und *die* Lebensverhältnisse sorgen werde, die er für wünschenswert hält, der könnte sich schwer verrechnet haben. Nur dann wird das Gottvertrauen unerschüttert standhalten, wenn es die Bereitschaft einschließt, alles und jedes aus des Vaters Hand entgegenzunehmen. Er allein weiß ja, was uns gut tut. Und wenn einmal Not und Entbehrung angebrachter wären als behaglich gesichertes Auskommen, oder Misserfolg und Verdemütigung besser als Ehre und Ansehen, dann muss man sich auch dafür bereithalten. Tut man das, so kann man unbelastet durch die Zukunft in der Gegenwart leben.

Das »Dein Wille geschehe!« in seinem vollen Ausmaß muss die Richtschnur des Christenlebens sein. Es muss den Tageslauf vom Morgen bis zum Abend, den

Gang des Jahres und das ganze Leben regeln. Es wird dann auch des Christen einzige Sorge sein. Alle anderen Sorgen nimmt der Herr auf sich. Diese eine aber bleibt uns, solange wir leben. Es ist objektiv so, dass wir nicht endgültig versichert sind, immer auf Gottes Wegen zu bleiben. Wie die ersten Menschen aus der Gotteskindschaft in die Gottesferne fallen konnten, so steht jeder von uns immer auf des Messers Schneide zwischen dem Nichts und der Fülle des göttlichen Lebens. Und früher oder später wird uns das auch subjektiv fühlbar. In den Kindertagen des geistlichen Lebens, wenn wir eben angefangen haben, uns Gottes Führung zu überlassen, da fühlen wir die leitende Hand ganz stark und fest; sonnenhell liegt es vor uns, was wir zu tun und zu lassen haben. Aber das bleibt nicht immer so. Wer Christus angehört, der muss das ganze Christusleben durchleben. Er muss zum Mannesalter Christi heranreifen, er muss einmal den Kreuzweg antreten, nach Gethsemane und Golgatha. Und alle Leiden, die von außen kommen, sind nichts im Vergleich zu der dunklen Nacht der Seele, wenn das göttliche Licht nicht mehr leuchtet und die Stimme des Herrn nicht mehr spricht. Gott ist da, aber Er ist verborgen und schweigt. Warum das so ist? Es sind Gottes Geheimnisse, von denen wir sprechen, und die lassen sich nicht restlos durchdringen. Aber ein wenig hineinschauen können wir schon. Gott ist Mensch geworden, um uns aufs Neue teilhaben zu lassen an Seinem Leben. Damit beginnt es, und das ist das letzte Ziel.

Aber dazwischen liegt noch etwas anderes. Christus ist Gott und Mensch, und wer Sein Leben teilen will, muss am göttlichen und am menschlichen Leben Anteil haben. Die menschliche Natur, die Er annahm, gab Ihm die Möglichkeit, zu leiden und zu sterben. Die göttliche Natur, die Er von Ewigkeit besaß, gab dem Leiden und Sterben unendlichen Wert und erlösende Kraft. Christi Leiden und Tod setzen sich fort in seinem mystischen Leibe und in jedem Seiner Glieder. Leiden und sterben muss jeder Mensch. Aber wenn er *lebendiges* Glied am Leibe Christi ist, dann bekommt sein Leiden und Sterben durch die Gottheit des Hauptes erlösende Kraft. Das ist der objektive Grund, warum alle Heiligen nach Leiden verlangt haben. Das ist keine krankhafte Lust am Leiden. Den Augen des natürlichen Verstandes erscheint es zwar als Perversion. Im Licht des Erlösungsgeheimnisses erweist es sich jedoch als höchste Vernunft. Und so wird der Christus-Verbundene auch in der dunklen Nacht der subjektiven Gottferne und -verlassenheit unerschüttert ausharren; vielleicht setzt die göttliche Voraussicht seine Qual ein, um einen objektiv Gefesselten zu befreien. Darum: »Dein Wille geschehe!« auch und gerade darum in dunkelster Nacht.

Heilsmittel

Aber können wir dieses »Dein Wille geschehe« denn noch sprechen, wenn wir keine Gewissheit mehr haben, was Gottes Wille von uns verlangt? Haben wir noch Mittel, uns auf Seinen Wegen zu halten, wenn das innere Licht erlischt?

Es gibt solche Mittel und so starke Mittel, dass das Abirren bei aller prinzipiellen Möglichkeit tatsächlich unendlich unwahrscheinlich wird. Gott ist ja gekommen, uns zu erlösen, uns mit Sich zu verbinden, unsern Willen dem Seinen gleichförmig zu machen. Er kennt unsere Natur. Er rechnet mit ihr und hat uns darum alles geschenkt, was uns helfen kann, ans Ziel zu gelangen.

Das göttliche Kind ist zum *Lehrer* geworden und hat uns gesagt, was wir tun sollen. Um ein ganzes Menschenleben mit göttlichem Leben zu durchdringen, genügt es nicht, einmal im Jahr vor der Krippe zu knien und sich von dem Zauber der Heiligen Nacht gefangen nehmen zu lassen. Dazu muss man das ganze Leben lang in täglichem Verkehr mit Gott stehen, auf die Worte hören, die Er gesprochen hat und die uns überliefert sind, und diese Worte befolgen. Vor allen Dingen beten, wie es der Heiland selbst gelehrt und so eindringlich immer wieder eingeschärft hat. »Bittet und ihr werdet empfangen.« Das ist die sichere Verheißung der Erhörung. Und wer täglich von Herzen sein »Herr, Dein Wille geschehe« spricht, der darf wohl darauf vertrauen, dass er den göttlichen Willen auch da nicht verfehlt, wo er keine subjektive Gewissheit mehr hat.

Ferner: Christus hat uns nicht als Waisenkinder zurückgelassen. Er hat Seinen Geist gesandt, der uns alle Wahrheit lehrt; er hat Seine Kirche begründet, die von Seinem Geist geleitet wird, und hat in ihr Seine Stellvertreter eingesetzt, durch deren Mund Sein Geist in Menschenworten zu uns spricht. Er hat in ihr die Gläubigen zur Gemeinschaft verbunden und will, dass einer für den anderen einsteht. So sind wir nicht allein, und wo das Vertrauen auf die eigene Einsicht und selbst auf das eigene Gebet versagt, da hilft die Kraft des Gehorsams und die Kraft der Fürbitte.

»Und das Wort ist Fleisch geworden.« Das ist Wahrheit geworden im Stall zu Bethlehem. Aber es hat sich noch erfüllt in einer anderen Form. »Wer mein Fleisch isst und mein Blut trinkt, der hat das ewige Leben.« Der Heiland, der weiß, dass wir Menschen sind und Menschen bleiben, die täglich mit Schwächen zu kämpfen haben, kommt unserer Menschheit auf wahrhaft göttliche Weise zu Hilfe. Wie der irdische Leib des täglichen Brotes bedarf, so verlangt auch das göttliche Leben in uns nach dauernder Ernährung. »Dieses ist das lebendige Brot, das vom Himmel herabgekommen ist.« Wer es wahrhaft zu seinem täglichen Brot macht, in dem vollzieht sich täglich das Weihnachtsgeheimnis, die Menschwerdung des Wortes. Und das ist wohl der sicherste Weg, das Einssein mit Gott dauernd zu erhalten, mit jedem Tage fester und tiefer in den mystischen Leib Christi hineinzuwachsen. Ich weiß wohl, dass das vielen als ein allzu radikales Verlangen erscheinen wird. Praktisch bedeutet es für die meisten, wenn sie es neu beginnen, eine Umstellung des gesamten äußeren und inneren Lebens. Aber das soll es ja gerade! In unserem Leben soll Raum geschaffen werden für den eucharistischen Heiland, damit Er unser Leben in Sein Leben umformen kann: Ist das zuviel verlangt? Man hat für so viele nutzlose Dinge Zeit: allerhand unnützes Zeug aus Büchern, Zeitschriften und Zeitungen zusammenzulesen, in Cafés herumzusitzen und auf der Straße viertel und halbe Stunden zu verschwatzen; alles »Zerstreuungen«, in denen man Zeit und Kraft splitterweise verschleudert. Sollte es wirklich nicht möglich sein, eine Morgenstunde herauszusparen, in der man sich nicht zerstreut, sondern sammelt, in der man sich nicht verbraucht, sondern Kraft gewinnt, um den ganzen Tag damit zu bestreiten?

Aber freilich, es ist mehr erforderlich als die eine Stunde. Man muss von einer solchen Stunde zur anderen so leben, dass man wiederkommen darf. Es ist nicht mehr möglich, »sich gehen zu lassen«, wenn auch nur zeitweise. Mit wem man täglich umgeht, dessen Urteil kann man sich nicht entziehen. Selbst wenn kein Wort gesagt wird, fühlt man, wie die anderen zu einem stehen. Man wird versuchen, sich der Umgebung anzupassen, und wenn es nicht möglich ist, wird das Zusammenleben zur Qual. So geht es auch im täglichen Verkehr mit dem Heiland. Man wird immer feinfühliger für das, was Ihm gefällt und missfällt. Wenn man vorher im Großen und Ganzen recht zufrieden mit sich war, so wird das jetzt anders werden. Man wird vieles finden, was böse ist und wird es ändern, soweit man es vermag. Und manches wird man entdecken, was man nicht schön und gut finden kann und was doch so schwer zu ändern ist. Da wird man allmählich sehr klein und demütig, wird geduldig und nachsichtig gegen die Splitter in fremden Augen, weil einem der Balken im eigenen zu schaffen macht; und man lernt schließlich auch sich selbst in dem unerbittlichen Licht der göttlichen Gegenwart zu ertragen und sich der göttlichen Barmherzigkeit zu überlassen, die mit all dem fertig werden kann, was unserer Kraft spottet. Es ist ein weiter Weg von der Selbstzufriedenheit eines »guten Katholiken«, der »seine Pflichten erfüllt«, eine »gute Zeitung« liest, »richtig wählt« usw., im Übrigen aber tut, was ihm beliebt, bis zu einem Leben an Gottes Hand und aus Gottes Hand, in der Einfalt des Kindes und der Demut des Zöllners. Aber wer ihn einmal gegangen ist, wird ihn nicht wieder zurückgehen.

So besagt Gotteskindschaft: Kleinwerden und zugleich Großwerden. Eucharistisch leben heißt, ganz von selbst aus der Enge des eigenen Lebens herausgehen und in die Weite des Christuslebens hineinwachsen. Wer den Herrn in seinem Hause aufsucht, wird ihn nicht nur immer mit sich selbst und seinen Angelegenheiten beschäftigen wollen. Er wird anfangen, sich für die Angelegenheiten des Herrn zu interessieren. Die Teilnahme am täglichen Opfer zieht uns unwillkürlich in das liturgische Leben hinein. Die Gebete und die Gebräuche des Altardienstes führen uns im Kreislauf des Kirchenjahres die Heilsgeschichte immer wieder vor die Seele und lassen uns immer tiefer in ihren Sinn eindringen. Und die Opferhandlung prägt uns immer wieder das Zentralgeheimnis unseres Glaubens ein, den Angelpunkt der Weltgeschichte: das Geheimnis der Menschwerdung und Erlösung. Wer könnte mit empfänglichem Geist und Herzen dem heiligen Opfer beiwohnen, ohne selbst von der Opfergesinnung erfasst zu werden, ohne von dem Verlangen ergriffen zu werden, dass er selbst und sein kleines persönliches Leben aufgehe im großen Werk des Erlösers.

Beuron während des Baus des Bibliothekgebäudes 1925/26.

Die Mysterien des Christentums sind ein unteilbares Ganzes. Wenn man sich in eines vertieft, wird man zu allen anderen hingeführt. So führt der Weg von Bethlehem unaufhaltsam nach Golgatha, von der Krippe zum Kreuz. Als die heiligste Jungfrau das Kind zum Tempel hintrug, da ward ihr geweissagt, dass ihre Seele ein Schwert durchdringen werde, dass dieses Kind gesetzt sei zum Fall und zur Auferstehung vieler, zum Zeichen, dem man widersprechen würde. Es ist die Ankündigung des Leidens, des Kampfes zwischen Licht und Finsternis, der sich schon an der Krippe zeigte!
In manchen Jahren fallen Lichtmess und Septuagesima fast zusammen, die Feier der Menschwerdung und die Vorbereitung auf die Passion. In der Nacht der Sünde strahlt der Stern von Bethlehem auf. Auf den Lichtglanz, der von der Krippe ausgeht, fällt der Schatten des Kreuzes. Das Licht erlischt im Dunkel des Karfreitags, aber es steigt strahlender auf als Gnadensonne am Auferstehungsmorgen. Durch Kreuz und Leiden zur Herrlichkeit der Auferstehung war der Weg des Fleisch gewordenen Gottessohnes. Mit dem Menschensohn durch Leiden und Tod zur Herrlichkeit der Auferstehung zu gelangen, ist der Weg für jeden von uns, für die ganze Menschheit.

III. Beiträge über Edith Stein

Einführung von Katharina Oost

Beiträge über Edith Stein

Einführung

Katharina Oost

Im dritten Teil des Buches sind Aufsätze über Edith Stein versammelt, die in der Benediktinischen Monatsschrift *Erbe und Auftrag* veröffentlicht wurden. Zwei der Beiträge beziehen sich auf den im zweiten Teil abgedruckten Aufsatz Edith Steins über *Das Gebet der Kirche (S. 47)*. Während der Beuroner Mönch Pater Paulus Gordan – nach eigenen Angaben mit der Familie Stein weitläufig verwandt – eine kurze, Verständnis vermittelnde, doch auch kritische Einführung in den Text und die Gedanken Edith Steins bietet, stellt Schwester Amata Neyer den spirituellen Reifungsweg Edith Steins im Hinblick auf deren Gebetsverständnis dar.

Um einen solchen Reifungsprozess geht es auch Martin Zielinski, der entlang der Biographie Edith Steins Glaubensweg nachzeichnet. Ebenfalls dem Lebensweg folgend entwickelt Bruno H. Reifenrath seine Gedanken zur Entwicklung der (immer auch existentiell vollzogenen) »Denkwege« Edith Steins, wie sie sich vom judaischen Glauben über die Phänomenologie zur Philosophie des Thomas von Aquin vollzogen – immer im Bedürfnis, Wissenschaft und Glaube in Einklang zu halten.

Diese soeben erwähnten Beiträge finden sich eingerahmt von den beiden jüngsten Veröffentlichungen über Edith Stein in *Erbe und Auftrag*: Die erste – eine Darstellung der inneren und äußeren Beziehungen, die Edith Stein zwischen 1928 und 1933 zu Beuron eingegangen war, sowie die Spuren, die die spätere Heilige im Beuron der 20er Jahre hinterlassen hat; sodann als letzter hier aufgenommener Beitrag ein Text anlässlich der im Jahr 2003 erfolgten Freigabe neuer Dokumente aus einem vatikanischen Archiv, unter ihnen der Brief Edith Steins an den Papst, der in der Presse großes Echo gefunden hat, sowie je ein Schreiben des Beuroner Erzabtes Raphael Walzer und Eugenio Pacellis, des späteren Papstes Pius XII.

1. »Ein glücklicher Mönch« – Edith Stein in Beuron

*Katharina Oost**

Zwischen 1928 – sie war zu dieser Zeit Lehrerin am Lyzeum der Dominikanerinnen in Speyer – und 1933 – dem Jahr ihres Eintritts in den Kölner Karmel – war Edith Stein wiederholt Gast in Beuron. In Pater Dr. theol. Raphael Walzer (1888–1966), dem damaligen Erzabt, hatte sie durch Vermittlung des Jesuiten Erich Przywara einen einfühlsamen, wachen und sensiblen Begleiter ihres geistlichen Weges gefunden. So nimmt es nicht wunder, dass Edith Stein, seit ihr P. Przywara[1] 1928 vorgeschlagen hatte, die Kar- und Ostertage in Beuron zu verbringen, ihre Schritte vor allem zu den hohen Festtagen immer wieder zu jenem Ort lenkte, wo sie ihren Weg dem Urteil, Rat und Blick eines Menschen offen legen durfte, dem sie vertraute. Doch zuletzt – oder zuerst – suchte sie in Beuron natürlich die Nähe Gottes. »Sie wollte nur einfach hier in Beuron sein, um bei Gott zu sein, um in der Gegenwart der erhabenen Heilsmysterien zu bleiben…«, schreibt Raphael Walzer rückblickend. »Ihrem Glauben war es selbstverständlich, sich mit Gott zu vereinigen (im göttlichen Offizium) und sich selbst zu verlieren in der ›laus perennis‹ (ununterbrochenes Gotteslob).«[2]

Raphael Walzer hat Edith Stein »sehr geschätzt, ja verehrt, als grundlautere reife Persönlichkeit. Er nannte sie die Virgo sapiens… Sie war für ihn die von Gott überreich Beschenkte, die ganz in der geliebten Wahrheit Verweilende, die betende Philosophin, das Gebet in Person – Ausdrücke, die er gelegentlich gebraucht hat«, so erinnert sich P. Mauritius Schurr.[3]

Als große Wertschätzung, die man Edith Stein allgemein in Beuron entgegenbrachte, lässt sich verstehen, dass im so genannten »Schott« die Sequenz »Lauda Sion« des Thomas von Aquin vorübergehend in einer neuen Übersetzung von Edith Stein erschien.[4] Wir finden ihren Namen auch verschiedene Male als Autorin in der von der Erzabtei Beuron herausgegebenen »Benediktinischen Monatsschrift«.[5]

Der Erzabt selbst schreibt in einem Brief an die Subpriorin des Kölner Karmels, als er um eine Empfehlung für Edith Stein gebeten wurde: »Ihre außerordentli-

* Erbe und Auftrag 74 (1998), Heft 4, S. 274 ff.

[1] P. Erich Przywara SJ (1889–1972) hielt 1925 den Patres des Beuroner Konvents die Jahresexerzitien.

[2] In: Herbstrith, Waltraud (Hrsg.): Edith Stein – eine große Glaubenszeugin, Annweiler 1986, S. 141 (nachfolgend aufgeführt unter dem Stichwort **Glaubenszeugin**).

[3] Ebd., S. 163.

[4] 1884 erschien die erste Auflage des »Messbuch der heiligen Kirche«, herausgegeben von Anselm Schott OSB (1843–1896), Mönch der Abtei Beuron. In der 34. Auflage, 1928 von Pius Bihlmeyer OSB herausgegeben, erscheint die Sequenz von Thomas von Aquin in der Neuübersetzung Edith Steins. Im Vorwort heißt es: »Die Vorlage zur Neuübersetzung der Sequenz Lauda Sion (S. 545) stammt von Dr. E. St.«

Edith Stein als Lehrerin in Speyer, um 1928.

che intellektuelle Begabung steht außer Frage. Davon ist man in weiten Kreisen Deutschlands überzeugt. Dass sie trotzdem ein sehr einfaches, lenksames Gemüt hatte, ist um so verwunderlicher. Ihre religiöse Reife und Tiefe ist derart, dass ich darüber keine Worte zu machen brauche.«[6] Er habe, sagt er an anderer Stelle, »mit Vorliebe« den Ausdruck: »fuit et quietus« (aus dem Hymnus der Bekenner des monastischen Breviers) für Edith Stein verwandt: »Ja, auch sie war ruhig.«[7]

»Als Edith Stein zum ersten Mal nach Beuron kam«, berichtet nach ihrem Tod Raphael Walzer,[8] »war sie wahrhaft kein Neuling mehr. So viel Kostbares brachte sie mit, dass sie in der monastischen Atmosphäre dieses verborgenen Donauwinkels wohl gleich ihre eigentliche Heimat entdeckte, aber durchaus keine Umwandlung erfahren oder wesentlich Neues hinzulernen brauchte. Es war eine Art Erntezeit dessen, was andre gesät und sie selbst in bestem Erdreich verarbeitet hatte.«[9] »Diese Tatsache«, fährt Raphael Walzer fort, »mag in jeder Lebensbeschreibung als eine der bestverbürgten behandelt werden, ohne dass die geschichtliche Wahrheit dabei zu kurz käme. Aber worin lag für sie die eigentliche Anziehungskraft Beurons und seiner Gottesdienste?« Es ist nach Raphael Walzer vor allem die liturgische Form innerhalb des monastischen Lebens gewesen, die Edith Stein, als Kind einer jüdischen Familie von klein auf an liturgische Tradition gewöhnt, in Beuron Heimat finden ließ.

Und doch bleibt es zuletzt Edith Steins Geheimnis, was sie an Beuron so tief anzog, und es soll Geheimnis bleiben dürfen. »Secretum meum mihi – mein Geheimnis gehört mir«, hatte sie auf die Frage ihrer Freundin Hedwig Conrad-Martius nach den letzten Beweggründen ihres Glaubens geantwortet, ein Wort, das auch für ihre Beziehung zu Beuron gelten könnte. Die nachfolgenden Gedanken wollen sich nicht anschicken, dieses Geheimnis psychologisch zu lüften, sich nicht neugierig Zugang verschaffen zum Gehüteten oder zumindest nicht näher Erklärten. Es ist allein ihr Anliegen, an diesem Ort der Beziehung Edith Steins zu Beuron einmal im Zusammenhang nachzugehen. Als Quellen sollen in erster Linie ihre eigenen Briefe, sowie Zeugnisse von Menschen dienen, die ihr in Beuron begegnet sind, und nicht zuletzt die Gedanken einer

[5] Folgende Beiträge Edith Steins wurden in der *Benediktinischen Monatsschrift* (seit 1960 unter dem Namen Erbe und Auftrag weitergeführt) veröffentlicht: Jg. XIII, 1931/32, S. 366–377 »*Lebensgestaltung im Geist der hl. Elisabeth« (Vortrag aus Zürich vom 24.1.1932)*; Jg. XIV, 1932, S. 356–371 und S. 436–444, sowie Jg. XV, 1933, S. 24–44 und S. 110–122 »*Probleme der Frauenbildung« (Vorlesung aus Münster)*; Jg. XV, 1933, S. 412 ff. »*Eingliederung in das Corpus Christi mysticum*«, S. 412 ff.

[6] Brief vom 2.6.1933, in: Edith Stein: »Wie ich in den Kölner Karmel kam. Würzburg: Echter, 1994, S. 33 (Faksimile).

[7] In: Glaubenszeugin, S. 140, vgl. auch in: Herbstrith, Waltraud (Hrsg.): »Das wahre Gesicht Edith Steins«, München. Kaffke [5]1989, S. 88 (im Folgenden angeführt unter dem Stichwort: **Das wahre Gesicht**).

[8] Endres, Elisabeth: Raphael Walzer, Baindt/Ravensburg, 1988, S. 313.

[9] Sechs Jahre vor ihrem ersten Besuch in Beuron war Edith Stein am 1.1.1922 in Bergzabern vom Judentum zum katholischen Glauben konvertiert.

kleinen Schrift, die sie in der monastischen Atmosphäre des Weihnachtsfestes 1930/31 in Beuron niederschrieb und die sicher, wenn auch an keiner Stelle von Beuron selbst die Rede ist, mitgetragen und -gestaltet ist von ihrer Beziehung zu diesem geistlichen Ort.[10] In einem Brief an Pfarrer Ludwig Husse schreibt sie am 2. Januar 1931: »*Sie werden aber begreifen, dass mir hier kein anderes Thema einfallen wollte als das Weihnachtsgeheimnis selbst.*«[11]
Doch dies ist bereits die vierte Eintragung, die sich in Edith Steins Briefwechsel[12] zu Beuron findet. Die erste[13] finden wir als Eintragung in das Gästebuch der Familie Mayer in Beuron, bei der Edith Stein während ihrer Besuche wohnte. In ihr erklingt das Leitmotiv ihrer Beziehung zu dem Ort, den sie in einem Brief an Roman Ingarden »den Himmel auf Erden« nennt[14]: »*Laetatus sum*« – ich freute mich.[15] Der Grundakkord der Freude, eine lichte, heitere und leichte Seelenstimmung zieht sich von hier ausgehend durch die weiteren Eintragungen, in denen von Beuron die Rede ist, von ihrem »*geliebten Beuron*«, wie sie 1931 schreibt[16] und dann fortfährt: »*Mein Herz ist noch dort und kommt nur her, wenn ich es nötig brauche; im Übrigen wartet es, bis ich wieder hinkomme…*«. Auf dem Grund der Freude also ruht die Liebe.
Beuron hatte im Herzen Edith Steins einen Platz gefunden, den es bis 1933 mit keinem anderen Ort teilen musste. Und selbst der Kölner Karmel, so könnte man beim ersten Lesen eines Briefes an Gertrud von Le Fort[17] den Eindruck gewinnen, scheint Beuron diesen inneren Platz nicht ohne weiteres streitig machen zu können. »*Natürlich*«, heißt es in diesem Brief, den Edith Stein 1933 schrieb, »*habe ich in den letzten Monaten sehr oft an Sie gedacht, seit ich meinen Weg wusste: dass Sie nun den Karmel erst richtig kennenlernen werden, wenn Sie mich in Köln besuchen. Und das wird dann wahrscheinlich schöner als in Münster und vielleicht sogar als Beuron.*« Näher aber liegt wohl, diesen Satz im Hinblick auf die Atmosphäre der erwarteten Begegnung zu verstehen, schreibt Edith Stein doch 1933 aus dem Karmel an Maria Mayer in Beuron: »Sie können sich wohl denken, dass ich Beuron nicht vergessen habe – aber Heimweh nach

[10] Ein Mitglied des Beuroner Konventes, Bruder Jakobus Kaffanke OSB, erzählte mir, er habe beim erstmaligen Lesen des »Weihnachtsgeheimnis« gedacht: Das *kann* nur in Beuron geschrieben worden sein. Erst später habe sich seine Vermutung dann bestätigt. »Insidern« zumindest ist also die »Beuroner Atmosphäre« dieses Textes erkennbar.
[11] Edith Steins Werke VIII, Selbstbildnis in Briefen, 1. Teil 1916–1934, Freiburg/Basel/Wien (Herder) 1976, S. 78, 78. Brief (im Folgenden nur noch angeführt als **Briefband I**).
[12] Siehe Fußnote 11.
[13] Briefband I, S. 55, 46. Brief.
[14] Edith Stein hatte ihrem Freund Roman Ingarden (1893–1970) aus dem Göttinger Phänomenologenkreis 1927 ein Büchlein von Hermann Bahr (1863–1934) zu Weihnachten geschenkt, das den Titel »Himmel auf Erden« trug. Sie habe »in der Abtei das Urbild von Bahrs ›Himmel auf Erden‹ gefunden«, schreibt sie am 13.5.1928 in: Edith Steins Werke, Band XIV, Briefe an Roman Ingarden 1917–1938. Freiburg/Basel/Wien 1991, S. 195 (nachfolgend nur noch angeführt unter: **Briefe an R. Ingarden**).
[15] Beginn des 122. Psalmes.
[16] Briefband I, Brief an Frau Callista OCist., Seligenthal, S. 81, 82. Brief.
[17] Briefband I, S. 152, 156. Brief.

Beuron habe ich nicht. Das hört auf, wenn man in der richtigen Heimat gelandet ist.«[18]
»*Einen Abglanz von Beuron*«, so hatte sie vier Jahre zuvor geschrieben, »*werden Sie gewiss noch an Sr. Agnella wahrnehmen. Was man von dort mitbringt, ist dauerhaft. Und in 12 Tagen kann man dort einen Schatz sammeln, der lange währt und alles verdauen hilft, was von außen kommt.*[19] Unwillkürlich fällt da wohl das Matthäuswort ein: »Denn wo dein Schatz ist, da ist auch dein Herz« (Mt 6,21). Und wir wären somit wieder bei der Liebe. Konnte der »Abglanz von Beuron« auf einem Menschen ruhen, so muss im Erleben Edith Steins Beuron selbst in Glanz gehüllt gewesen sein. Mag das liturgische Leben Edith Steins auch noch so beheimatet haben, mag die »laus perennis« ihrem eigenen Beten Schale gewesen sein, mögen Kunst oder Landschaft das ihrige zu dem Glanz des Ortes beitragen – wen von denen, die Beuron kennen, hätte es nicht für sich gewinnen können? – und die Beziehung zu Erzabt Raphael sie in ganz eigener Weise mit Beuron verbunden haben – es muss der Blick des Herzens sein, der Menschen, Dinge und Orte sieht, wie sie – über all ihre natürliche Beschaffenheit und irdische Schönheit hinaus – in Gott sind.
Solche Erkenntnis setzt freilich voraus, dass der Mensch in der Gegenwart Gottes Wohnung genommen hat und sich aus dieser stillen Mitte der Liebe den Menschen, Orten und Dingen als Beschenkter zuwendet; sie alle aufnimmt in die dankbare Freude an Gott. Das meint: Was innen ist, ist außen. Und so dürfen wir aus den Äußerungen Edith Steins über Beuron auf ihr Inneres schließen: Licht muss es gewesen sein, und ruhige Freude muss in ihm gewohnt haben. Doch auch die Umkehrung gilt: Das Äußere, ein Ort des Friedens und der Stille etwa, können den inneren Wohlklang eines Menschen zu seiner vollen Harmonie entfalten helfen.
In der Begegnung Edith Steins mit den Mönchen schien ihr Inneres als »gütiges Lächeln«, als »herzliche Freundlichkeit« auf.[20] Sie hat in Beuron wohl in besonderer Weise die Freude eines Menschen erfahren dürfen, der sich zu Hause weiß: im Haus des himmlischen Vaters, dessen Abbild ihr Beuron gewesen sein mag. Ein solches Verständnis legen ihre Äußerungen von Beuron als dem »Himmel auf Erden«[21] oder dem »Vorhof des Himmels«[22] nahe.
Dieses Beheimatetsein hat sie nicht gehindert, die ihrer Bescheidenheit und Verhaltenheit angemessene äußere wie innere Distanz zu bewahren. Der ehemalige Klosterpförtner, Br. Anton Manz, erzählt: »... wie ich dann erfuhr, dass dieser Besuch des Hochwürdigen Herrn Erzabtes eigentlich ein sehr gelehrtes

[18] Edith Steins Werke, Bd. IX »Selbstbildnis in Briefen«, 2. Teil, Druten und Freiburg/Basel/Wien 1977, Nr. 237.
[19] Briefband I, S. 57, 49. Brief.
[20] Altabt Adalbert Metzinger OSB, in: Glaubenszeugin, S. 160.
[21] Briefe an R. Ingarden, S. 195.
[22] Edith Stein: Wie ich in den Kölner Karmel kam, Würzburg (Echter) 1994, S. 28.

Fräulein sei, musste ich jedesmal ihre Demut bewundern, mit der sie an der Klosterpforte vorsprach. Bewundernswert war auch ihre Ehrfurcht gegenüber allen Mitbrüdern, sogar auch mir, dem jungen, geringen Laienbruder. Sie ehrte uns Ordensleute alle, als ob wir wunder was wären.«[23] Auch dass sie »*fast zwei Wochen ein glücklicher Mönch sein*«[24] durfte oder, wie sie es an anderer Stelle ausdrückt, »*in meinem lieben Beuron fast wie ein richtiger Mönch*«[25] die Heilige Nacht feiern durfte, lässt erfühlen, wie geborgen und zugehörig sie sich in Beuron fühlte. Die Beuroner Mönche hatten den ungewöhnlichen »Mitbruder« tatsächlich in besonderer Weise – auch wenn Edith Stein das nicht wissen konnte – in ihre Gemeinschaft aufgenommen, hatten an ihr, von der sie nicht wussten, wer sie war, die sie jedoch mit schöner Regelmäßigkeit an ihrem Gebet teilnehmen sahen, eine Taufe vollzogen, sie bei einem Namen genannt. Einer von ihnen[26] erinnert sich 50 Jahre später: »Ich habe sie öfters vor dem Sprechzimmer von Erzabt Walzer warten sehen, und jeden Morgen in aller Frühe schon vor der Matutin, die damals in Beuron sonn- und feiertags um 4.00 Uhr, werktags um 4.15 Uhr begonnen hat, in der Kirche knien sehen. Ihren Namen, ihre Herkunft und ihre Bedeutung kannten wir nicht, wir nannten sie immer entre nous >die Matutina<.«

Noch einmal klingt hier Edith Steins Hingezogensein zur liturgisch-monastischen Spiritualität an. Die Feier der Liturgie, wie sie sie in Beuron erlebte, ist für sie – ganz dem uralten Verständnis von den Mönchen als mit den Engeln im ewigen Lobpreis Vereinten – ein Abbild der himmlischen Liturgie gewesen. »Die Liturgie der irdischen Kirche als das Miteinstimmen der Gläubigen in der Liturgie des Himmels – dieser Gedanke hat Edith Stein viel bedeutet. Wir verstehen somit besser ihren Ausspruch von Beuron als dem >Vorhof des Himmels<«.[27] Wo also »Menschen auf Erden einstimmen in dieses neue Lied des Erlösten – da geht für Edith Stein das Tor des Himmels auf, da ist der >Vorhof<.«[28]

Noch ganz erfüllt von der Atmosphäre der Beuroner Liturgie[29] eröffnet sie 1928 einen Vortrag auf der Hauptversammlung des Katholischen Bayrischen Lehrerinnenvereins mit den Worten: »*Gestatten Sie mir, mit einer kleinen persönlichen Bemerkung zu beginnen. Vor zwei Tagen fuhr ich von Beuron, wo ich die Kar- und Ostertage verbringen durfte, hierher (...), mitten in die Vorbereitungen zu dieser Tagung hinein. Man kann sich kaum einen größeren Gegensatz*

[23] In: Das wahre Gesicht, S. 88.
[24] Briefband 1, S. 109, 115. Brief.
[25] Briefe an R. Ingarden, S. 217.
[26] Pater Mauritius Schurr OSB, in: Glaubenszeugin, S. 162.
[27] Neyer, Maria Amata, Edith Stein und das Beten der Kirche, in: Erbe und Auftrag, Jahrgang 1986, S. 420.
[28] Ebd., S. 420.
[29] Es war dies zu Ostern 1928 ihr erster Aufenthalt in Beuron.

denken: dort das stille Tal des Friedens, wo (...) Tag und Nacht und Jahr für Jahr das Lob des Herrn gesungen wird, (...) und diese Versammlung, die sich zusammengefunden hat, um brennende Gegenwartsfragen zu besprechen. Das ist fast wie ein Sturz vom Himmel zur Erde.«[30]
Doch es gibt keinen Grund zur Annahme, Edith Stein habe solchen »Erdensturz« vermeiden wollen oder ihn auch nur bedauert – zu wach waren Aufmerksamkeit und Interesse in ihr, zu groß das Verantwortungsbewusstsein, mit dem sie der Welt begegnete. In einem Text von Hermann Bahr, dessen Büchlein sie 1927 ihrem Freund und Philosophenkollegen Roman Ingarden zu Weihnachten schenkt und dazu später anmerkt, »*Das Büchlein von Bahr empfand ich als durchaus katholisch. Sonst hätte ich es Ihnen nicht geschickt*«[31], enthält in der Stimme eines Abtes die immer neu variierte Mahnung, Himmel und Erde (oder wie es im Text öfter heißt: Diesseits und Jenseits) nicht gegeneinander auszuspielen und die Erde etwa als Ort der Gottferne abzuwerten und misszuverstehen. So entschieden aber in Bahrs Worten eine religiöse Ausrichtung auf den Himmel, die des Bezugs zur Erde als den einzig möglichen Wegort zum Himmel verlustig geht, verworfen wird – es bleiben doch Himmel und Erde, Diesseits und Jenseits im dualistischen Zueinander[32], solange Gedanken darum kreisen, dass »... das Volk ... nun leicht am Diesseits überhaupt irre (wird), ja selbst sonst ganz richtige Katholiken wehklagen über dieses Jammertal und vergessen (ganz), dass das Diesseits doch für uns die Pforte zum Jenseits, dass es der Schauplatz unserer Tat ist, auf dem wir uns den Himmel entweder verdienen oder erwirken.«[33] Dieser Dualismus ist erst überwunden, wenn im Herzen der Menschen kein Fragen nach Himmel und Erde mehr laut wird, weil der Himmel als nie versiegende Gegenwart Gottes »inwendig« erfahren ist. Zu solcher Erfahrung war Edith Stein auf dem Weg.[34] So sehr sie sich auch in Beuron als dem Vorhof des Himmels freuen konnte, ihre Sehnsucht zielte immer auf das Allerheiligste selbst. Vielleicht waren es ihre Entschlossenheit und ihre »gewisse bedingungslose Radikalität«[35], die sie vor der Gefahr bewahrten, über dem Himmel auf Erden den wirklichen Himmel aus dem Blick zu verlieren. Doch nicht nur für ihre Familie und manche Freunde, selbst für ihren geistlichen Freund und Begleiter Raphael Walzer, schien die Radikalität ihrer Entscheidung für ein Leben im Teresianischen Karmel Einwände nötig zu machen – ganz abgesehen

[30] Zitiert nach: Neyer, Maria Amata: Edith Stein und das Beten der Kirche, in: Erbe und Auftrag, Jahrgang 1986, S. 417.
[31] Briefe an R. Ingarden, S. 194.
[32] »Diesseits ist ein Kompliment des Jenseits«, heißt es in: Bahr, Hermann: Himmel auf Erden, Verlag »Ars sacra«, München 1928, S, 44; (das Büchlein ist dem Beuroner Mönch Pater Willibrord Verkade OSB (1868–1946) zum 25jährigen Priesterjubiläum gewidmet).
[33] Ebd., S. 15.
[34] Zum Wandel im Liturgieverständnis Edith Steins siehe: Neyer, Maria Amata: Edith Stein und das Beten der Kirche, in: Erbe und Auftrag, Jahrgang 1986, S. 417 ff.
[35] Stein, Edith: Briefe an Hedwig Conrad-Martius, München (Kösel) 1960, S. 68.

davon, dass der Erzabt den Aufgaben große Bedeutung beimaß, die Edith Stein als Christin in der »Welt« noch hätte übernehmen können, und zunächst einmal

Abteikirche Beuron um 1930/Seitenaltarbilder der Beuroner Kunstschule.

aus diesem Grund gegen einen Eintritt stimmte.

Ihre Bereitschaft, sich restlos und bedingungslos auf den Weg der Nachfolge einzulassen, hat Edith Stein jedoch unbeirrt ihren Weg gehen lassen. »Als ich ihr den Eintritt in den Karmel nicht länger verbieten konnte, wegen der damaligen Verhältnisse im Dritten Reich (Judenfrage)«, schreibt Raphael Walzer, »schritt sie zur Verwirklichung ihrer Träume. Sie hörte die Stimme des Allerhöchsten und folgte ohne zu fragen, wohin der Weg sie führte.«[36] Sie war bereit, das Mysterium des Kreuzes mit ihrem eigenen Leben zu ergründen.

In dem schon erwähnten Text mit dem schlichten Titel »Das Weihnachtsgeheimnis«, den sie in den ersten Januartagen des Jahres 1931 in Beuron schrieb[37], mahnen schon kurz nach einer Einleitung, die einem Festchoral gleich den Zauber der Weihnacht aufklingen lässt, wie er uns aus der Natur, aus Bräuchen und Liturgie entgegentritt, dunkle Klänge die Nähe von Krippe und Kreuz an: »*Der Stern von Bethlehem ist ein Stern in dunkler Nacht, auch heute noch*«[38] Wenig später benennt Edith Stein das Dunkel als »*Nacht der unbegreiflichen Verhärtung und Verblendung*«.[39]

Unwillkürlich denken wir heute da wohl alle an die politische Situation der

[36] In: Glaubenszeugin, S. 143.
[37] Ausarbeitung eines Vortrages, den sie am 13. Januar 1931 in Ludwigshafen hielt.

damaligen Zeit und das sich immer bedrohlicher zusammenbrauende Unheil. Es sollte schließlich durch Menschen unseres Landes dem Leben von 6 Millionen Juden – unter ihnen Edith Stein und ihre Schwester Rosa – in der Shoah ein so schreckliches Ende bringen.
Ob auch Edith Stein, als sie diese Worte 1931 schrieb, schon an die politische Situation dachte, wissen wir nicht. Doch da sie schon 1930 beim Abzug der französischen Truppen aus der Pfalz gesagt hat, »*Sie werden sehen, jetzt setzt erst eine Judenverfolgung ein und dann eine Kirchenverfolgung*«[40], ist dies durchaus denkbar.[41] Sicher hat auch der Kontakt zu Erzabt Raphael – »sein politischer Spürsinn wurde ihm später zum Verhängnis«[42] – dazu beigetragen, dass sie früher als die meisten ihrer Zeitgenossen die politische Lage klarsichtig einschätzen konnte.
Doch es ist zuletzt unwesentlich, ob in den dunklen Klängen des Weihnachtsgeheimnisses schon die politische Verdunkelung mitschwingt. Wird das »Folge mir« auf dem Grund des Menschseins vernommen, angenommen, entzündet es eine Bereitschaft und Kraft zu Letztem, Höchstem, oder sagen wir es aus umgekehrter Perspektive: zu Schrecklichstem, Niedrigstem, zum Kreuz. Diese Bereitschaft eben klingt, wenn auch leiser noch als in ihren späteren Schriften, in den Worten Edith Steins schon 1931 auf. »An der Krippe selber vollzieht sich die Trennung der Gefolgschaft: jener guten Willens und jener eines finsteren Willens. Die schwere Wahrheit dieser Entscheidung an der Krippe reicht... in eine Entscheidung zwischen Leben und Tod zwischen Licht und Finsternis...«[43]
Im »Weihnachtsgeheimnis« wie in ihrem Leben bleibt Edith Stein nicht bei der – wenn auch noch so tief empfundenen und beglückenden – »seligen Erfüllung« stehen, sondern zeichnet den Weg nach, der »*von Bethlehem unaufhaltsam nach Golgatha*«[44] führt; geht schon den Weg »*von der Krippe zum Kreuz*«[45] ohne zu

[38] Sr. Teresia Benedicta a Cruce (Dr. Edith Stein): Das Weihnachtsgeheimnis, Karmel Maria vom Frieden, Köln, 1950, S. 5 (nachfolgend aufgeführt unter dem Stichwort: **Das Weihnachtsgeheimnis**).
[39] Ebd., S. 8.
[40] Zu Uta Freiin von Bodman, in: Glaubenszeugin, S. 155.
[41] Zu diesem Passus gibt Sr. Amata Neyer aus dem Karmel Köln in einem Brief vom 6.5.1998 Folgendes zu bedenken: »Frau v. Bodman hat (aber) diese Bemerkung erst in hohem Alter (über 80 J.) gemacht. Ob sie sich nicht doch vielleicht geirrt hat? Sie hat Edith Stein ja auch später noch getroffen, auch im Karmel noch. Konnte Edith Stein 1930, also in der Weimarer Republik, als der Truppenabzug durch Speyer erfolgte, an eine Juden- und Kirchenverfolgung denken? Sie, die noch in Münster schrieb: ›Angriffe auf Kirche und Klöster fürchte ich vorläufig nicht, weil die Regierung ja auf Millionen ihrer eigenen katholischen Wähler Rücksicht zu nehmen hat.‹ Dies ist ein Brief an Elly Dursy vom 15.3.1933; der Brief war bisher unveröffentlicht... Edith Stein hätte sich mit diesen Worten selbst gegenüber 1930 widersprochen. Kurz, ich glaube nicht, dass die von Uta v. Bodman überlieferte Bemerkung so früh gefallen ist. Dagegen könnte sie etwa zur Feier der Einkleidung gefallen sein, also 1934. Ich weiß aus eigener Erfahrung – obschon noch nicht 80 Jahre alt –, wie leicht man sich nach vielen Jahren im Zeitgefühl irrt.«
[42] Köhler, Joachim, in: Glaubenszeugin, S. 105.
[43] Gerl, Hanna-Barbara in der Einleitung zu: Edith Stein, Das Weihnachtsgeheimnis, Freiburg/Basel/Wien (Herder) 1988, S. 26.

diesem Zeitpunkt wissen zu können, wie nah zeitlich gesehen beides in ihrem Leben einmal beieinander gelegen haben wird.

Wohin das Jesus-Wort <Folge mir> »*uns auf dieser Erde führen will, das wissen wir nicht und sollen wir nicht vor der Zeit fragen. Nur das wissen wir, dass denen, die den Herrn lieben, alle Dinge zum Guten gereichen. Und ferner, dass die Wege, die der Heiland führt, über diese Erde hinausgehen*«.[46] »*Wer Christus nachgeht, der muss das ganze Christus-Leben durchleben… er muss einmal den Kreuzweg antreten nach Gethsemane und Golgatha.*«[47] Auch ein gutes Jahr später liegt das Geheimnis ihrer Kreuzesnachfolge für Edith Stein noch im Verborgenen, wenn sich auch durch das politische Geschehen schon Konturen herauszubilden beginnen, die sie mit nüchterner Wachheit wahrnimmt und mit der ihr eigenen Unbedingtheit zu füllen bereit ist: »*Leiden und sterben*«, so hatte sie 1931 in Beuron geschrieben, »*muss jeder Mensch. Aber wenn er lebendiges Glied am Leibe Christi ist, dann bekommt sein Leiden und Sterben durch die Gottheit des Hauptes erlösende Kraft. Das ist der objektive Grund, warum alle Heiligen nach Leiden verlangt haben. Das ist keine krankhafte Lust am Leiden. Den Augen des natürlichen Verstandes erscheint es zwar als Perversion. Im Licht des Erlösungsgeheimnisses erweist es sich jedoch als höchste Vernunft.*«[48]

Der Glaube an die erlösende Kraft des Leidens hatte sie jedoch nicht zu Passivität, Fatalismus oder gar pervertierter Leidenssehnsucht verführen können. Über die Sehnsucht nach dem Himmel wandte sie ihren Blick nicht von der Erde. So hatte sie sich zu Beginn des Jahres 1933 entschlossen, den Papst um eine Enzyklika zur Judenfrage zu bitten. »*Ich hatte in den letzten Wochen immerfort überlegt, ob ich nicht in der Judenfrage etwas tun könnte,*« schreibt sie im Kölner Karmel. »*Schließlich hatte ich den Plan gefasst, nach Rom zu fahren und den Heiligen Vater in Privataudienz um eine Enzyklika zu bitten. Ich wollte aber einen solchen Schritt nicht eigenmächtig tun… Seit ich in Beuron eine Art klösterliche Heimat gewonnen hatte, durfte ich in Erzabt Raphael <meinen Abt> sehen und ihm alle Fragen von Belang zur Entscheidung vorlegen.*«[49] Der Plan scheiterte.[50] Statt der erbetenen Privataudienz gewährte man ihr nur eine Audienz in kleiner Gruppe. So verzichtete sie auf die Reise nach Rom und legte stattdessen ihr Anliegen in einem Brief dar[51]. Sie selbst schreibt dazu: »*Ich weiß, dass mein Brief dem Heiligen Vater versiegelt übergeben worden ist, – ich*

[44] Das Weihnachtsgeheimnis, S. 20.
[45] Ebd., S. 20.
[46] Ebd., S. 9.
[47] Ebd., S. 14.
[48] Ebd., S. 15.
[49] Stein, Edith: Wie ich in den Kölner Karmel kam, Würzburg (Echter) 1994, S. 12.
[50] Am Tag, nachdem ich diesen Text geschrieben hatte, erschien auf der ersten Seite der Tageszeitung die Nachricht: »Nach langer Vorbereitung wird an diesem Montag das mit Spannung erwartete vatikanische Dokument über die Mitverantwortung der Katholiken an der Judenvernichtung während des 2. Weltkrieges

habe auch einige Zeit danach seinen Segen für mich und meine Angehörigen erhalten. Etwas anderes ist nicht erfolgt. Ich habe aber später oft gedacht, ob ihm nicht dieser Brief noch manchmal in den Sinn kommen mochte. Es hat sich nämlich in den folgenden Jahren Schritt für Schritt erfüllt, was ich damals für die Zukunft der Katholiken in Deutschland voraussagte.«[52] Auf der Reise von Münster nach Beuron, wo sie die Kar- und Ostertage verbringen und mit Erzabt Raphael Walzer über ihren Plan, nach Rom zu fahren, sprechen wollte, hatte sie während einer Abendandacht in Köln eine tiefe Erfahrung. Sie berichtet dazu: *»Es war der Vorabend des ersten Freitags im April, und in diesem <Heiligen Jahr> 1933 wurde an allen Orten das Gedächtnis des Leidens unseres Herrn besonders feierlich begangen. Um acht Uhr abends fanden wir uns zur Heiligen Stunde im Karmel Köln-Lindenthal ein… Ich sprach mit dem Heiland und sagte Ihm, ich wisse es, dass es Sein Kreuz sei, das jetzt auf das jüdische Volk gelegt werde. Die meisten verstünden es nicht. Aber die es verstünden, die müssten es im Namen aller bereitwillig auf sich nehmen. Ich wolle das tun. Er solle mir nur zeigen, wie. Als die Vision zu Ende war, hatte ich die innere Gewissheit, dass ich erhört sei. Aber worin das Kreuztragen bestehen sollte, wusste ich noch nicht.«*[53]

Uns, die wir es wissen, berühren die Worte Edith Steins, mit denen sie das in Beuron verfasste »Weihnachtsgeheimnis« abschließt, als habe auf dem Grund des Nichtwissens ein tiefes Wissen geruht – unvergleichlich tiefer als jedes Vorausahnen oder -schauen es sein kann, weil letzteres den Blick nach außen richtet, während jene Gewissheit im Brennpunkt des inneren Menschen sich bildet, dessen Aufmerksamkeit sich nährt an der Stille in Gott. Die Bereitschaft, was immer geschehen mag, aus Gottes Händen zu nehmen, der Glaube an die erlösende Kraft des Leidens und die vorbehaltlose und radikale Hingabe all dessen, was Hindernis sein könnte auf dem Weg zum wahren Himmel, haben Edith Stein immer tiefer in die Selbstentäußerung geführt, in der nur eines noch gilt: eins zu werden mit dem Willen des Vaters.

»So stelle ich mir auch ihre Kreuzesliebe und Sehnsucht nach dem Martyrium

veröffentlicht.« Es solle mit diesem Dokument, hieß es weiter, »ein Schlussstrich unter die lang andauernde Kontroverse über das Schweigen der Kirchenspitze angesichts des vom Hitler-Regime und seinen Helfern verübten Massenmordes an den Juden gesetzt werden«. (Badische Zeitung, 16.3.1998). – Zu den Hintergründen über das Ausbleiben einer Enzyklika gegen den Antisemitismus siehe: Nota, J. H.: Edith Stein und der Entwurf für eine Enzyklika gegen Rassismus und Antisemitismus, in: Glaubenszeugin, S. 109 ff.

[51] Hinweise deuten darauf, dass sich dieser Brief im Archiv des Vatikanischen Staatssekretriats befindet. Es laufen zur Zeit Bemühungen, ihn einer Publikation zuzuführen.

[52] Stein, Edith: Wie ich in den Kölner Karmel kam, Würzburg (Echter) 1994, S. 14. Nach zuverlässiger Information wurde dieser Brief Pfingsten 1933 von Raphael Walzer persönlich in Rom Papst Pius XI. übergeben, als sich der Erzabt dort zu Gesprächen aufhielt.
Anmerkung d. Hg.: Zu den neuesten Erkenntnissen vgl. in diesem Band: Katharina Oost, »Die Verantwortung fällt auch auf die, die schweigen«, S. 181 ff.

[53] Stein, Edith: Wie ich in den Kölner Karmel kam, Würzburg (Echter) 1994, S. 12 und 14.

Dr. Raphael Walzer wie Edith Stein ihn kannte.

nicht als eine allzu bewusste Geisteshaltung vor, die in geformten Wünschen und Gebetsmeinungen zum Ausdruck gekommen wären, sondern eher als eine tief im Seelengrund verwurzelte Bereitschaft, dem Herrn überall zu folgen«, schreibt Raphael Walzer[54], der später ebenfalls Opfer des nationalsozialistischen Unrechtsystems werden sollte, wenn auch in ganz anderer Weise als Edith Stein.[55] Die genaueren Vorgänge um das Schicksal Erzabt Raphael Walzers liegen bis heute weitgehend im Dunkel.

»Ich glaube nicht, dass sie es absichtlich unterlassen hat, sich um eine rechtzeitige Flucht in die Schweiz zu bemühen, um einem grausamen Tod zu entgehen. Im schlichten Gehorsam hätte sie eine solche Lösung angenommen. Doch andererseits kümmerte sie sich auch nicht um die Durchführung des Planes, immer getragen von einer heiligen Wunschlosigkeit und Ergebung in den allerhöchsten Willen .«[56]

»*Auf den Lichtglanz, der von der Krippe ausgeht*«, mit diesen Worten schließt Edith Stein ihre Gedanken zum Weihnachtsgeheimnis, »*fällt der Schatten des Kreuzes. Das Licht erlischt im Dunkel des Karfreitags, aber es steigt strahlender auf als Strahlensonne am Auferstehungsmorgen. Durch Kreuz und Leiden zur Herrlichkeit der Auferstehung ist der Weg des Fleisch gewordenen Gottessohnes. Mit dem Menschensohn durch Leiden und Tod zur Herrlichkeit der Auferstehung zu gelangen, ist der Weg für jeden von uns, für die ganze Menschheit.*«[57]

Für Edith Stein führte dieser Weg 1942 in das Vernichtungslager Auschwitz.

[54] Endres, Elisabeth: Erzabt Raphael, Baindt/Ravensburg 1988, S. 318.
[55] Siehe dazu: Köhler, Joachim: Edith Stein – Ein Opfer des Nationalsozialismus, in: Glaubenszeugin, S. 105 f.
[56] Endres, Elisabeth: Erzabt Raphael, Baindt/Ravensburg 1988, S. 318. – Raphael Walzer wusste offenbar zum Zeitpunkt dieser Aussage noch nicht, dass sich Edith Stein für sich und ihre Schwester Rosa um eine *legale* Übersiedlung in den Schweizer Karmel Le Paquier bemüht hat. Dieses Vorhaben scheiterte an der Ablehnung der Schweizer Fremdenpolizei.
[57] Das Weihnachtsgeheimnis, S. 21.

Lauda Sion[58]

Deinen Heiland, Sion, preise,
Lobe Ihn in Wort und Weise,
Der dir Hirt und Führer ist.

Was du kannst, das sollst du wagen;
Ihm gebührend Lob zu sagen,
Man vergebens sich vermisst.

...

Guter Hirt, Du wahre Speise,
Dich barmherzig uns erweise,
Nähre uns auf unsrer Reise,
Deine Güter, Jesu, weise
Uns im wahren Lebensland.

Du, der alles weiß und leitet,
Hier im Todestal uns weidet:
Dort, wo licht Dein Reich sich breitet,
Sei uns Los und Tisch bereitet
In der Heiligen Verband. Amen.

Alleluja.

[58] Anfangs- und Schlussverse der Sequenz in der Übertragung E. Steins (siehe Fußnote 4).

2. Edith Stein zum Gedächtnis

*Paulus Gordan OSB**

Der lähmende Eindruck des Entsetzens, den die Tatbestandsaufnahme des Eichmannprozesses hervorgerufen hat, kann nur wirksam exorzisiert werden durch Gebet und Opfer. Beides finden wir in der Gestalt der Karmelitin, Schwester Teresia Benedicta a Cruce, wie EDITH STEIN mit ihrem Ordensnamen hieß, um so eindrucksvoller inkarniert, als sie selbst jenem Volke, oder wie Eichmann sich ausgedrückt hätte: jener »Rasse« angehörte, dem die systematische Ausrottungspolitik der mörderischen Schreckensherrschaft galt und der sie selbst schließlich zum Opfer fiel. Im Jahre 1961 hätte sie ihr siebzigstes Lebensjahr vollendet, der 1. Januar dieses Jahres lädt zum Gedenken der vierzigsten Wiederkehr ihres Tauftages ein. Wir bringen aus diesem Anlass den Neudruck eines längst vergriffenen Aufsatzes der Karmelitin, wahrscheinlich aus dem Jahre 1936, der seinerzeit ohne Jahresangabe als Heft 4 in einer vom Verlag Bonifacius-Druckerei, Paderborn, veröffentlichten Schriftenreihe »Vom Strom des Lebens in der Kirche« unter dem Titel »DAS GEBET DER KIRCHE« erschienen ist.
Dieser Aufsatz bietet außer dem bleibenden Wert der religiösen Aussage selbst zugleich so etwas wie eine innere Biographie seiner Verfasserin, die ja selbst aus der flammenden Begeisterung für das liturgische Gotteslob der Kirche, wie sie es so oft und innig in Beuron mitgefeiert hat, hineingewachsen ist in die stille, läuternde und glühende Gebetsmystik des Karmel, dessen große Reformatorin Teresa von Avila der philosophischen Wahrheitssucherin Edith Stein in ihrer Lebensbeschreibung den Weg zu einer höheren WAHRHEIT einst gewiesen hatte.

Dem Text von Edith Stein lassen wir eine biographische Studie über die große Frau folgen, die durch ihre liebende Einwilligung in den kreuzigenden Willen Gottes ihr hohes Menschenmaß erst eigentlich erfüllt und zugleich transzendiert hat in die Dimension der Heiligkeit. Denn Gott hat sie um ihrer eignen Wahrhaftigkeit willen beim Wort genommen, – bei so vielen frommen und opferseligen Worten, wie sie von ihr, wie von Karmelitinnen und anderen Klosterfrauen ehrlichen Herzens oft und oft ausgesprochen wurden und werden, – hier aber wurde Ernst gemacht bis zum Letzten und Äußersten.
Die Frage, wie so viel Entsetzliches geschehen konnte und welche Bedeutung ihm wohl innewohne, lässt sich angesichts eines solchen Schicksals nicht zurückdrängen. Der Aufsatz von P. Thomas Sartory »Christliche Schuld an den Juden«

*Erbe und Auftrag 38 (1962), Heft 1, S. 27 ff.

wird versuchen, von einer bestimmten Seite und unter dem Gesichtspunkt, der uns vor allem angeht, eine Antwort ahnen zu lassen. Dazu noch zwei Bemerkungen, die uns wichtig scheinen; beide betreffen Edith Steins Stellung zum Judentum.

1. In den meisten Biographien Edith Steins wird von dem jüdischen Volk, dem sie angehörte, in der Weise gesprochen, wie die Nazis die Welt zu sprechen und zu denken gelehrt haben; in Wahrheit hat sich Edith Stein von Ur- und Bildungserlebnis her durchaus als Deutsche gefühlt und in ihrer ursprünglichen religiösen und »rassischen« Zugehörigkeit zu Israel nichts gesehen, was ihr Vaterlands- und Staatsgefühl beeinträchtigt hätte. Diese psychologische und historische Situation ist heute nur noch schwer zu rekonstruieren; Tatsache aber ist, dass die deutschen, »assimilierten« Juden ganz allgemein, und die schlesischen machen davon keine Ausnahme, sich nicht etwa nur als loyale Minderheit fühlten, sondern wirklich als Glieder des deutschen Kultur- und Lebensraumes. Mit Leidenschaft nahmen sie unter Opfern an Zeit, Geld und Kraft an dem Plebiszit in Oberschlesien zugunsten Deutschlands teil[1]; deutsches Geistesleben war die Luft, die sie atmeten, wie es auch die Atmosphäre wurde, die sie selber ausstrahlten. Abgesehen von den damals noch seltenen Zionisten, fühlten sie sich als Religionsgemeinschaft, nicht aber als Volksgruppe im ethnisch-nationalen Sinn. Man kann, so paradox das auch vielleicht klingen mag, ihre Einstellung zum und auch ihre Absonderung vom Volksganzen am ehesten mit dem Standes- und Sippengefühl des Adels vergleichen, der sich ja auch führend und dienend dem Ganzen der Nation verpflichtet wusste, zugleich aber ein gewisses Überlegenheitsgefühl der Andersartigkeit bewahrte und, auch darin den Juden ähnlich, auf besondere Weise international verflochten war.

2. In Edith Steins Munde hat, auch und vor allem nach ihrer Taufe und selbst noch unter dem Grauen der Verfolgung, das Wort »mein Volk« einen durchaus *religiösen* Sinn; sie hat nicht etwa nach ihrer Ausstoßung aus der Gemeinschaft des deutschen Volkes so etwas wie eine jüdische Volks- oder Staatsangehörigkeit angenommen. Dergleichen gab es damals noch nicht, und es wäre auch gar nicht in ihren Gesichtskreis gekommen. Sie lässt dem Worte »Volk« in diesem Zusammenhang seinen heilsgeschichtlichen Sinn, der sich mit einem weltlich-diesseitigen nicht deckt, sondern weit darüber hinausliegt. Das ist die Bedeutung ihres Gebetes um die Bekehrung Israels und ihres Opfers für »ihr Volk«. Freilich müssen wir heute sagen, dass ihre hochherzigen und erschüttert-erschütternden Äußerungen (etwa am Tage des Synagogenbrandes: »Das ist der Schatten des Kreuzes, der auf mein Volk fällt! O wenn es doch zur Einsicht käme! Das ist die Erfüllung des Fluches, den mein Volk auf sich herabgerufen hat!«[2]) eine nicht

[1] Maria Bienias, Das Lebensopfer der Karmelitin Edith Stein, Brentano-Verlag, Stuttgart (Sonderdruck aus dem schlesischen Priesterjahrbuch 1961), S. 4.

durchgeklärte Theologie verraten und von vorgeprägten, aber nicht selbständig angeeigneten Formeln bestimmt sind. Wenn der hl. Paulus sagt, Gott wollte den Heiden das Heil zuwenden, um Israel »zur Eifersucht zu reizen« (Röm 11,11), dann kann ja wohl der grauenvolle Höllenbrand der Verfolgung nicht gerade das geeignete Mittel dazu sein. Auch dass die Kreuzigung Jesu wie eine Kollektivschuld auf den Juden aller Zeiten laste und sie darum verflucht seien, so dass alles Böse, was man ihnen zufügt, eigentlich zu Recht geschähe, kann sie im Ernst kaum gemeint haben. Die »Schuld« der Juden ist ihr Unglaube; die abgrundtiefe Bosheit ihrer (christlichen!) Verfolger aber »entschuldigt« sie fast: denn wie sollen sie an die Liebes- und Erlösungskraft Christi glauben, wenn die, welche sich nach Christus nennen, dem älteren Brudervolk des Gottesbundes das Zeugnis erlösender Liebe selbst schuldig bleiben? Edith Stein, die bereitwillig die Sühne für ihr eignes »Volk« auf sich nahm, hat, vielleicht ohne es klar zu wissen, nach dem Beispiel Christi selber mehr noch die Schuld ihrer und ihres Volkes Verfolger auf sich genommen. Dass dieser ihr doppelter Liebestod unbezeugt geblieben ist – im Sinne aktenkundiger Protokolle –, mag vielleicht den hauptamtlichen Funktionären des Kanonisationsprozesses Schwierigkeiten machen; der Kraft ihres Zeugnisses selbst geschieht durch diese letzte, echt karmelitische Verborgenheit keinerlei Eintrag.

[2] Bienias, a. a. O. S. 24.

3. Edith Stein und das Beten der Kirche

Gedanken zu ihrer Seligsprechung am 1. Mai 1987

*Maria Amata Neyer OCD**

Edith Stein hat in ihrem Bericht »Wie ich in den Kölner Karmel kam – ein Beitrag zur Chronik des Kölner Karmel« – die Worte geschrieben: »...ich betrachtete Beuron wie den Vorhof des Himmels«.[1] In den Jahren, als Edith Stein Beuron oft besuchte, war P. Dr. Raphael Walzer Erzabt der Abtei. Auch von ihm besitzen wir einen Bericht; in ihm stellt er die Frage: »Worin bestand für Edith Stein die eigentliche Anziehungskraft Beurons?«[2] Und er gibt die Antwort, es sei die hochliturgische Form gewesen, in der das monastische und gottesdienstliche Leben der Abtei Gestalt gewonnen hatte.

Wir wollen uns zunächst daran erinnern, was unter »Liturgie« zu verstehen ist. Das Wort ist griechischen Ursprungs. Zur Zeit der klassischen Stadtstaaten bezeichnete *leiturgía* einen zum Wohl des Volkes übernommenen Dienst. Das Wort ist in die griechische Bibel eingegangen und bezeichnet im Alten Testament den kultischen Dienst, den Priester und Leviten in Vertretung und zum Wohl aller zu verrichten haben. Ebenso fand der Begriff im Neuen Testament Eingang zur Bezeichnung des vom kirchlichen Amtsträger geleiteten Gottesdienstes. Da die ersten Christen weiterhin Tempel und Synagoge besuchten, beschränkte sich die spezifisch christliche Liturgie zunächst auf die Eucharistiefeier. Nachdem das Judentum sich von den Christen distanziert hatte, bildete die Frühe Kirche langsam eine umfangreiche Eigenliturgie aus, die nun neben der Eucharistiefeier alles umfasste, was öffentlicher und offizieller Gottesdienst war: Gemeindegebete morgens, mittags und am Abend (woraus das spätere Stundengebet entstand). Besonders intensiv setzte dieser Vorgang ein, nachdem die Kirche unter Kaiser Konstantin volle äußere Freiheit und staatliche Anerkennung fand. Dass in die Gestaltung der Gotteshäuser und der liturgischen Kleidung, in das Zeremoniell, in den sprachlichen Ausdruck, ja sogar in die Gedankenführung liturgischer Texte manche Elemente aus der damaligen Umwelt, nämlich der römischen und hellenistischen Spätantike, mit einflossen, kann auch der Laie heute noch feststellen. Diese Zusammenhänge waren Edith Stein völlig vertraut.

Die Kirche, in die Edith Stein durch die Taufe aufgenommen wurde – am 1. Januar 1922 –, war die vorkonziliare Kirche. Dies Wort ist als Zeit- und Standortbestimmung gemeint: es war die Kirche *vor* dem II. Vatikanischen Konzil. In den christlichen Ländern war dies eine Kirche, in die fast alle Menschen bald

* Erbe und Auftrag 62 (1986), Heft 6, S. 409 ff.

[1] »Wie ich in den Kölner Karmel kam«, Edith-Stein-Archiv Köln: B I 14.

[2] Bericht von Raphael Walzer, Edith-Stein-Archiv Köln: G I 16/47.

nach der Geburt hineingetauft wurden. Millionen von Schulkindern besuchten rein katholische Schulen. Sie wurden regelmäßig zur Beichte, dann zur Erstkommunion und zur Firmung geführt. Viele fromme Vereine und Kongregationen entstanden. Fast alle karitativen Einrichtungen konnten von ihnen betrieben werden. Auch die Priesterberufe im Diözesanklerus stiegen auf eine Höchstzahl. Sechs und mehr Sonntagsmessen nebst den verschiedensten Andachten in den Pfarrkirchen waren nichts Seltenes; selbstverständlich wurde man kirchlich getraut und beerdigt.
Diese »Volkskirche«, in der Ungezählte nie eine wirkliche Entscheidung für ihren überkommenen Glauben treffen mussten – diese Kirche hat Edith Stein vermutlich relativ spät kennen gelernt. Ich habe das Gefühl, dass sie sie nie ganz verstanden hat, sondern unter Schmerzen zur Kenntnis nehmen musste, dass es auch sie gab: Millionen von Taufscheinchristen, die zum großen Teil dennoch »Kirchgänger« waren. Edith Stein selbst war ja auf ganz anderem Wege Katholikin geworden. Ihr Entschluss zur Taufe, im 31. Lebensjahr vollzogen, war aus echter, persönlich errungener Entscheidung erwachsen. In diesem Sinn gehört sie als Glaubende ganz in *unsere* Zeit.
Edith Stein hat in ihren Aufzeichnungen in Bezug auf den Ersten Weltkrieg (1914–1918) die Sätze niedergeschrieben: »Wer im Krieg oder nach dem Kriege herangewachsen ist, der kann sich von der Sicherheit, in der wir bis 1914 zu leben glaubten, keine Vorstellung machen. Der Friede, die Festigkeit des Besitzes, die Beständigkeit der gewohnten Verhältnisse waren uns wie eine unerschütterliche Lebensgrundlage.«[3] Sicher ließe sich Ähnliches auch vom damaligen kirchlichen Leben sagen. (So meinte beispielsweise der auf andern Gebieten großartige Kardinal Graf von Galen, dem Philosophen Peter Wust sagen zu müssen, sein Buch »Ungewissheit und Wagnis« eigne sich nicht zur Lektüre für seine Theologiestudenten: der Glaube sei weder Ungewissheit noch Wagnis.)[4]
Es ist oft beklagt worden, dass sich die katholischen Christen vor dem Ersten Weltkrieg in ein Ghetto hatten drängen lassen oder sich zum Teil selbst hineinmanövriert hatten. In dieser Abwehrstimmung waren sie vom geistig-kulturellen Leben und von fast jeder öffentlichen Verantwortung in beängstigender Weise abgeschnitten. Dieser Ruf der Ghettomentalität und des »Bildungsdefizits«, der den Katholiken noch lange anhaftete, war bei der Konversion Edith Steins das besondere Entsetzen ihrer Geschwister, die ja, anders als ihre Mutter, von Glaubensbedenken weniger erregt waren: Es gab im Freundeskreis der Familie Stein keinen einzigen gebildeten Katholiken!
Als mit der Katastrophe von 1918 auch das liberale Umfeld dieses Ghettos ins Wanken kam und Europa sich auf geistige Kräfte für einen neuen Aufbruch zu besinnen versuchte, setzte auch unter den deutschen Katholiken ein Umschwung

[3] Edith Steins Werke, Bd. VII. 2. (erw.) Aufl. 1985, S. 262, Druten und Freiburg-Basel-Wien.
[4] Peter Wust, Gesammelte Werke, Bd. VIII, S. 82, Münster 1967.

Beuron um 1910.

ein. Männer und Frauen, die sich zur Mitarbeit berufen fühlten, schufen sich das geeignete Instrument für ihre Bestrebungen in Zusammenschlüssen und Bewegungen, die zu wirkmächtigen Strömungen im deutschen Raum wurden. Soweit Edith Stein später mit ihnen befasst war, wären etwa zu nennen: die katholischen Jugendbünde wie Neudeutschland oder Quickborn (Burg Rothenfels, Guardini); die großen Pfarrverbände unter Ludwig Wolker (1887–1955); der katholische Akademikerverband mit seinem genialen Inspirator Franz Xaver Münch (1883–1940); ferner die großen katholischen Frauenvereinigungen mit hervorragenden Führungsgestalten an der Spitze. Es seien nur aufgeführt: Maria Schmitz (1891–1962), Gerta Krabbel (1881–1961) und Helene Weber (1891–1962), die Edith Stein alle persönlich kannte und die ihrerseits Edith Stein hoch schätzten und sie förderten. Ohne Übertreibung lässt sich sagen, dass Edith Stein mit ihrer Taufe in katholische Kreise kam, die man als Elite bezeichnen darf. Es waren Kreise gläubiger, kirchlich engagierter Menschen, die der geschilderte Aufbruchs- und Erneuerungswille beseelte. Sie alle hatten die damals auf dem Höhepunkt stehende »Liturgische Bewegung« aufgegriffen und sich mit fast unglaublichem Elan zu Eigen gemacht. Eine wahre Erweckung liturgischen Lebens zog

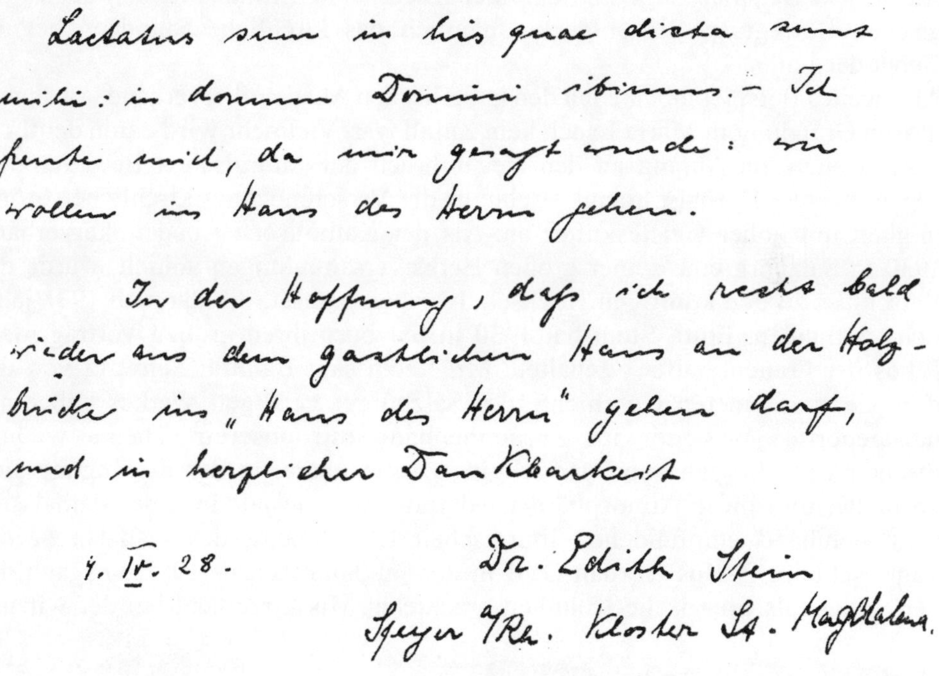
Laetatus sum in his quae dicta sunt mihi: in domum Domini ibimus. – Ich freute mich, da mir gesagt wurde: wir wollen ins Haus des Herrn gehen.

In der Hoffnung, daß ich recht bald wieder aus dem gastlichen Haus an der Holzbrücke ins „Haus des Herrn" gehen darf, und in herzlicher Dankbarkeit

4. IV. 28. Dr. Edith Stein
Speyer / Rh. Kloster St. Magdalena.

Erste Eintragung Edith Steins ins Gästebuch der Privatpension Mayer an der Holzbrücke von Beuron.

immer weitere Kreise, ohne dass zunächst diese Breitenwirkung den Ernst und die Tiefe der Bewegung hätte schwächen können.
Wie ernst es diese Begeisterung meinte, hat sich in der nationalsozialistischen Zeit gezeigt. Ich möchte zwei Beispiele herausgreifen, die ich Edith Steins Aufzeichnungen entnehme. Kurz nach der »Machtergreifung« schrieb Edith Stein:

> »Ich glaube, dass den katholischen Jugendbünden jetzt eine größere Aufgabe zukommt als je zuvor. Aber ich verspreche mir wenig von einer Organisation von oben. Es muss aus der Jugend selbst kommen.«[5]

Und es kam. Der Zusammenhalt gerade der jungen, glaubens- und kirchentreuen Katholiken wäre ohne die gemeinschaftstiftende Kraft der Liturgischen Bewegung in diesen Kreisen kaum denkbar gewesen. Die Jugend war es, die die Deutsche Komplet zum liturgischen Allgemeingut machte. In der schlimmsten Zeit nationalsozialistischer Bespitzelungen und in der ärgsten Not täglicher Bombenangriffe ist sie in Krypten und Turmzimmern, in Privatwohnungen bzw. -kellern von unzähligen Jugendgruppen immer und immer wieder als das Abendgebet der Kirche gesungen worden.
An diesem Beispiel zeigt sich eine der fruchtbarsten Entdeckungen der Liturgischen Bewegung. Sie entdeckte nämlich das kirchliche Stundengebet als Gebet der Laien.
Als zweites Beispiel möchte ich den katholischen Akademikerverband erwähnen, dessen Gründung in Maria Laach kein Zufall war. Vielmehr wird daran deutlich, dass er sich von Anfang an den Neuaufbruch der Liturgischen Bewegung zu Eigen machte. Darüber hinaus strebte er die Verschmelzung kirchlicher Frömmigkeit mit hoher Geisteskultur an. Als der Katholische Akademikerverband 1930 in Salzburg eine seiner großen Herbstversammlungen abhielt, wurde der Entschluss zu den künftigen Hochschulwochen gefasst, die dann ab 1931 jährlich stattfanden. Edith Stein hat 1930 in Salzburg ihren großen Vortrag »Das Ethos der Frauenberufe«[6] gehalten. Mit Recht sagt Balduin Schwarz von ihr, dass sie »zur inneren Geschichte des Salzburger geistigen Werkes unbedingt dazugehört«.[7] Was mir im Zusammenhang mit unserem Thema wichtig erscheint, ist die ganz und gar religiöse Atmosphäre, in der die Tagung sich abspielte, und diese Atmosphäre wiederum fand Gestalt in einer damals als atemberaubend empfundenen liturgischen Umrahmung des Ganzen. »Jeder Tag«, schreibt Paulus Gordan OSB in der Jubiläumsschrift 1981, »begann mit der damals als liturgische Kühnheit erachteten Missa recitata, bei der wir uns

[5] Brief an Callista Kopf OP vom 11. Juni 1933.
[6] Erstdruck: Haas & Grabherr, Augsburg 1931.
[7] Aus: »Christliche Weltdeutung – Salzburger Hochschulwochen 1931–1981«, hg. von Paulus Gordan OSB, S. 95, Kevelaer und Graz-Wien-Köln.

fast wie Verschwörer fühlten – mit ›Rom‹ im Konflikt, mit der Zukunft im Bunde.«[8] Und diese »Verschwörung« war im offiziellen Programm angekündigt! Balduin Schwarz fügt dem hinzu: »... und mit der allabendlichen Komplet wurde der Versuch gemacht, die Zuhörerschaft zu einer lebendigen Gebetsgemeinschaft zu formen, was etwas völlig Neues war.«[9] Dass solche Liturgie möglich wurde, hängt zweifellos damit zusammen, dass die Salzburger Veranstaltungen nicht ohne die Theologische Fakultät der Benediktiner von St. Peter zu denken sind. Die beiden führenden Männer der Hochschulwochen, Professoren der genannten Fakultät, waren Mönche aus den beiden »Hochburgen« der liturgischen Erneuerung: Aloys Mager (1883–1946) kam aus der Erzabtei St. Martin zu Beuron und Thomas Michels (1892–1979) kam aus der Abtei Maria Laach.

Mit der Einführung der »kühnen« Missa recitata war es gelungen, eines der Grundübel für die Entfremdung des Volkes vom Gottesdienst der Kirche bei der Wurzel zu packen, hatte sich doch gerade bei der Messfeier die Entwicklung von der Gemeinde- zur Klerusliturgie krass ausgewirkt. Die Eucharistie, einst das österliche Gedenken der um den Altar versammelten, mitbetenden, mitfeiernden, das Opfermahl Jesu miteinander teilenden Gemeinde, war oftmals herabgemindert zur stillen Privatmesse des Zelebranten. Nichts hinderte, dass solche Messen in beliebiger Zahl hinter- oder an Seitenaltären nebeneinander »gelesen« wurden, während die Gläubigen, private Gebete verrichtend, vom Kirchenschiff aus nur mangelhaft zu folgen vermochten. Die fehlende Sicht auf den Altar, das den meisten unverständliche Latein, das sehr seltene Kommunizieren verschlimmerten die Lage. Gewiss, der Geist weht, wo er will; auch bei solchen Praktiken hat er Heilige hervorgebracht. Im Ganzen aber musste das religiöse Leben schweren Schaden nehmen; dies zumal in Zeiten, in denen auch von außen her Kräfte ins Spiel kamen, die die Auflösung kirchlicher Ordnungen und die allgemeine Glaubensentfremdung begünstigten.

Hier griff nun die Liturgische Bewegung ein. Sie wollte, in einer von fortschreitender Entchristlichung bedrohten Welt, dem Volke die uralten Liturgieschätze der Kirche neu erschließen. Dabei ging sie von dem Gedanken aus, dass nur eine lebendige Begegnung mit dem erhöhten Herrn die Christusverbundenheit des Einzelnen und damit das Glaubensleben der Gemeinden erwecken kann. Das Mitfeiern der heiligen Geheimnisse im Laufe des Kirchenjahres, das Miteingehen in Christi Erlösungswerk durch die bewusste, wache Teilnahme an heiliger Messe und Kommunion, die Weihe des ganzen Tages durch Mitverrichten des kirchlichen Stundengebetes – das alles wird nun grundsätzlich auch dem einfachen Gläubigen zugänglich.

[8] A. a. O. S. 18.
[9] A. a. O. S. 91.

Die Liturgische Bewegung war nämlich in ihren Anfängen eng verknüpft mit einem »monastischen Frühling«. Der erste Keim dieses Aufblühens ist wohl dem Benediktiner Prosper Guéranger (1805–1875), dem Begründer und ersten Abt der französischen Abtei Solesmes, zu verdanken. Sein 15-bändiges Werk »Das liturgische Jahr« erschien schon vor der Jahrhundertwende in einer deutschen Ausgabe. Guérangers Hauptforschungsgebiet war der gregorianische Choral. So galt denn auch sein Anliegen zunächst der Pflege und Wiedereinführung dieses Chorals in den Abteien, dann aber auch allgemein der religiösen Neubelebung. Diese hoffte er auf dem Weg der Liturgie zu erreichen. Sein »Liturgisches Jahr« bringt neben der muttersprachlichen Übersetzung von bislang nur im Kirchenlatein gedruckten Texten umfängliche Erläuterungen aus den Väterschriften, aus kirchenhistorischen und archäologischen Forschungen, kurz, es erschien weiten Kreisen interessierter Laien wie ein Blick in neue Welten, und zwar – wohlgemerkt – nicht in eine Welt, die Kostbarkeiten darbietet wie ein Museum, sondern die jeden Einzelnen anruft, ihn im Innern packen und sein Leben formen will. Abt Prosper hat in einem feurigen Vorwort die Absichten seines Riesenwerkes darzulegen gewusst. Edith Stein ist mit diesem zuweilen recht streitbaren Urahnen der Liturgischen Bewegung spätestens im Kölner Karmel bekannt geworden, wo vor allen kirchlichen Festen bei Tisch aus dem klassischen Werk Guérangers vorgelesen wurde.

Guérangers Arbeiten fanden bald Fortsetzer auf deutschem Boden. Am 15. August 1884 schrieb Anselm Schott OSB (1843–1896), Mönch der Abtei Beuron, das Vorwort zur ersten Auflage seines Buches »Das Messbuch der heiligen Kirche«. Durch Jahrzehnte hindurch erlebte der »Schott« – von den Beuroner Benediktinern Pius Bihlmeyer und Sebastian Gögler später erweitert bis zum »Vollständigen Römischen Messbuch, lateinisch und deutsch« – Auflage um Auflage. Die 34. Auflage »Das Messbuch der heiligen Kirche«, 1929 von Pius Bihlmeyer OSB herausgebracht, bringt im Vorwort folgenden Passus: »Mit Sorgfalt wurden die Übersetzungen geprüft und zum Teil neu angefertigt. Die Vorlage zur Neuübersetzung der Sequenz Lauda Sion (S. 545) stammt von Dr. E. St.« In einem Brief vom 30.12.1975 schrieb mir der Bibliothekar der Abtei Maria Laach, P. Angelus Häußling, dem ich für zeitraubende Schott-Durchforstungen zu danken habe: An diesem Vorwort ist Dr. E. St., die Kürzung des Namens von Edith Stein, wie mir der Nachfolger von P. Pius Bihlmeyer in der Schott-Redaktion, P. Sebastian Gögler OSB, persönlich sagte.« P. Angelus meint, dass der Text von Edith Stein mit geringfügigen Änderungen gedruckt wurde. Dasselbe konnte auch ich feststellen, als ich die Handschrift Edith Steins mit der Schottfassung verglich.

Liturgische Institute, wie sie nach dem Zweiten Weltkrieg durch die Bischofskonferenzen in vielen Ländern gegründet wurden, gab es zur Zeit Edith Steins nicht. Als Mittelpunkt liturgiewissenschaftlicher Forschungen galt die Abtei

Maria Laach. Wir brauchen nur an die gelehrten Benediktinermönche Abt Ildefons Herwegen (1874–1946) und Odo Casel (1886–1948) mit ihren Spezialgebieten der Geschichte des alten Mönchtums und der Mysterientheologie zu denken. Ihre bekanntesten Werke erschienen zur Zeit des öffentlichen Wirkens Edith Steins: Herwegens Sammlung »Ecclesia orans«, Casels Jahrbuch für Liturgiewissenschaft, »Die Liturgie der Mysterienfeier« und »Das christliche Kultmysterium«. Noch weitere Verbreitung fanden wohl die volksliturgischen Arbeiten des Augustinerchorherrn Pius Parsch aus dem österreichischen Stift Klosterneuburg, dessen »Jahr des Heils« Edith Stein vermutlich im Kölner Karmel als Tischlesung gehört hat. Mit Maria Laach stand sie in Verbindung durch den Philosophen Petrus Wintrath OSB (1876–1962); ihr letzter Besuch vor ihrem Eintritt in den Orden der Karmelitinnen galt dieser Abtei (am 15. August 1933).

Neben dem schon mehrfach erwähnten Beuron stand sie auch mit andern Benediktinerabteien in freundschaftlichen Kontakten; sicher nachzuweisen ist das für Neuburg bei Heidelberg, für St. Joseph in Gerleve, St. Peter in Salzburg und Seckau in der Steiermark. An die Missionsbenediktiner von Münsterschwarzach hat sie offenbar eine regelmäßige Spende gesandt, denn es blieb ein reizendes Briefchen an sie aus der Abtei erhalten, datiert vom Eintrittstag Edith Steins in den Karmel (14. Oktober 1933), dessen Inhalt ich mitteilen möchte:

> »Sehr geehrtes Fräulein,
> über Ihre freundlichen Zeilen haben wir uns doch sehr gefreut. Dass Sie natürlich keinen Kosttag mehr geben können, sehen wir sehr leicht ein. Und wenn es Ihren ehrw. Oberen recht ist, dann senden wir das Missionsblättchen künftig an den Karmel in Köln-Lindenthal, und es würde uns freuen, wenn wir dann Ihren Klosternamen erfahren dürften. Im Gebete werden wir Sie nie vergessen, und Vater Abt sendet Ihnen zu dem mutigen Schritt den hl. Segen nebst freundlichen Grüßen. Und wir wünschen Ihnen Gottes reichsten Segen für Ihren ferneren Lebensweg, Gott segne Sie! Mit Gebetsbitte Ihr in Christo dankbarer gez. Missionsonkel v. M. Schwarzach.«[10]

Wir stellen uns von neuem die Frage, was Liturgie für Edith Stein bedeutet hat, dabei allerdings immer die Tatsache uns vor Augen haltend, wie wenig diese gottverbundene Frau über ihr inneres Leben uns mitgeteilt hat. Mit Sicherheit lässt sich erkennen, dass Edith Steins liturgischer Sensus – wenn dies Wort hier erlaubt ist – auf sehr frühes Kindheitserleben zurückgeht. Es ist heute allgemein anerkannt, dass in den ersten Lebensjahren aufgenommene Eindrücke sehr tief

[10] Edith-Stein-Archiv Köln, D II 27.

im Menschen haften und darüber hinaus die Neigung zeigen, selbst nach langen Jahren des Verdeckt- und Vergessenseins von neuem aufzuwachen, wenn sie durch entsprechende Erlebnisse dazu angeregt werden. Mit dem Ausdruck »liturgischer Sensus« soll gesagt sein, dass Edith Stein eine quasi-angeborene Sympathie, ein Gespür, eine selbstverständlich-freudige Neigung für Liturgisches hatte; sie war ihm ihr Leben lang von innen her aufgeschlossen, ohne dass es der denkend eindringenden Vorarbeit oder gar des mühsamen Aneignens bedurft hätte.

Nicht alle Christen haben diesen wie »angeborenen« Zugang zur Liturgie, auch nicht alle großen Heiligen. Edith Stein jedoch war in einem Elternhaus aufgewachsen, in dem Liturgisches zum täglichen Leben gehörte. Wir müssen beachten, dass die jüdische Liturgie sich keineswegs nur in der Synagoge abspielt – wo herrliche, uralte Gottesdienste gefeiert werden –, sondern zum bedeutenden Teil Haus- und Familienliturgie ist. Die Mutter Ediths war gläubige Jüdin und hielt die Aufrechterhaltung des liturgischen Brauchtums für ihre Pflicht, und es war ihr eine Freude und Herzenssache. Edith Stein hat von diesem Brauchtum in ihren Aufzeichnungen »Aus dem Leben einer jüdischen Familie«[11] erzählt. Zwar nicht ihr Dabeisein –, wohl aber ihre innere Anteilnahme hörte mit der Kindheit auf. So ist denn auch die von ihr geschilderte Freude am häuslich-liturgischen Geschehen recht kindhaft: Edith erwähnt zwar die weihevolle Stimmung im ganzen Haus mit den vielen Gebeten und Lichtern; sie erinnert sich auch an die innere Bewegtheit der Mutter, die an den Hochfesten lange Stunden in der Synagoge verweilte. Für ihre und ihrer Geschwister Vorfreude stand aber anderes eindeutig im Vordergrund: die willkommene Unterbrechung des Alltagslebens, die Schulfreiheit für die jüdischen Kinder, die an solchen Feiertagen Festkleider und neue Schuhe trugen und den ganzen Tag schöne Bücher lesen durften, endlich die feierliche Speisenfolge mit den besten Gerichten und feinem Gebäck. Doch auch die strengen Fasttage, der Genuss von »Ungesäuertem« (Brot) und von »Bitterkräutern« waren ihr wichtig und erwähnenswert.

Dass ihr das alles nicht als Last und Zwang im Gedächtnis blieb, sondern als heiliges Geschehen, wird man für ihren späteren religiösen Weg kaum überschätzen können. Und wenn es auch Frau Auguste Stein nie gelungen ist, ihren sieben erwachsenen Kindern den Reichtum jüdischer Spiritualität wirklich zu erschließen, so haben doch die liturgischen Feiern dazu beigetragen, einen aufgeschlossenen Sinn für heilige Riten und Zeremonien zu bewahren. Noch manche andere Begabungen Ediths scheinen aufs Elternhaus zurückzuverweisen. Jede Liturgie ist ja Gottesdienst in gebundener, gestalteter Form; ihre Handlungen sind vorgeordnet, der Stimmung, der Neigung oder gar Willkür der Feiernden entzogen; ihre Gedanken sind weithin in Sätze gefasst, die der freien Wortwahl

[11] Edith Steins Werke, Bd. VII, Druten und Freiburg-Basel-Wien 1985, S. 43 ff.

Grenzen setzen; noch ihr höchster Jubel, ihre tiefste Klage erscheinen gebändigt, eingefangen in geheiligte Grenzen – nicht beengend, sondern eher entlastend und befreiend. Solche Art zu beten, scheint Ediths Anlagen sehr entsprochen zu haben. Dass die Liturgien der Hochreligionen anspruchsvolle ethische Maßstäbe setzen, außerdem hohen künstlerischen Anforderungen genügen, musste ebenso ihren Neigungen entgegenkommen.

Ich vermute sogar, dass Edith Steins angeborene Empfänglichkeit für Liturgie wurzelverwandt ist mit ihrer schon in der Kindheit zutage tretenden Faszination durch klassische Bühnen- und Orchesterspiele. Von seinem Ursprung her ist ja Theater gar nicht denkbar ohne eine sakrale Welt. Noch die Mysterienspiele des Mittelalters zeugen davon, bis hin zu den Barockdramen der Jesuitenkollegien. Darüber hinaus dürfen wir vermuten, dass Edith Steins besondere Bereitschaft, sich von lebenswahr Geschautem und Gehörtem beeindrucken und mitreißen zu lassen, dabei Lebensschicksale gleichsam mitzuerleben, am Sieg des Menschenherzens in seinem Kampf um das Gute, Wahre, Heilige sich zu begeistern, von der Übermacht des Bösen, des Verführerischen, des Gewalttätigen sich ängstigen und sich darüber empören zu lassen – dass diese ausgeprägte Gabe wie eine Zubereitung ihres inneren Menschen zum Mitvollzug großer Liturgie war. Der Glaubensweg des Menschen ist stets ein geheimnisvolles Ineinander von menschlichen Neigungen und göttlicher Führung. So ist es nicht vermessen, anzunehmen, der heilige Landstreicher Benedikt Josef Labre sei auf ganz andere Weise zum »Vollalter unseres Herrn Jesus Christus« gekommen als eben Edith Stein. Zu *ihrem* Weg gehört die Liturgie der Kirche. Und es will mir scheinen: Im Wandel ihres Liturgieverständnisses und -vollzugs spiegelt sich deutlich das Wachsen und die innere Wandlung ihres Lebens.

Diesen Gedanken möchte ich durch zwei Zitate belegen. Das erste stammt aus einem Vortrag; Edith Stein hat diesen ersten großen, öffentlichen Vortrag gehalten am 12. April 1928 in Ludwigshafen, wo der Katholische Bayerische Lehrerinnenverein seine 15. Hauptversammlung hielt. Der Vortrag fängt so an:

> »Gestatten Sie mir, mit einer kleinen persönlichen Bemerkung zu beginnen. Vor zwei Tagen fuhr ich von Beuron, wo ich die Kar- und Ostertage verleben durfte, hierher (...), mitten in die Vorbereitungen zu dieser Tagung hinein. Man kann sich kaum einen größeren Gegensatz denken: dort das stille Tal des Friedens, wo Tag und Nacht und Jahr für Jahr das Lob des Herrn gesungen wird, und diese Versammlung, die sich zusammengefunden hat, um brennende Gegenwartsfragen zu besprechen. Das war fast wie ein Sturz vom Himmel zur Erde.«[12]

[12] Edith Steins Werke, Bd. V. Die Frau, S. 205.

Edith Stein als Sr. Teresia Benedicta a Cruce O.C.D. Ende 1938.

In ihrem ursprünglichen Konzept hatte diese Stelle so gelautet:

> »... und wenn ich an die stille Insel des Friedens denke, wo ich die Kar- und Ostertage verbrachte, und mich nun in dieser großen Versammlung sehe, so scheint der Gegensatz fast unüberbrückbar.«[13]

Der Leser, der nichts kennt außer diesem Text, könnte sich beklommen fragen: Wohin ist diese aus Beuron angereiste Referentin geraten? Gar in eine von dröhnenden Langmähnigen beherrschte Disko-Szene? Mitnichten: Edith Stein steht vor einer Schar katholischer Bayerischer Lehrerinnen, und am Morgen hatten diese Damen selbstverständlich alle programmgemäß den Festgottesdienst besucht.
Das zweite Zitat möchte ich den Notizen entnehmen, die Edith Stein am Ende ihres Lebens aus dem niederländischen Sammellager an den Karmel in Echt senden konnte:

> »Westerbork, Baracke 36, 4. August 1942
> ... wir sind ganz ruhig und fröhlich. Natürlich bisher keine Messe und Kommunion ... Nun kommen wir ein bisschen dazu zu erfahren, wie man rein von innen her leben kann.«[14]

Und zwei Tage später:

> »Westerbork« den 6. August 1942, Baracke 36
> ... morgen früh geht ein Transport (...). Das Notwendigste ist: wollene Strümpfe, 2 Decken, für Rosa alles warme Unterzeug und was in der Wäsche war, für beide Handtücher und Waschlappen; Rosa hat auch keine Zahnbürste (...). Ich hätte gern den nächsten Brevierband, konnte bisher herrlich beten. – Unsere Identitätsmarken, Stamm- und Brotkarten. Tausend Dank, Grüße an alle, Benedicta.«[15]

Westerbork war ein so genanntes Sammellager; dort wurden Menschentransporte zusammengestellt. Es wurde dort niemand gefoltert und gemordet. Besseres allerdings ist von diesem entsetzlichen Ort nicht auszusagen. Nach den Berichten von Augenzeugen, die im letzten Augenblick noch entlassen wurden, staute sich in Westerbork unter den »abgeschobenen« Menschen etwas Unbeschreibliches an, das zwischen versteinerter Resignation und verzweifelter Aufbäumung lag, wobei es während des dreitägigen Aufenthaltes bei einem Teil der Häftlinge zu

[13] A. a. O. (Fußnote).
[14] Edith Steins Werke, Bd. IX, Selbstbildnis in Briefen, 2. Teil, S. 176.
[15] A. a. O. S. 178.

einem rapiden Verfall der seelischen Fassung kam. Unter der brutalen Gefühllosigkeit der Aufsichtsposten, der Zermürbung durch Hunger, Durst, ungewöhnliche Hitze, unter der Qual totaler Hilflosigkeit und der Trennung von liebsten Menschen, unter der ins Maßlose anwachsenden Zukunftsangst traten bei manchen Lagerinsassen wahnsinnsähnliche Zustände auf. Obwohl Edith Stein mit ihrer Schwester in einer eigenen Baracke für Ordensfrauen sich befand, wo Gefasstheit und gegenseitige Hilfsbereitschaft sich durchhielten, ist es doch sicher, dass sie auch Zeugin der Lagerschrecknisse wurde. Es ist bezeugt, dass sie sich der Kinder annahm, um die sich die verzweifelten Mütter nicht mehr kümmern konnten.

Edith Stein war im Karmel verhaftet worden, als sie eben im Nonnenchor vor dem geöffneten Tabernakel in stiller Anbetung verweilte. Wenn je in ihrem Leben, dann hätte Edith Stein in Westerbork viel eher als einst in Ludwigshafen den »Sturz vom Himmel zur Erde« empfinden und von »unüberbrückbaren Gegensätzen« sprechen können. Doch jetzt will sie in all dem namenlosen Elend des Lagers das liturgische Gebetbuch der Kirche haben. Solange es angeht, will sie es beten, und sie sagt, dass dies Beten »herrlich« sei. Ist es verfehlt zu sagen: Hier ist in Edith Stein die Liturgie zur Vollendung gekommen? Einen Sturz vom Himmel zur Erde gibt es nicht mehr; denn der Himmel ist in ihr. Die Gegensätze des Unüberbrückbaren bestehen nicht mehr; sie sind aufgehoben im Geheimnis des Kreuzes.

An den beiden geschilderten Begebenheiten in Ludwigshafen und in Westerbork wird ablesbar, wie sich Edith Steins Glaubensweg mittels ihres Liturgieverständnisses erhellen lässt. Das soll im Folgenden noch weiter geschehen.

Dazu müssen wir weiter ausholen. Wir betrachten zunächst einen Text aus der Liturgie-Konstitution des II. Vatikanischen Konzils:

> »Jede liturgische Feier ist (...) im vorzüglichen Sinn heilige Handlung, deren Wirksamkeit kein anderes Tun der Kirche an Rang und Maß erreicht. In der irdischen Liturgie nehmen wir vorauskostend an jener himmlischen Liturgie teil, die in der heiligen Stadt Jerusalem gefeiert wird, zu der wir pilgernd unterwegs sind, wo Christus sitzt zur Rechten Gottes, der Diener des Heiligtums und des wahren Zeltes. In der irdischen Liturgie singen wir dem Herrn mit der ganzen Schar des himmlischen Heeres den Lobgesang der Herrlichkeit (...). In ihr erwarten wir den Erlöser, bis er erscheint als unser Leben und wir mit ihm erscheinen in Herrlichkeit.«[16]

In diesem dichten Text vereinen sich mehrere Gedanken, die Edith Stein – Jahrzehnte zuvor – mit Vorliebe geäußert hat. Da ist zunächst die uralte Vorstellung

[16] Zitiert aus: Kleines Konzilskompendium, hg. von Karl Rahner SJ, Herder-Bücherei Nr. 270-73, S. 55.

von himmlischer und irdischer Liturgie, wobei die letztere gleichsam als Spiegelung der ersten erscheint. Der Lobpreis der Menschen in der irdischen Liturgie wird gedeutet als Widerhall, als Antwortgesang auf den unaufhörlichen Lobpreis der Engel. Wie ernst man ehedem diese Vorstellung nahm, zeigt der aus sehr früher Zeit stammende Topos von den engelähnlichen oder gar engelgleichen Mönchen. Dieser Ausdruck erklärt nicht die Mönche zu Engeln und will durchaus keine moralisch zu verstehende Reinheit bezeichnen, sondern hier wird der Dienst des Mönchtums aufgefasst als Teilnahme am immerwährenden Lobpreis der Engel. Die Liturgie der irdischen Kirche als das Miteinstimmen der Gläubigen in die Liturgie des Himmels – dieser Gedanke hat Edith Stein viel bedeutet. Wir verstehen so besser ihren Ausspruch von Beuron als dem »Vorhof des Himmels«. Diese Formulierung Edith Steins ist geradezu eine Aussage über *ihre* Weise des Glaubens und Betens. Himmel – das ist für sie offenbar nicht Wohlergehen des Menschen, nicht einmal in der Form des Selig- und Daheimseins nach aller Mühsal der Erde, obwohl sie weiß, dass auch dies uns geschenkt wird, wenn der Herr abwischen wird alle Tränen aus unseren Augen. Himmel ist für sie auch nicht in erster Linie Klarheit des Erkennens, Innehaben der Wahrheit, obwohl sie wiederum weiß, dass wir, nach all unserem Suchen und Irren, Kämpfen und Forschen, das Endgültige schauen werden, wenn die irdischen Spiegel zerbrechen. Himmel – das ist für Edith Stein Anbetung des Dreimalheiligen, rühmende Feier aller Großtaten des Herrn in Schöpfung und Erlösung, immerwährende Danksagung »ob seiner großen Herrlichkeit«, Lobpreis seiner Liebe. Und wo Menschen auf Erden einstimmen in dieses neue Lied der Erlösten – da geht für Edith Stein das Tor des Himmels auf; da ist der »Vorhof«!

Noch ein zweites fällt an unserem Konzilstext auf. Deutlich wird dort nämlich auf alttestamentliche Begriffe angespielt. Die heilige Stadt Jerusalem, das Thronen zur Rechten Gottes, das Heiligtum, das wahre Zelt – sie erscheinen in einem einzigen Satz! Auch Edith Stein nimmt – vielleicht ganz unbewusst – diesen Sprachgebrauch zu Hilfe. Hat der Himmel einen Vorhof? Warum sagt sie nicht: Vorbild, Vorschau, Vorahnung, Vorfreude, Vorgeschmack? Weil das Heiligtum des alten Gottestempels zu Jerusalem einen Vorhof hat! Dem Bewusstsein der christlichen Gläubigen war es seit vielen Jahrhunderten entglitten, wie sehr unsere Liturgie dem Gottesdienst des Alten Bundes entstammt. Unsere Ausdrucksweise ist durchtränkt von Vorstellungen, die wir gar nicht hätten, gäbe es die Liturgie unserer jüdischen Glaubensväter nicht. Edith Stein hat diese Zusammenhänge ans Licht gehoben zu einer Zeit, als sie den meisten Christen unbekannt, vielen recht befremdlich waren. Erich Przywara sagt von Edith Stein: »Für sie bedeutete das Benediktinische der Liturgie die immanente Verchristlichung ihrer jüdischen Tradition: wie die Psalmen des Alten Bundes das Kernstück der

christlichen Liturgie sind.«[17] Noch waren die Christen vor dem Zweiten Weltkrieg weit entfernt von der Überzeugung, die später das II. Vatikanum in einer eigenen Erklärung aussprach, dass nämlich »die Kirche Christi (...) die Anfänge ihres Glaubens und ihrer Erwählung« mittels der Väter des Alten Bundes erhielt, und wir dürfen hinzufügen, auch die Liturgie erhielt sie durch diese Vermittlung. Paulus spricht ausdrücklich davon, dass seine Brüder, die Israeliten, nicht nur Erben des Bundes und der Verheißung seien, sondern auch des Gottesdienstes. Edith Stein weist darauf hin, dass Jesus mit seinen Jüngern, wie alle gläubigen Juden betete, opferte, den Tempel besuchte, das Ostermahl feierte, bis er »am Abend vor seinem Leiden« das Vermächtnis seines Neuen Bundes stiftete, das alles Bisherige vollendete und überhöhte. Keineswegs ist damit die Liturgie des Alten Bundes nunmehr sinnentleert; denn die Erwählung Gottes ist unwiderruflich. Wo immer gläubige Juden die Großtaten Gottes feiern, da sind sie – auch heute noch, mögen sie es wissen oder nicht – geistlich auf das Volk des Neuen Bundes ausgerichtet, weil sie den Ursprung dessen begehen, was im Vermächtnis Jesu Erfüllung und Vollendung findet. Und ebenso: Wo immer die Liturgie der Kirche begangen wird, da weist sie zurück auf die Väter unseres Glaubens, auf die Patriarchen, Mose und die Propheten, und zugleich deutet sie auf jene Verheißung, wonach Jesus durch sein Kreuz Juden und Heiden versöhnen und in sich vereinigen wird, bis alle gemeinsam Gott den Vater preisen.
Bisher fanden wir bei Edith Stein einen doppelten Aspekt für ihr Verhältnis zur Liturgie der Kirche; zum einen war dies die Einheit von himmlischer und irdischer Liturgie, zum andern die Entstehung ihres christlichen aus dem Wurzelboden des jüdischen Glaubens. Nun muss von einem weiteren Gesichtspunkt die Rede sein. Wir sprachen schon davon, dass Edith Stein ihre öffentliche Tätigkeit in Ludwigshafen begann. Sie schreibt:

> »Meine ganze Rednertätigkeit ist so über mich hereingebrochen, dass ich noch gar nicht prinzipiell darüber nachgedacht habe (...) Es ist im Grunde immer eine kleine, einfache Wahrheit, die ich zu sagen habe: wie man es anfangen kann, an der Hand des Herrn zu leben.«[18]

Anderswo erläutert sie dazu:

> »Die Anleitung zu einem Leben an Gottes Hand ist uns von Gott selbst gegeben in der Liturgie der Kirche. Wer das Gebet der Kirche im Geist und in der Wahrheit mitbetet, dessen ganzes Leben muss von diesem Gebet geformt werden.«[19]

[17] Zitiert aus: In und Gegen, Nürnberg 1952, S. 71.
[18] Brief an Adelgundis Jaegerschmid OSB vom 28.4.1931 (Zitat umgestellt).
[19] Edith Steins Werke, Bd. V. Die Frau, S. 15 ff.

Um diese *Lebensformung* geht es ihr. Sie will helfen, Menschen heranzubilden, die ihres Christseins froh werden. Zumal den Frauen will sie die Aufgaben bewusst machen, die ihnen als Christinnen in Kirche und Welt aufgetragen sind. Da wird ihr die Liturgie zur unentbehrlichen Helferin, sie begreift sie als eines der großen Gnadenmittel, das der Herr den Seinen übergibt, um sie sein Leben mitleben zu lassen.

Edith Stein betrachtet die Liturgie keineswegs als bloß pädagogisches oder asketisches Instrument zur Menschenbildung. Vielmehr ist der erste Sinn der Liturgie Lobpreis, Dank und Anbetung. Wenn aber der Christ, so argumentiert Edith Stein, dies alles aufrichtig sucht, dann wird ihm für seine persönliche Heiligung Gnade über Gnade dazugeschenkt. In ihrem Nachlass fand sich das Buch ihres Freundes Dietrich von Hildebrand (»Liturgie und Persönlichkeit«), in dem sie die Ausführung gelesen hatte:

> »Die tiefste Umgestaltung der Person findet sich stets da, wo nicht Mittel für diese Umgestaltung verwandt werden, sondern wo ein in sich sinnvolles Verhalten diese umgestaltende Wirkung geschenkhaft mit sich bringt (...) Die tiefste pädagogische Wirkung ist dem, was nicht als pädagogisches Mittel verwandt wird, vorbehalten, dem, was in seiner Gehaltsfülle die Wirkung als ein Geschenk des Überflusses spendet.«[20]

Edith Stein ist derselben Überzeugung. Darauf kommt ihr alles an: dass der liturgischen Feier nicht nur beigewohnt wird, indem neue Pflichtübungen die alten ablösen; dass die liturgischen Texte nicht nur angehört werden, um unter der Walze alltäglicher Eindrücke wieder zu verflachen, dass mit dem Gotteshaus nicht auch der geistliche Lebensraum verlassen wird. Vielmehr muss die liturgische Feier – das ist für sie das Entscheidende – einen Werdegang anstoßen, einen Lebensprozess, der auf dieser Erde kein Ende kennt. Nie wieder dürfen die heiligen Geheimnisse hinter Kirchtüren verschlossen, unter Buchdeckeln begraben werden. Sie wollen eingelassen sein bis in unsere Herzenstiefe, eingeschmolzen in unsere eigene Lebenssubstanz. Liturgie als Begegnung – so könnten wir Edith Steins Anliegen zusammenfassen. Zu einem Lebensaustausch zwischen dem Herrn und uns soll es kommen, zu einem immerwährenden Gespräch der Freundschaft mit ihm.

Hier sind wir nun an einem Angelpunkt in Edith Steins innerem Leben. Gebet als Gespräch der Freundschaft mit Gott, der uns liebt – das ist zugleich *das* Zentralwort der großen Teresa von Avila, der Kirchenlehrerin der Mystik, der »Bekehrerin« Edith Steins. Ihre Autobiographie war es nach Ediths eigenen Worten, die ihrem langen Suchen nach dem wahren Glauben ein Ende machte.

[20] Dietrich v. Hildebrand, »Liturgie und Persönlichkeit«, Salzburg 1933, S. 10 ff.

Es ist inzwischen als sicher erwiesen, dass dieser letzte Anstoß zur Taufe eine Entscheidung zwischen den Konfessionen war. Edith Steins jüdische Freunde, die konvertiert hatten, waren alle evangelisch. Die Familie Stein hätte es weit eher verstanden, wenn Edith Protestantin geworden wäre. Eine Augenzeugin, »die meine Konversion ganz stark miterlebt hat«, schreibt Edith über sie – hat berichtet, mit welcher Begeisterung sie durch ihre Freundin in das Breviergebet eingeführt wurde (vor der Taufe noch) und wie sie sie sagen hörte, schon der Liturgie wegen könne sie nicht anders, als katholisch zu werden.
Wenn wir nun, auf der Suche nach Glaubenshilfen, wie Edith Stein nach der Selbstbiographie der heiligen Teresa von Avila greifen, dann kann es uns passieren, dass wir das Buch »frustriert« oder kopfschüttelnd aus der Hand legen: dieser barocke Überschwang, dieses Gewimmel von Visionen, Auditionen, Elevationen... diese weitschweifigen, im spanischen Hofton des Goldenen Zeitalters gehaltenen Gebete... !
Um unsere Verwirrung vollständig zu machen, müssen wir noch feststellen, dass alles, was Teresa schreibt – es ist Hochgeistiges, theologisch Hieb- und Stichfestes und sehr Kirchliches darunter – uns ganz und gar unliturgisch anmutet. Werfen wir, um sozusagen die Probe aufs Exempel zu machen, einen Blick in das Sachregister, das dem letzten (dem VI.) Band ihrer Gesamtwerke beigegeben wurde.[21] Das Stichwort »Liturgie« ist abwesend, »Eucharistie« desgleichen. Eine einzige Fundstelle wird beim Stichwort »Messe« (oder vielmehr »Messopfer«) angegeben, um uns die nicht eben erstaunliche Tatsache mitzuteilen, dass die Heilige es hoch schätzte. Unter den Sakramenten wird als einziges das Altarssakrament mehrfach genannt, meist als »Kommunionempfang« und selbst diesen ohne jeden liturgischen Zusammenhang. »Taufe« und »Firmung« kommen nicht vor. Unter »Chorgebet« wird für alle sechs Bände zusammen eine einzige Stelle angeführt, des Inhaltes, dass die Visitatoren es bei den Nonnen zu kontrollieren hätten. Bei dem Buchstaben H können wir uns über »Hagebutten«, »Hölle« und »Hysterie« informieren; aber keine »Hore« und kein »Hymnus« locken zum Nachschlagen. Unter P versammeln sich die »Phantasten«, »Pförtnerinnen«, »Prediger« und »Priorinnen«; aber keines »Psalmes« erinnert sich der Bearbeiter des Registers. Stichworte, die sich auf das innere Beten oder auf mystische Phänomene beziehen, sind dagegen seitenweise mit Fundstellen belegt. Und das deutet auf Wichtiges.
Vielleicht hat Edith Stein von Teresa gelernt, dass nicht *nur* liturgisches Beten »Gebet der Kirche« ist. Als sie schon einige Jahre im Karmel lebte, hat sie eine Abhandlung mit dem genannten Titel geschrieben. Darin lesen wir:

[21] »Sämtliche Schriften der hl. Theresia von Jesu«, hg. von Aloys Alkofer OCD, München, 1. Aufl. 1933–1941.

»Jedes echte Gebet ist Gebet der Kirche. Durch jedes echte Gebet geschieht etwas in der Kirche, und es ist die Kirche selbst, die darin betet; denn es ist der in ihr lebende Heilige Geist, der in jeder Seele bittet ... Was wäre Gebet der Kirche, wenn nicht die Hingabe der großen Liebenden an den Gott, der die Liebe ist?«[22]

Für Edith Stein scheint es wesentlich, dass Gebet der Kirche nicht aufhört, wenn die liturgische Feier beendet ist. Irdische Liturgie muss notwendig zeitlich begrenzt sein. Aus dem Gebet der Kirche, diesem unermesslichen Meer, hebt sie sich gleichsam empor und zieht sich zurück wie Ebbe und Flut. Sie steigt im Lauf des Kirchenjahres hinauf zu festlichen Höhen und hebt auch im schlichtesten Alltag immer wieder Feierstunden empor: das Morgenlob, die Stunde der Eucharistie, das Abendgebet, die nächtlichen Horen ... Wie aber der Ozean zur Zeit der Ebbe nicht weniger wird gegenüber der Flut, sondern sich zurücknimmt, um im frischen Anlauf von neuem an die Ufer zu schlagen, so pulst auch das Gebetsleben der Kirche in ihren lebendigen Gliedern ununterbrochen weiter, wenn auch stundenweise das Opfermahl des Herrn im Gotteshaus nicht gefeiert, der Chordienst nicht verrichtet wird, die gläubige Gemeinde nicht versammelt ist. So ist es folgerichtig, dass Edith Stein noch das verschwiegenste Gebet des einsamen Gläubigen als Gebet der Kirche ansieht. Es wird uns kaum wundern zu hören, dass Edith Stein nicht nur im geliebten Beuron mit nie erlahmender Ausdauer dem Chordienst beiwohnte. Auch in menschenleerer Kirche kniete sie oftmals Stunde um Stunde vor dem Tabernakel, vertieft und regungslos, als gäbe es sonst nichts auf der Welt. Edith Stein, diese hochgebildete Frau, die ansonsten mit geschultem Geist wesentlichste Fragen der Philosophie und Theologie umkreiste, die bei ihren großen Reden Hunderte von Hörer in Bann zog, die regelmäßig die großen Tageszeitungen las und über das politische Geschehen der Gegenwart jederzeit unterrichtet war – beim inneren Beten war sie unstörbar und unablenkbar.

Und Edith Stein versteht dieses ganz persönliche Gebet, das in tiefster Stille auf Erden geschieht, ebenso als ein Mithineingenommen-sein in das Gebet des Himmels wie die erhabenste Liturgie. Denn die seligen Engelchöre, so argumentiert sie, rufen zwar in ihrem ewigen Lobpreis unermüdlich einander das »Heilig, heilig, heilig« zu, zugleich aber sind sie versunken in tiefste Anbetung, in Lauschen und Schauen und Schweigen. Wir auf Erden, solange wir noch auf dem Wege sind, unterstehen dem Gesetz der Zeitlichkeit und sind auch im Gebet auf das Nacheinander angewiesen, »und je ferner dem Ziel, desto stärker«, so fügt sie hinzu. Das ist ein großartiger Satz. Denn er bedeutet: Der seiner Vollendung *nahe* Mensch lebt immer mehr im Ineinander des Zeitlichen und

[22] »Das Gebet der Kirche« in: Ich lebe und ihr lebet – vom Strom des Lebens in der Kirche«, hg. von der Akademischen Bonifatius-Einigung, Paderbom 1936, S. 69 ff.

Ewigen, des Zeichenhaften und Wirklichen, des Irdischen und Himmlischen. Daher bringt es Edith Stein auch nicht mehr zur Verzweiflung, – welche Verfassung wir Ahnungslosen möglicherweise noch als besondere Frömmigkeit angesehen hätten – dass ihr in der extremen Not des Deportationslagers die Heilige Messe und Kommunion fehlen; in der gegebenen Lage findet sie das ganz natürlich. Sie lebt »von innen her«. Dort ist sie vereint mit dem Beten der Engelchöre.

Hier soll noch erwähnt werden, dass Edith Stein, ebenso wie für die Liturgie, so auch für das innere Beten auf die Verwurzelung in der Frömmigkeit des Alten Bundes Wert legt. Mose und Elija, beide Vorausbilder des kommenden Menschensohnes und daher auch Prototypen aller Gotteskinder, haben in der Einsamkeit gebetet. Und vom inneren, persönlichen Gebet Jesu zu seinem Vater berichten die Evangelien fast noch öfter als von seinem Besuch des Tempels und der Synagoge. Auch die andern in den Evangelien überlieferten, aus dem Herzen hervorbrechenden Jubel-, Dank- und Bittrufe großer Beter entstammen ganz und gar dem Glaubensgut des Alten Bundes: das Preislied des Zacharias, das Magnifikat der Gottesmutter und das Marienlob Elisabeths, Simeons Gebet im Tempel, der Schrei der Verlassenheit Jesu am Kreuz...

Die geschilderte wesensmäßige Einheit von liturgischem Gottesdienst und meditativ-innerlichem Sprechen mit dem Herrn ist Edith Stein gewiss nicht in erster Linie durch Denken klar geworden, sondern durch Erfahren und Erleben; es war ihr Glaubensweg.

Zum Abschluss dieser Gedanken möchte ich noch eine Frage anfügen. Was würde Edith Stein uns heute lehren wollen? Für unsere Liturgie, für unsere Meditation, für unser »charismatisches« Beten in Gruppen? Es hat sich ja seit der Zeit, als Edith Stein die Liturgie unserer Kirche, auch ihre sonstigen Gebets- und Andachtsformen kennen lernte, über sie sprach und sie selbst lebte, vieles verändert. Als Europa sich aus den Trümmern des Zweiten Weltkriegs erhob, da war auch im kirchlichen Leben ein Umbruch geschehen, zu dessen Bewältigung es wahrhaftig eines Konzils bedurfte. Das Konzil hat versucht, die neu aufbrechenden Gedanken ins Licht des kirchlichen Bewusstseins zu heben, sie zu formulieren, zu deuten und in das Ganze des Glaubens einzufügen. Es war übrigens nicht nur das Auftauchen neuer Gedankengänge, was das Konzil bewegte; vielleicht mehr noch waren es völlig neue Erfahrungen, die sich in der Weltkirche zu Wort meldeten; es war das Aufwachen eines neuen Lebensgefühls bei vielen Menschen, sogar eine neue Weise des Glaubens, auch innerhalb der Kirche.

Hier ist allerdings zu beachten, dass »neu« in der Kirche, zumal etwa in der Liturgie, nicht bedeuten muss »noch-nie-dagewesen«. Im Gegenteil: Häufig ist das heute als neu Empfundene das dem Ursprung Nähere, das durch viele frühe Jahrhunderte hindurch Selbstverständliche, das seit je Wesentliche, das, was von

manchem Zeitbedingten verschüttet, tief im Innern der Kirche lebendig blieb und nun zu abermaliger Verwirklichung drängt. Ähnlich ist das »neue« Licht des Tages ganz und gar das »alte« Licht, und doch führt es einen Tag herauf, den es vorher nicht gab.
Was würde wohl Edith Stein zu unserem »neuen Tag« sagen? Was wären ihre Gedanken zu manchen Erneuerungen und Neuheiten unserer Zeit? In ihren Texten hat sie uns gewisse Anhaltspunkte für eine Antwort hinterlassen.
So sagte sie zum Beispiel: »Eine falsche Auffassung nimmt an, dass in der Kirche alles für alle Zeiten unabänderlich festgelegt sei; es wird naiv übersehen, dass die Kirche eine Geschichte hat, und dass sie, ihrer menschlichen Seite nach, wie alles Menschliche, auf Entwicklung angelegt war und dass diese Entwicklung sich häufig auch in der Form von Kämpfen abspielt (...) Ähnliches gilt für die kirchenrechtlichen Bestimmungen (und) die liturgischen Formen (...) Die Kirche muss den Wandlungen alles Irdischen Rechnung tragen; sie kann ewige Wahrheit und ewiges Leben in die Zeit nur hineintragen, indem sie jedes Zeitalter seiner Eigenart gemäß behandelt.«[23]
Edith Stein macht solche Aussagen keinesfalls als billiges Zugeständnis; sie meint damit etwas sehr Wesentliches:

> »Die Unerschütterlichkeit der Kirche beruht gerade darauf, dass sie mit der unbedingten Wahrung des Ewigen eine unvergleichliche Elastizität in der Anpassung an die jeweiligen Zeitverhältnisse und -forderungen verbindet.«[24]

Gewiss werden sich in unserer Gegenwart weitere Fragen aufdrängen: Was ist etwa, wenn die Jugend mit Rhythmik statt mit Gregorianik daherkommt? Oder wenn sie in der Eucharistie »Befreiung« feiern will, wo Edith Stein von »Erlösungsopfer« sprach? Ganz sicher wäre es im Sinne dieser hochherzigen Frau, auch auf solche Fragen mit Gedanken des Friedens und der Versöhnung zu antworten.

> »Die heute junge Generation ist durch soviel Krisen hindurchgegangen – sie kann uns nicht mehr verstehen. Aber wir müssen versuchen, sie zu verstehen, dann können wir ihr vielleicht noch helfen..«[25]

Erzabt Raphael Walzer von Beuron hat in einem Bericht über dieses Verständnis Edith Steins für wandelbare und zu wandelnde Formen ergreifende Bemerkungen gemacht. Sie habe ihm, so sagt er, schon in den 20er Jahren Vorschläge

[23] »Probleme der Frauenbildung« in: Edith Steins Werke Bd. V, »Die Frau«, Louvain und Freiburg 1959, S. 116.
[24] A. a. O. S. 107.
[25] Brief an Callista Kopf OP vom 20.10.1932.

zur Erneuerung des benediktinischen Lebens gemacht, die ihm zu jener Zeit unverständlich erschienen seien; nun aber erkenne er sie als Anregungen des Heiligen Geistes in einem heiligen Menschen. Er fährt fort:

> »Edith Stein mit ihrem ausgesprochenen Sinn für das Einfache, von allem Pomp Losgelöste, für alles Stille und Ungesuchte, für das ganz Wahre, vom Schein des Kompromisses Freie (…) sie hatte ein mütterliches Empfinden für das Werden großer Dinge im Reiche Gottes.«[26]

Und gewiss hätte sie selbst auch heute hinzugefügt:

> »Wenn der Geist die überlieferten Formen durchbricht, so geschieht es, weil ER lebt, der weht, wo er will: der alle überlieferten Formen geschaffen hat und immer neue schaffen muss.«[27]

[26] Raphael Walzer OSB, Bericht von 1947, Edith-Stein-Archiv Köln.
[27] Aus: »Das Gebet der Kirche«, a. a. O. S. 81.

4. »Gott allein genügt«

*Martin Zielinski**

I. Spirituelle Entwicklung Edith Steins

»Solo Dios, basta – Gott allein genügt«, oder wie das Wort der hl. Teresa von Avila auch übersetzt wird, »Gott erst genügt«. Dieses, die spirituelle Einstellung Teresas von Avila prägende Wort sollte auch im Leben Edith Steins eine zunehmende Bedeutung erhalten.

Da diese spirituelle Entwicklung Edith Steins nicht von ihren Lebensbedingungen losgelöst betrachtet werden kann, soll zunächst ihr Glaubens- und Lebensweg nachgezeichnet werden, immer die zeitlichen, familiären, sozialen und politischen Gegebenheiten im Blick haltend.

1. Einige biographische Eckdaten

a. Kindheitserinnerungen

Edith Stein wurde als 7. Kind in eine jüdische Familie hineingeboren. Die streng gläubige Mutter Auguste Stein versuchte ihre Kinder ganz im jüdischen Glauben zu erziehen. So wurde auch der Ritus des Sabbats immer streng eingehalten. Diesem Ablauf schenkt Edith Stein in ihrer Autobiographie »Aus dem Leben einer jüdischen Familie« besondere Bedeutung, indem sie ausführlich darüber berichtet: »Am Vorabend musste man das Nachtmahl schon am hellen Tage nehmen; denn wenn der erste Stern am Himmel stand, begann der Gottesdienst in der Synagoge. An diesem Abend ging nicht nur meine Mutter hin, sondern die großen Schwestern begleiteten sie, und auch die Brüder betrachteten es als Ehrenpflicht, nicht zu fehlen. Am nächsten Morgen (...) blieben wir möglichst lange im Bett. Wir Kleinen gingen zur Totenfeier in die Synagoge; darauf hielt meine Mutter, weil wir dabei unseres Vaters gedenken sollten. ... Abends holte meist einer meiner Brüder die Mutter heim. Es war immer eine große Freude, wenn die ganze Familie sich wieder zusammenfand, und wenn alle den Tag gut überstanden hatten. Die Pflicht zu fasten besteht für ... Mädchen vom 12. Jahre an. Ich hätte mich gern gewissenhaft daran gehalten, man hielt mich aber im 12. Jahr noch zu zart und erlaubte mir nur, bis Mittag nüchtern zu bleiben. Vom 13. Jahr an aber habe ich immer ausgehalten und niemand von uns dispensierte sich vom Fasten, auch als wir alle den Glauben unserer Mutter nicht mehr teilten und uns außerhalb des Hauses nicht mehr an die rituellen Vorschriften hielten.«[1]

* Erbe und Auftrag 76 (2000), Heft 5, S. 401 ff.

[1] ESW VII, 46/47.

Auch in Bezug auf das Sozialverhalten besaß die Mutter eine große prägende Wirkung. So war sich Edith Stein, wie sie in ihren Erinnerungen weiter schreibt, schon »von den ersten Lebensjahren an (bewusst), dass es viel wichtiger sei, gut zu sein als klug«.[2] Dies zeigte sich vor allem auch in ihrem Verhalten jenen Menschen gegenüber, die ihrer Hilfe jedweder Art besonders bedurften.[3]

b. Entfremdung vom jüdischen Glauben

Ihren Glauben betreffend kam es bei ihr im Alter von 15 Jahren zu einer einschneidenden Veränderung. Sie war für einige Zeit bei ihrer Schwester Else, die in Hamburg verheiratet war und ihr zweites Kind erwartete, zu Besuch. Sie sollte ihr in der Zeit nach der Geburt im Haushalt zur Hand gehen. Da sie hier auf einen sehr engen Kreis von bekannten Menschen beschränkt war, lebte sie noch viel ausschließlicher in ihrer inneren Welt als zu Hause.[4] Diese innere Zurückgezogenheit bot ihr schon in den ersten Lebensjahren die Möglichkeit, alles, was sie am Tag hörte oder sah, in ihrer inneren verborgenen Welt zu verarbeiten.[5] Bücher über das Spezialfach ihres Schwagers, die nicht gerade für ein 15-jähriges Mädchen geeignet waren,[6] bewegten sie innerlich sehr. Aber auch die agnostische Einstellung von Max und Else hatten einen nicht geringen Einfluss auf Edith. Beides war für sie Anlass genug, sich »das Beten ganz bewusst und aus freiem Entschluss«[7] abzugewöhnen.

Diese Entwicklung zeichnete sich ganz offensichtlich schon einige Jahre zuvor ab, als sie, gerade zehnjährig, an der Trauerfeier für einen Onkel teilnahm. Er hatte aufgrund geschäftlicher Sorgen den Freitod gewählt. Doch nicht dieses Lebensschicksal bewirkte in ihr ein Gefühl der Trostlosigkeit, sondern vielmehr die Ansprache des Rabbiners, die keinen Glauben an ein persönliches Fortleben und an ein Wiedersehen nach dem Tode erkennen ließ. Und weiter: »Ich glaube, die Unfähigkeit, dem Zusammenbruch der äußeren Existenz ruhig ins Auge zu sehen und ihn auf sich zu nehmen, hängt mit dem mangelnden Ausblick auf ein ewiges Leben zusammen. Die persönliche Unsterblichkeit der Seele ist nicht Glaubenssatz. Das ganze Streben ist ein diesseitiges. Selbst die Frömmigkeit der Frommen ist auf Heiligung dieses Lebens gerichtet.«[8] Nimmt man dem Juden sein diesseitiges Lebensziel, »dann bricht seine Spannkraft zusammen; das Leben erscheint ihm nun sinnlos, und so kommt er leicht dazu, es wegzuwerfen«.[9]

[2] A. a. O., 114.

[3] Vgl. hierzu die Darstellungen Teresia Renata Posselts über das Verhalten Edith Steins im Sammellager Westerbork auf dem Weg nach Auschwitz. Während die Frauen und Mütter, von ihren Männern getrennt, in Apathie verharrten, sprach Edith Stein ihnen Trost zu und widmete sich den hungernden und sich selbst überlassenen Kindern, indem sie sie pflegte und mit Nahrung versorgte. (Vgl. Posselt, Teresia Renata: Edith Stein. Eine große Frau unseres Jahrhunderts, Freiburg [9]1963, 192.)

[4] Vgl. ESW VII, 120.

[5] Vgl. a. a. O., 48/49.

[6] Vgl. a. a. O., 121.

[7] A. a. O., 121.

[8] A. a. O., 56.

[9] A. a. O., 57.

Im Laufe ihres Studiums bewirkte die Begegnung mit dem streng gläubigen und gesetzestreuen Juden Eduard Metis in Göttingen eine weitere Distanzierung vom jüdischen Glauben. So schreibt sie: »Als ich später in Göttingen anfing, mich mit religiösen Fragen zu beschäftigen, fragte ich ihn (E. Metis, d. Vf.) einmal brieflich nach seiner Gottesidee: Ob er an einen persönlichen Gott glaube. Er antwortete kurz: Gott ist Geist. Mehr sei darüber nicht zu sagen. Das war mir, als ob ich einen Stein statt Brot bekommen hätte.«[10]

Alle diese Ereignisse fallen in ihre »Jugendzeit«, die auch bei Edith Stein eine Zeit des inneren Umbruchs war. So ist es nicht erstaunlich, dass sie sich von den Glaubensinhalten, die sie als Kind aufgenommen hatte, jetzt aber keinen Anreiz mehr auf sie ausübten, stetig weiter entfernte. Auch die älteren Geschwister waren mit zunehmendem Alter zum jüdischen Glauben auf Distanz gegangen.

c. Innere Wandlung

Diese Entwicklung darf jedoch nicht als Beleg für eine generelle agnostische Haltung Edith Steins gewertet werden. Vielmehr kann die Frage nach dem Gottesverständnis als ein Suchen nach der letzten Sinnhaftigkeit des Lebens gewertet werden.

Diese Sinnhaftigkeit fand sie zunächst in den Inhalten ihres Studiums in Breslau. Die ständige Anspannung, die das Studium ihr abverlangte, erfuhr sie nicht als Bedrückung, sondern vielmehr als ein beglückendes Gefühl eines hochgesteigerten Lebens.[11] Andererseits schienen depressive Phasen ebenso zu ihrem Leben zu gehören. Im Sommer 1912 wurde sie durch die Lektüre des Romans »Helmut Haringa« in eine Gefühlskrise gestürzt, von der sie sich nur schwerlich wieder erholte. Bezeichnend ist, von welcher Seite sie Hilfe erfuhr. Im Rahmen eines Bachfestes, das in diesem Sommer in Breslau veranstaltet wurde, kam auch an einem Gesangsabend das Lied »Ein feste Burg ist unser Gott« zum Vortrag. Die positiven Erinnerungen an frühere Schulandachten, die hierdurch geweckt wurden, verursachten in ihr eine innere Heilung, die für sie im Rückblick auf dieses Ereignis einen bezeichnenden Charakter bekam.

Ihr Studienortwechsel nach Göttingen, ausgelöst durch die geistige Anziehungskraft E. Husserls, sollte entscheidende Weichenstellungen für ihr ganzes späteres Leben beinhalten. Vor allem die Menschen, die sie im Rahmen ihrer Vertiefung in die Philosophie kennen lernen sollte, waren von prägender Wirkung. Denn unter diesen philosophisch geprägten Menschen hatte Edith Stein eine Reihe gläubiger Menschen kennen gelernt. »Ich ging jetzt sogar mit meinen Freundinnen manchmal in eine protestantische Kirche (die Vermischung von Politik und Religion, die dort in den Predigten vorherrschte, konnte mich freilich nicht zur Kenntnis des reinen Glaubens führen und stieß mich auch oft ab); aber ich hatte den Weg zu Gott noch nicht wiedergefunden.«[12]

[10] A. a. O., 181/182. [11] Vgl. a. a. O., 184. [12] A. a. O., 283.

Zum Kreis der Phänomenologen gehörte auch Max Scheler, wie Husserl ebenso maßgeblich innerhalb der Phänomenologie. Er verstand es, durch seine Sprachgewalt andere Menschen für die katholischen Ideen und den Glauben als solchen zu begeistern. So auch Edith Stein, der auf diese Weise ein Bereich von Phänomenen erschlossen wurde, an denen sie nicht mehr blind vorübergehen konnte. Zwar wurde sie dadurch noch nicht zum Glauben geführt, doch »die Schranken der rationalistischen Vorurteile, in denen ich aufgewachsen war, ohne es zu wissen, fielen, und die Welt des Glaubens stand plötzlich vor mir. Menschen, mit denen ich täglich umging, zu denen ich mit Bewunderung aufblickte, lebten darin. Sie mussten zumindest eines ernsten Nachdenkens wert sein. Vorläufig ging ich noch nicht an eine systematische Beschäftigung mit den Glaubensfragen; dazu war ich noch viel zu sehr von andern Dingen ausgefüllt. Ich begnügte mich damit, Anregungen aus meiner Umgebung widerstandslos in mich aufzunehmen, und wurde – fast ohne es zu merken – dadurch allmählich umgebildet«.[13]

Anregungen gaben ihr auch die Mitglieder der Philosophischen Gesellschaft in Göttingen. Zu ihnen gehörte besonders Adolf Reinach, der zu dieser Zeit Assistent von Husserl war und durch den sie noch stärker mit der Phänomenologie in Berührung kam. Auch das Ehepaar Reinach war zum Christentum übergetreten.

Die gemeinsame Arbeit in Reinachs Seminar wie auch die Zeit in der Philosophischen Gesellschaft gaben ihr Kraft, um über Zeiten der Depression hinwegzukommen. So auch als sie unter großen Qualen um geistige Klarheit rang bei den Vorbereitungen ihres Staatsexamens. »Es war zum ersten Mal in meinem Leben, dass ich vor etwas stand, was ich nicht mit meinem Willen erzwingen konnte. ... Das brachte mich so weit, dass mir das Leben unerträglich schien. ... Ich konnte nicht mehr über die Straße gehen, ohne zu wünschen, dass ein Wagen über mich hinwegführe. ... Es ahnte wohl niemand, wie es in mir aussah.«[14]

In dieser Situation vermochte es Reinach, ihr Mut zuzusprechen und ihren Kopf in ein klares und wohl geordnetes Ganzes zu verwandeln.[15] Um so mehr traf sie Reinachs früher Tod im September 1917. Er sollte Auslöser sein für ihre eigene Hinwendung zum christlichen Glauben.

d. Entscheidungen

Im Frühjahr 1918 fuhr sie nach Göttingen, um Anne Reinach beim Ordnen der hinterlassenen Schriften behilflich zu sein und ihr zugleich Trost zuzusprechen. Wider Erwarten traf sie keine untröstliche Witwe an, sondern vielmehr eine Frau, die innerlich gefasst war und einen ungebrochenen Lebensmut besaß.[16]

[13] A. a. O., 230. [14] A. a. O., 246/247. [15] Vgl. a. a. O., 252/253.
[16] Vgl. Neyer, Maria Amata: Edith Stein. Ihr Leben in Dokumenten und Bildern. Würzburg ^{4}1988, 21.

Adolf Reinach hatte mit seiner Frau für den Fall, dass er nicht mehr aus dem Krieg heimkehren sollte, beschlossen, seinen Tod als Teilhabe am Kreuzestod Christi zu werten. So erlebte Edith Stein hier die Kraft, die der Glaube an den erlösenden Kreuzestod Jesu dem Leidenden mitzuteilen vermag. Dieses Erlebnis richtete Edith Stein zum ersten Mal auf den christlichen Glauben aus.[17]
Dies war der erste intensive inhaltliche Kontakt mit der christlichen Lehre und den damit verbundenen Wirkungen, wie sie in diesem Fall bei Anne Reinach spürbar geworden war. »Es war dies meine erste Begegnung mit dem Kreuz und der göttlichen Kraft, die es seinen Trägern mitteilt. Ich sah zum ersten Mal die aus dem Erlöserleiden geborene Kirche in ihrem Sieg über den Stachel des Todes handgreiflich vor mir. Es war der Augenblick, in dem mein Unglaube zusammenbrach und Christus aufstrahlte: Christus im Geheimnis des Kreuzes.«[18]
Schon einige Zeit vorher hatte sie auf einprägsame Weise die Besonderheit des christlichen Glaubenslebens kennen gelernt. Auf der Fahrt von Breslau nach Freiburg im Juli 1916 führte sie ein Abstecher nach Frankfurt am Main, in den Frankfurter Dom. Während sie mit ihrer Freundin Pauline Reinach im Dom »in ehrfürchtigem Schweigen verweilte, kam eine Frau mit ihrem Marktkorb herein und kniete zu kurzem Gebet in einer Bank nieder. Das war für mich etwas ganz Neues. In die Synagogen und in die protestantischen Kirchen, die ich besucht hatte, ging man nur zum Gottesdienst. Hier aber kam jemand mitten aus den Werktagsgeschäften in die menschenleere Kirche wie zu einem vertrauten Gespräch. Das habe ich nie vergessen können«.[19]
Einen letzten Impuls, sich für eine Konversion zum Christentum, wie es in der katholischen Kirche gelebt wurde, gab ihr die Vita der hl. Teresa von Avila, die sie bei ihrer Freundin Hedwig Conrad-Martius las. Angestoßen durch diese Lebensbeschreibung, die sie als Ausdruck der Wahrheit erkannte, ließ sie sich Neujahr 1922 in Bergzabern in der katholischen Pfarrkirche taufen. Nur einen Monat später wurde sie in der Privatkapelle des Speyrer Bischofs Dr. Sebastian gefirmt. Als Taufpatin stand ihr Hedwig Conrad-Martius, eine evangelische Christin, zur Seite, eine nicht alltägliche Besonderheit.
Ihr Glaubensleben erfuhr in den Folgejahren eine besondere Vertiefung durch die liturgische Praxis, wie sie in der Erzabtei St. Martin in Beuron geübt wurde. Besonders war die Gnadenkapelle der Abtei für sie ein viel gesuchter Aufenthaltsort. Hierin zog sie sich zurück. Schon in Speyer, wo sie seit 1923 am Mäd-

[17] Vgl. hierzu auch eine Stellungnahme von Prof. Johannes Hirschmann SJ, der Edith Stein persönlich kannte und in einem Brief an Teresia Renata Posselt, die Priorin des Kölner Karmels zur Zeit des Eintritts Edith Steins in den Karmel, darlegte, dass in der Art der Begegnung mit Anne Reinach der entscheidende Anlass für die Hinwendung zum Christentum zu sehen sei. Brief von J. Hirschmann SJ an T. R. Posselt am 13. Mai 1950; Original im Edith-Stein-Archiv des Kölner Karmels. (Vgl. ESW XIV, 103, Anm. 2.)
[18] Posselt, Teresia Renata: Edith Stein. Eine große Frau unseres Jahrhunderts. Freiburg ^{9}1963, 68; zit. n.: ESW X, 39.
[19] ESW VII, 362.

chenlyzeum lehrte, hatte sie sich in der Klosterkirche in einen Winkel einen Betstuhl gestellt, um sich in die Stille zurückziehen zu können und so ungestört beten zu können.[20] Diese Form der Glaubens- und Gebetspraxis schien das Ziel zu sein, das sie nach einem langen Weg der Suche und des inneren Ringens erreicht hatte. Hier und später im Karmel fand sie die geeigneten Orte, um diese Lebensform des Stehens-vor-Gott praktizieren zu können.

Dass ihr der direkte Weg in den Karmel unmittelbar nach der Taufe zunächst nicht offen stand, hatte seinen Grund in der Befindlichkeit ihrer Mutter. Edith wurde, als sie ihrer Mutter einige Monate nach der Taufe gegenüberstand, klar, »dass sie (die Mutter, d. Vf.) dem zweiten Schlag vorläufig nicht gewachsen sei. (...) Es würde sie mit einer Verbitterung erfüllen, die ich nicht verantworten könnte«.[21] Auch ihr geistlicher Begleiter, Erzabt Raphael Walzer, riet ihr zunächst aus Rücksicht auf ihre Mutter ab. Die innere Auflehnung ihrer Mutter gegen ihre Konversion und schließlich gegen ihren Eintritt in den Karmel drückte sich gänzlich in dem Dialog aus, der sich am 12. Oktober, ihrem Geburtstag und am Vorabend ihrer Abreise in den Kölner Karmel, entspann. Edith war mit ihrer Mutter auf dem Heimweg von der Synagoge. Das Gespräch über den Glauben legt sie wie folgt in ihren Aufzeichnungen »Wie ich in den Kölner Karmel kam« dar: »'War die Predigt nicht schön?' 'Ja.' 'Man kann also auch jüdisch fromm sein?' 'Gewiss – wenn man nichts anderes kennen gelernt hat.' Nun kam es verzweifelt zurück. 'Warum hast du es kennen gelernt? Ich will nichts gegen ihn sagen. Er mag ein sehr guter Mensch gewesen sein. Aber warum hat er sich zu Gott gemacht?'«[22] So sehr die Mutter hierin einen scharfen Trennungsstrich zwischen Judentum und Christentum erblickte, so sehr empfand Edith »ihre Konversion zum katholischen Glauben als Neuentdeckung des religiösen Gehalts des Judentums und als Rückkehr zu ihm«.[23]

2. Der Raum der Stille als äußere Bedingung ihrer Spiritualität

So sehr die Konversion ein äußeres Zeichen ihrer Neuorientierung war, so sehr hatte sie sich auch innerlich neu ausgerichtet. So gehörte es ihrer Meinung nach »zu ihrem geistlichen Leben, sich immer wieder, wenn die anderen Aufgaben es ihr möglich machten, in die Stille zurückzuziehen und zu beten. Dieses innere Gebet hat sie auch anderen empfohlen. Gerade der in vielerlei Obliegenheiten voll eingespannte Mensch ... bedürfe solcher Einkehr ins eigene Innere, wo Gott in uns wohnt«.[24] Dies war der Weg, auf dem sie dem Herrn nachfolgen konnte. »Ihn aufnehmen im Innersten des Herzens; Christi mystisches Fortleben teilen; ihm in freier Hingabe angehören; verbunden sein mit Christus zu dauernder

[20] Vgl. Neyer: 1988, 38. [21] Stein: 1994, 20. [22] A. a. O., 46.
[23] Ziegenaus, Anton: Benedicta a Cruce – Jüdin und Christin. In: Edith Stein. Leben, Philosophie, Vollendung. Herausg. v. Leo Elders, Würzburg 1991, 133.
[24] Neyer, Amata: 1988, 38.

Lebensgemeinschaft. ... Zu einem Miteinander zwischen ihm und uns soll es kommen, zum immerwährenden Gespräch der Freundschaft mit Gott.«[25]

Die Abgeschiedenheit ist die Zeit, in der wir schweigend lauschen. Hier können wir »das göttliche Wort in uns wirken lassen, bis es dahin drängt, im Opfer des Lobes und im Opfer der Tat fruchtbar zu werden«.[26] Die stille Zwiesprache des Herzens mit Gott bildet die Voraussetzung dafür, dass die lebendigen Bausteine bereitet werden, aus denen das Reich Gottes aufgebaut wird.

Dieses Leer- und Stillwerden vor Gott bietet die Möglichkeit, uns der Gnade zu öffnen, das heißt, unserem eigenen Willen völlig zu entsagen und ihn dem göttlichen Willen gefangen zu geben, unsere ganze Seele aufnahme- und formungsbereit in Gottes Hände zu legen.[27] Diese Form des Gebetslebens bot Edith Stein die Möglichkeit, ihr Leben in einem ständigen Stehen vor dem Angesicht Gottes zu vollziehen.

3. Das Leben als ein Stehen vor Gott

Es stellt sich die Frage, worin das Wertvolle für Edith Stein in diesem Stehen vor Gott zu sehen ist. Ein Zweifaches kann als Antwort gelten: einerseits in der Möglichkeit der innigen stillen Zwiesprache des Herzens mit Gott und andererseits im stellvertretenden Gebet, von dessen Wirkung sie zutiefst überzeugt war.[28] In der Zwiesprache des Herzens mit Gott sah sie die Möglichkeit am mystischen Strom, den sie als innerstes Leben der Kirche bezeichnet, teilhaben zu können.[29] Dieser mystische Strom stellt zugleich die innige Verbindung zu Jesus Christus dar, dessen Gebetsleben für sie einen absoluten Vorbildcharakter besaß. Und selbst dieses einsame Sprechen Jesu mit Gott dem Vater reicht zurück in den alten Bund, in dessen Tradition stehend er sich versteht.

Wie der Hohepriester stellvertretend im Allerheiligsten des Tempels sein fürbittendes Gebet vortrug und Opferhandlungen vollzog, so vollzieht Jesus sein betendes Sprechen mit Gott. »Er entsiegelt das Geheimnis des Hohepriestertums: alle die Seinen dürfen es hören, wie er im Allerheiligsten seines Herzens mit dem Vater spricht; sie sollen erfahren, worum es geht, und sollen lernen, in ihrem Herzen mit dem Vater zu sprechen.«[30]

Überhaupt erscheint das Leben Jesu, wie es die Evangelien vermitteln, als ein ständiges Stehen vor Gott, in seinem alltäglichen Leben und Handeln und auch in seinen Gebeten. Beides ist bei ihm ineinander verwoben und kann uns als Vorbild dienen. In seinem Leben sieht sich Jesus mit seinem Vater ständig in einer innigen Verbundenheit. So ist es für ihn selbstverständlich, bei gemeinsamem Mahlhalten mit allen Menschen, die ihn begleiten, Gott im Gebet zu danken. »Er dankt, weil er sich im Voraus erhört weiß. Er dankt für die göttliche

[25] A. a. O. 48. [26] ESW XI, 23. [27] Vgl. ESW V, 88.
[28] Vgl. hierzu die vielfältigen Bitten um Gebetshilfe in ihren zahlreichen Briefen. ESW VIII und IX.
[29] Vgl. ESW XI, 21. [30] A. a. O., 17/18.

Kraft, die er in sich trägt und durch die er die Allmacht des Schöpfers vor den Menschen erweisen wird.«[31]

Analog können wir diese Aussage Edith Steins über Jesus auch über uns selbst treffen, da wir davon ausgehen dürfen, dass Gott allen Menschen seine Kraft und Macht zuteil werden lassen will, damit die Menschen als Abbild Gottes mitschöpferisch an der Schöpfung tätig werden können. Dazu sind wir berufen und dazu fühlte sich auch Edith Stein berufen. Im Stehen vor Gott werden wir zu seinen Werkzeugen, um dem Nächsten von ihm etwas mitzuteilen, wie Edith Stein es in einem Brief an Erna Hermann formuliert: »Ich bin nur ein Werkzeug des Herrn. Wer zu mir kommt, den möchte ich zu ihm führen.«[32] Dies können wir als Ausdruck der intensiven Spiritualität Edith Steins werten.

II. Spiritualität im Alltag – Alltagsspiritualität

1. Heutige lebensweltliche Bedingungen und Erfahrungen

So unbestritten die Sätze Edith Steins auch heute noch gelten, so sehr scheint es notwendig zu sein, zu den heutigen Lebenssituationen und -bezügen einige Gedanken und Anfragen vorzutragen. Grundsätzlich steht der heutige Mensch in komplexeren Lebensbezügen als die Menschen zur Zeit Edith Steins. Hinzu kommt eine sich verstärkende indifferente Haltung der Menschen gegenüber den Kirchen und ihren alltäglichen spirituellen Angeboten. Dabei denken wir nicht nur an die Intellektuellenschicht, die im szientistischen Bereich vielspurige Wege geht.

Auch jene Menschen, die ein »normales« Alltagsleben führen, unterliegen durch die weltumspannende Informationsfülle, bedingt durch Internet und andere Kommunikationsformen, vielfältigen Erklärungszusammenhängen. Droht der Mensch diesen Zusammenhängen vielleicht zu erliegen? Alles wird hinterfragt, weil vieles hinterfragbar und auch erklärbar und damit »sichtbar« zu sein scheint. Die Lebenszusammenhänge und -bezüge werden also im weitesten Sinne »technisierbar«. Wir brauchen, so hat es zumindest den Anschein, nur bestimmte Techniken, um Verborgenes offensichtlich werden zu lassen.

Wird aber, so müssen wir uns fragen, durch das »Erklären« der Umstände und der Dinge, die uns so mannigfach umgeben, auch eine Klärung erreicht? Klärung meint hier die Beantwortung der Frage nach der Beziehung, die die äußeren Dinge mit dem Menschen, jedem Einzelnen konkret haben. Zu fragen ist auch nach den Wirkungen, die im Inneren des Menschen erzeugt werden.

Neigen wir heute zu einer vorschnellen Veräußerlichung, weg von den Erfahrungen, die den Menschen im Innersten »betreffen« können?

[31] A. a. O., 12.

[32] ESW VIII, 152.

2. »Andere« Erfahrungen

In der hektischer werdenden Lebenswelt, in der nur noch der Erfolg, das Wachstum und das Streben nach dem Mehr zählen, ist eine vermehrte Suche nach einem ruhenden Pol zu bemerken. Man könnte diesen ruhenden Pol als einen Halt in sprachlich doppelter Hinsicht bezeichnen: als etwas, woran man Halt machen kann, und als etwas, woran man sich halten kann.

Als Weg zu diesem Halt können die unterschiedlichsten Meditationsformen angesehen werden, deren Quelle in verschiedenen Religionen zu suchen sind. Dabei scheint es im Allgemeinen keine Rolle zu spielen, an welchen Ort sich der Halt suchende Mensch begibt, um seinem gesteckten Ziel näher zu kommen. So ist zur Zeit ein gesteigertes Interesse an Klosteraufenthalten zu verzeichnen, um, vordergründig gesprochen, unter anderem das Bedürfnis nach »Enthektisierung« des Alltagslebens befriedigen zu können.

Dieses Bedürfnis ist nicht nur bei gläubigen Menschen festzustellen, sondern auch bei jenen, die ein bloß latentes, auf welche Weise auch immer geartetes Verhältnis zu einer Glaubensgemeinschaft haben. Und auch gänzlich einer Religion fern stehende Menschen sind dem Kreis der Meditation Suchenden zuzurechnen. Ziel der Übung ist meistens ein »zur Ruhe kommen« und die Konzentration des Geistes, ein »mentales Auftanken«. Hierin kann durchaus der Versuch der Verinnerlichung des äußerlich Erfahrenen liegen wie auch der Stärkung des Innen, um dem Außen, den weltlichen Einflüssen nicht ganz schutzlos ausgeliefert zu sein.

Dass es bei solchen Aufenthalten notwendigerweise zu sensuellen Berührungen mit den sakralen Gegebenheiten vor Ort kommt, ist offensichtlich. Es stellt sich nur die Frage, welche Wirkungen in den jeweiligen Besuchern erzeugt werden. Wenn wir der Überzeugung sind, dass die Ursache der Spiritualität, insbesondere der christlichen, sprich Gott, selbst eine langfristig tragende Wirkung im einzelnen Menschen hervorrufen kann, dann sollten wir versuchen, Wege zu finden, wie dem konkreten Menschen eine »bewegende« Spiritualität, die sein Leben von innen bereichert, vermittelt werden kann.

3. Voraussetzungen zur persönlichen Spiritualität

Wichtig erscheint hierbei die Bereitschaft, vielfältige spirituelle Formen zuzulassen und auf diese Weise dem Einzelnen die Möglichkeit einzuräumen, den je eigenen Weg zu einer spirituellen Praxis zu finden.

Sicherlich sollte dabei vermieden werden, sich auf den rein geistlich-geistigen Bereich des menschlichen Lebens allein zu konzentrieren.[33] Durch eine solche ausschließliche Ausrichtung der Spiritualität würde der Mensch in seiner Ganzheit verfehlt. Vielmehr ist ganz besonders auf die menschlich-weltlichen Lebensbezüge zu achten, auf das konkret gelebte Dasein des Menschen in der

[33] Vgl. Sudbrack: 119.

Welt. Das heißt, neben der geistig-seelischen Komplexität muss die leibliche Komponente des Menschen Frucht tragen können.

Christliche Spiritualität zeigt sich erst in der Vielfältigkeit und Vielgestaltigkeit einzelner persönlicher Spiritualitäten, indem sich der Mensch »in den betenden und handelnden Dienst am Reich Gottes, je nach seiner Berufung, hineinverliert«.[34] Gemäß dieser Überzeugung kann alles Handeln im Leben als Gottesdienst verstanden werden, wie Edith Stein es beispielsweise in Bezug auf ihre philosophische Arbeit über Thomas v. Aquin formuliert. Von ihm habe sie gelernt, »dass es möglich sei, Wissenschaft als Gottesdienst zu betreiben«.[35] Und entsprechend können wir mit Edith Stein folgern, dass dem Leben in der Welt kein geringes Gewicht zukommt, wenn es um ein authentisches Stehen des Menschen vor Gott geht.

Selbst das beschaulichste Leben bedarf der Verbindung mit der Welt. Je tiefer ein Mensch in Gott hineingezogen wird, desto mehr ist ihm die Aufgabe gestellt, in die Welt hineinzugehen und zu wirken. Auf diese Weise erst wird das göttliche Leben in die Welt hineingetragen. Erst in diesem Ineinanderübergehen von äußeren Lebensbeziehungen und innerlicher Gottbezogenheit kommt ein echtes Handeln vor Gott in der Welt zur Entfaltung.[36] In die gleiche Richtung weisen die von Josef Sudbrack genannten Bestimmungen, die zu einer für unsere Zeit gültigen Spiritualität gehören. Hierzu zählt zweifellos ein verstärktes Engagement des Einzelnen in der Welt, besonders im sozialen Bereich, gepaart mit meditativer Selbstfindung.[37] Es geht hier also um eine Vermittlung der äußeren weltlichen Alltagsbezüge und des inneren Gottesbezuges des Menschen.

Diese innere Haltung durchhalten zu können, dazu kann uns die gemeinsame Feier einer ansprechenden Liturgie verhelfen. In der Liturgie ist die gesamte Schöpfung einbezogen. Die feierlichen Gebete der Liturgie »umrahmen ... und durchflechten und heiligen alles andere 'Tageswerk', so dass aus Gebet und Arbeit ein einziges *opus Dei*, die einzige 'Liturgie' wird«.[38]

Die Schwierigkeit besteht in heutiger Zeit allerdings darin, den Menschen, die in diesem Lebenszusammenhang nicht zu Hause sind, diese Blickrichtung zu erschließen.

4. Ein Beispiel lebensnaher Spiritualität

Wir sagten, dass christliche Spiritualität sich erst in der Vielfältigkeit und Vielgestaltigkeit einzelner persönlicher Spiritualitäten zeigt. Eine persönliche Spiritualität ist aber zugleich eine lebensnahe Spiritualität, weil sie immer mit dem ganz konkreten Leben des Einzelnen aufs Engste verbunden ist, aus diesem Leben erwächst und in ihrem Vollzug rückwirkend auf dieses konkrete menschliche Leben Einfluss nimmt.

[34] Ders.: 123.
[35] ESW VIII, 88.
[36] Vgl. a. a. O.
[37] Vgl. Sudbrack: 104.
[38] A. a. O., 13–14.

Dies geschieht entsprechend des Lebensvollzugs in großer Unterschiedlichkeit, nicht nur weil die geistig-seelische wie leibliche Verfasstheit des Einzelnen höchst differenziert ist, sondern weil Jesus Christus jedem in einer einmaligen Art und Weise begegnet, wie es das Pfingstereignis zeigt.

a. Möglichkeit der Hinführung zu einem spirituellen Leben

Im Versuch, Wege zu einem spirituellen Leben gerade für Menschen aufzuzeigen, die diese Form des Lebensvollzugs nicht oder nicht mehr gewöhnt sind, sollten wir uns darauf konzentrieren, die Herzen der Menschen zu erreichen. Das Gefühl des Menschen gilt es anzusprechen, weniger den Kopf. Glaube, soll er den Menschen im Tiefsten erreichen und erfassen, vollzieht sich in erster Linie in einem *Erspüren* der Wirklichkeit. Zu dieser Wirklichkeit gehört nicht nur das äußerlich Sichtbare und Erkennbare, sondern auch und vor allem das Unsichtbare, das das Sichtbare erst sichtbar werden lässt. Das Innerste dieser Wirklichkeit, der tiefste Grund, ist Gott selbst.

Diese Wirklichkeit der Wirklichkeit muss neu erspürt werden, damit lebensnahe Spiritualität möglich werden kann. Eine Voraussetzung hierfür ist, den Sensus im Menschen für das Innere, für das Geheimnis neu zu entdecken.[39] Erspürenkönnen der Wirklichkeit Gottes und Sensibilisieren dieses Sensus gehen somit Hand in Hand. So kann die Devise nicht anders lauten als Konzentration auf das Wesentliche unserer selbst, um auf diese Weise intuitiv zu erkennen, was uns im Innersten bewegt. Diese Erkenntnis vollzieht sich immer als eine Bewegung, die in zwei Richtungen verläuft: zum einen in Form einer Versenkung in die Innerlichkeit, in eine innere Weite hinein, die die Anwesenheit Gottes im innersten Kern des Menschen erfahren lässt.[40] Zum anderen finden wir dadurch die Kraft, uns nach außen zu bewegen, in die Welt hinein, um in ihr gemäß unseres schöpferischen Auftrags zu wirken.

b. Schöpferisch tätige Alltagsspiritualität

Olivier Clement berichtet in seinem Büchlein »Taizé, einen Sinn fürs Leben finden« von einem japanischen Studenten, dessen Interesse dem Vollzug des christlichen Glaubens gilt. Es ist ein Glaube, »der es ... erlaubt, sowohl tiefe spirituelle Erfahrung zu machen, als auch sich in einer schöpferischen Art und Weise für die Welt zu öffnen«.[41] Gerade dieses Verständnis von Spiritualität, die Verbindung von spiritueller Erfahrung und schöpferischer Zuwendung zur Welt ist der Ansatz des gemeinschaftlichen Lebens in Taizé und erinnert zugleich stark an die spirituelle Lebensführung Edith Steins.

[39] Clement: 1999, 52.
[40] Vgl. hierzu die weiter oben schon durch A. Neyer dargelegte Lebenspraxis Edith Steins. Vgl. Neyer: 1988, 38.
[41] Ders.: 53.

Beides, spirituelle Erfahrung und schöpferische Zuwendung zur Welt, sind engstens miteinander verknüpft. Wir können sogar behaupten, das eine ist ohne das andere nicht denkbar, da uns das Gebet als Grundlage der spirituellen Erfahrung in eine Verantwortung gegenüber der Welt hineinholt. Im Gebet tauchen wir in die Wirklichkeit Gottes hinein und werden mit der Kraft des Heiligen Geistes erfüllt. Diese Wirklichkeit Gottes begründet also die ganz konkrete Verantwortung des Einzelnen gegenüber seinem Nächsten und damit der Welt.

Beispiele der Verantwortungsübernahme können wir im konkreten Leben der Mitbrüder von Taizé erleben, wie sie bei jenen Menschen leben, die in ihren Elendsquartieren unter Armut und Verlassenheit leiden. »Es kann aber auch bedeuten, erfinderisch zu werden, schöpferisch in allen Bereichen, auch in Sachen Ökonomie, Weltgesellschaft, Kultur«[42] und vieles andere mehr. Und auch das immerwährende Stehen vor Gott, das sich in der täglichen Gebetspraxis des Karmelitenordens, dem sich Edith Stein bewusst anschloss und in dem sie ihre Heimat fand, ausdrückt, bedeutet eine Form der Verantwortungsübernahme gegenüber der Welt.

Nichts anderes meint eine »Spiritualität im Alltag«: das Hineinnehmen unserer Lebensvollzüge in das alltägliche Gebet vor Gott. Selbst wenn die Kraft zu diesem Gebet fehlen sollte und wir glauben, dass unsere Spiritualität versiegt, können wir mit Frère Roger Schutz formulieren: »Wir fragen dich (Jesus): Was erwartest du von mir? Und durch den Heiligen Geist antwortest du: Nichts soll dich verwirren, ich bete in dir, wage es, dein Leben zu geben.«[43]

[42] Ders.: 54.

[43] Schutz: 1997, 35.

Literaturverzeichnis:

Clement, Olivier: Taizé. Einen Sinn fürs Leben finden. Freiburg 1999.

Leuven, Romaeus: Heil im Unheil. Das Leben Edith Steins: Reife und Vollendung. Edith Stein Werke, Bd. X. Herausg. von L. Gelber u. R. Leuven OCD. Druten u. Freiburg u. a. 1983. Zit.: ESW X.

Neyer, Maria Amata: Edith Stein. Ihr Leben in Dokumenten und Bildern. Würzburg ^{4}1988.

Posselt, Teresia Renata: Edith Stein. Eine große Frau unseres Jahrhunderts. Freiburg ^{9}1963.

Schutz, Roger: Taizé. Gemeinsame Gebete für das ganze Jahr. Freiburg ^{2}1997.

Stein, Edith: Aus dem Leben einer jüdischen Familie. Das Leben Edith Steins: Kindheit und Jugend. Edith Stein Werke, Bd. VII. Herausg. von L. Gelber u. R. Leuven OCD. Druten und Freiburg u. a. 1985. Zit.: ESW VII.

Stein, Edith: Wie ich in den Kölner Karmel kam. Herausg. mit Erläuterungen und Ergänzungen von Maria Amata Neyer. Würzburg 1994.

Sudbrack, Josef: Spiritualität. In: Herders Theologisches Taschenlexikon 7. Herausg. v. Karl Rahner. Freiburg u. a. 1973.

Ziegenaus, Anton: Benedicta a Cruce – Jüdin und Christin. In: Edith Stein. Leben, Philosophie, Vollendung. Herausg. von Leo Elders SVD. Würzburg 1991, 122–143.

5. Denkwege Edith Steins[1]

*Bruno H. Reifenrath**

Wer am Ende der längst von Gras und Gestrüpp überwucherten Rampe des ehemaligen Vernichtungslagers Auschwitz-Birkenau steht, in die Ferne zurückschaut auf das langgestreckte Torgebäude, die zahlreichen – wie mahnende Finger in den Himmel ragenden Kamine der inzwischen verfallenen Baracken sowie die Trümmer der gesprengten Krematorien erblickt und sich vorzustellen wagt, was sich in den letzten Jahren der Nazi-Ära auf diesem Gelände an Furchtbarem ereignet hat, den ergreifen unwillkürlich Scham und Entsetzen im Innersten seiner Seele. Mir erging es so, als ich diesen Ort des Schreckens im Spätsommer des Jahres 1981 in Begleitung einiger polnischer Freunde und Kollegen betrat. Wer kennt die Namen der Millionen, die – ergriffen von Angst und Todesfurcht – hier in perfekt funktionierenden Vernichtungsanlagen, Menschenvernichtungsanlagen, getrieben wurden?! – Eine Vielzahl von Namen fand ich im Lagerarchiv, darunter auch die Namen der Kölner Juden. Längst nicht alle wurden bei ihrer Ankunft registriert. Die weitaus größere Zahl von Menschen, darunter meist Frauen und Kinder, wurde direkt ins Gas getrieben und verbrannt; diese Menschen wurden – wie die SS-Leute zynisch zu sagen pflegten – erst »im Himmel registriert«.

Mir hat es die Sprache verschlagen; ich bin sprachlos geworden, weil ich das, was ich dort in Auschwitz nacherlebte, nicht mehr in Worte fassen konnte. Vielleicht hüllt sich das Entsetzen gerade deshalb oft in Schweigen, weil die Sprache versagt, wenn es darum geht, Geschehnisse von apokalyptischer Dimension zu objektivieren, jedenfalls in der nüchternen Sprache der Wissenschaft, die ich gewohnt bin zu sprechen. – Da kamen mir *fremde* Worte in den Sinn, Worte von *Edith Stein*, der berühmten Philosophin und Karmelitin, in deren »Kreuzeswissenschaft« ich mich noch kurz vor meiner Abreise nach Polen vertieft hatte und die – wie mir nun plötzlich in aller Deutlichkeit bewusst wurde – wie viele ihrer Leidensgefährten hier in Auschwitz-Birkenau am 9. August 1942 in den Tod gegangen war.

Edith Stein, Sr. Teresia Benedicta a Cruce (die vom Kreuz Gesegnete), vergleicht in ihrer »Kreuzeswissenschaft«, einer Studie über Johannes vom Kreuz, die letzte Stufe des Aufschwungs der Menschenseele zu Gott auf metaphorische Weise mit dem Eintauchen in die »dunkle Nacht«, die kein anderer in

* Erbe und Auftrag 73 (1997), Heft 3, S. 196 ff.

[1] Die folgenden Erörterungen basieren auf einer Abhandlung mit dem Titel »Über die Bedeutung von Glauben und Wissen im Werk Edith Steins«, die im Jahre 1987 in der Zeitschrift »Impulse« des Erzbistums Köln veröffentlicht wurde. Verzichtet wurde auf die Abschnitte I und II dieser Abhandlung; die einführenden Gedanken wurden beibehalten und der Abschnitt III im Kern aufgenommen, aber aufgrund neuerer Literaturstudien umgestaltet und wesentlich erweitert.

solch existenzieller Dichte erlebt hat wie Christus in der Nacht vor seinem Tode. »Kein Menschenherz ist je in eine so dunkle Nacht eingegangen wie der Gottmensch in Gethsemani und auf Golgata«, schreibt Edith Stein. »In das unergründliche Geheimnis der Gottverlassenheit vermag kein forschender Menschengeist einzudringen. Aber Jesus kann auserwählten Seelen etwas von dieser äußersten Bitterkeit zu kosten geben. Es sind seine treuesten Freunde, denen er es als letzte Probe ihrer Liebe zumutet.«[2] – Ich interpretiere Edith Steins Worte in der Weise, dass der »dunklen Nacht« nur *der* furchtlos ins Auge schauen kann und nur *der* dieselbe bewusst durchzustehen vermag, dem der Glaube die Gewissheit gibt, dass dies kein Ende, sondern den Neubeginn dessen bedeutet, was das *mysterium fidei* mit der »Auferstehung des Fleisches« meint. Ohne Zweifel ist auch hier der Punkt gekommen, an dem die Philosophie wie auch die Wissenschaft ganz allgemein versagt, ja nicht mehr weiterweiß; sie hat angesichts der »letzten Dinge« die Kompetenz der Mitsprache verloren. Die Philosophie begibt sich in merkwürdige Kreisbewegungen und fabriziert Zirkelschlüsse, wenn sie sich den »letzten Dingen«, so dem Phänomen des Todes, zuwendet. So ist etwa nach *Heidegger* der Tod die »äußerste Möglichkeit« des menschlichen Seins und die Angst deshalb die »Grundbefindlichkeit« des Daseins. Auf die Sinnlosigkeit solchen Redens hat nun Edith Stein aufmerksam gemacht, indem sie einen Zirkel im Denken Heideggers aufdeckt: »Wenn es des Daseins letzter Sinn ist«, so argumentiert sie, »Sein zum Tode« zu sein, so müsste ja durch den Sinn des Todes der Sinn des Daseins erhellt werden.«[3] Für Edith Stein ist eine Lösung nur dann möglich, wenn man aus dem soeben vorgestellten Zirkel heraustritt. Dem Dasein wird beim Eintritt des Todes die Bedeutung seines In-der-Welt-seins genommen. »Man könnte also sagen: Es ist möglich, dass das In-der-Welt-sein des Menschen endet, ohne dass es damit in einem andern Sinn aufhörte zu sein.«[4] Somit erweist sich für die Philosophie der Übergang von der Seinsweise des In-der-Welt-seins in eine andere Seinsweise zwar als denkmöglich, aber nicht als Gewissheit; die Frage nach dem »Schicksal der Seele« vermag sie nicht mehr zu beantworten. Es ist bemerkenswert, dass gerade eine Philosophin vom Format Edith Steins zu diesem Schlusse kommt, und der von keiner wissenschaftlichen Reflexion getrübte Geist mag seine Auffassung bestätigt finden, die er bereits immer schon vertreten hatte, nämlich dass die Wissenschaft, das ganze »Philosophieren«, ohnehin dem Glauben eher schade und gerade »im Hinblick auf die Ewigkeit« nichts nütze.

Eine solche Einlassung ließe sich allerdings bereits mit einer Versicherung *Kants* entkräften, dass zwischen Wissen und Glauben kein Widerspruch oder

[2] *Stein, Edith*: Kreuzeswissenschaft. Eine Studie über Johannes a Cruce. ESW, Bd. 1. Hrsg. von *Dr. L. Gelber* und *P. Fr. Romaeus Leuven OCD*. Louvain und Freiburg 1950, S. 25.

3 *Stein, Edith*: Martin Heideggers Existentialphilosophie. In: Welt und Person. ESW, Bd. VI. Hrsg. von *Dr. L. Gelber* und *P. Fr. Romaeus Leuven OCD*. Louvain und Freiburg 1962, S. 101.

[4] Ibd.

Konflikt bestehen könne, da das Gebiet des Wissens die Welt des Erfahrbaren sei, während sich der Glaube auf etwas richte, was jenseits aller Erfahrung und der Formen derselben liege, dessen Annahme aber ein »Bedürfnis« der Vernunft sei. Deshalb habe er – Kant – das Wissen aufgehoben, »um zum Glauben Platz zu bekommen«.[5]

Folgt man Edith Stein, so liegen die Dinge freilich komplizierter als soeben mit Kant angedeutet. Zwar würde auch sie konzedieren, dass es einen Bereich des Wissens gibt, der der bloßen Erfahrung zugänglich ist, und darüber hinaus eine Welt des Glaubens, aber zwischen beiden liegt nach ihrer Einschätzung keine unüberbrückbare Kluft wie bei Kant. Die Glaubenswahrheiten fordern den Menschen zu einer verstandesmäßigen Auseinandersetzung heraus, während die auf Erfahrung basierenden Einsichten der Ergänzung durch die Glaubenswahrheiten bedürfen. Mit den Worten Edith Steins: »Die Theologie schöpft aus der Offenbarung. Sie bedient sich des natürlichen Verstandes [...], um die Glaubenswahrheiten den Menschen soweit möglich, verständlich zu machen (›fides quaerens intellectum‹!), sie zu ordnen und in ihren Konsequenzen zu entwickeln.«[6] Die philosophische Besinnung hebt mit der Erfahrung an, stößt aber bei ihrer Auseinandersetzung mit den Problemen von Mensch und Welt auf Fragen, bei deren Klärung der Verstand versagt. »Wenn es für uns eine Lösung dieser Fragen geben soll« – so Edith Stein – »so muss es entweder für unseren menschlichen Verstand von sich aus noch einen anderen Erkenntnisweg geben als Erfahrung und philosophische Einsicht. Oder es muss uns die Lösung durch einen Geist gegeben werden, dem das zugänglich ist, was der menschliche Verstand von sich aus nicht erreichen kann. [...] Die Möglichkeit, durch einen überlegenen Geist Aufschluss über etwas zu erhalten, was dem menschlichen Geist von sich aus nicht erreichbar ist, ist verwirklicht in der Tatsache der Offenbarung, der Enthüllung von Tatsachen durch Gott für den Menschen.«[7]

Über das grundlegende Verhältnis von Theologie und Philosophie, so wie es sich im Denken Edith Steins darstellt, ist an anderer Stelle zu handeln. Wichtig ist es für unsere weiteren Betrachtungen, an dieser Stelle festzuhalten, dass bei Edith Stein der Glaube das Denken nicht überflüssig macht, sondern geradezu herausfordert. Jedoch – und diesem Missverständnis muss sogleich vorgebeugt werden – bemisst sich nach Edith Stein wie auch nach der Lehre der Kirche die Bedeutung des Glaubens nicht daran, dass wir mit unserer natürlichen Vernunft seine Wahrheit durchschauen, sondern daran, dass er auf der Autorität Gottes beruht.

[5] *Kant, Immanuel*: KrV Vorr. z. 2. A. (137 – Rc 32).
[6] *Stein, Edith*: Der Aufbau der menschlichen Person. ESW, Bd. XVI. Hrsg. von *Lucy Gelber* und *Michael Linssen OCD*, Freiburg/Basel/Wien 1994, S. 49 f.
[7] Ibd., S. 194.

Wer die Denkwege Edith Steins nachvollziehen will, der kann nicht umhin, sich die enge Verflechtung von Glauben und Wissen zum Bewusstsein zu bringen, wie sie ihrem Denken eigentümlich sind. Dabei wird deutlich, dass sich diese Verflechtung nicht linear aufbaut, sondern dialektisch entfaltet. Die Biographien, die die Personagenese Edith Steins nachzuzeichnen suchen, bringen diese dialektische Struktur mehr oder weniger klar zur Darstellung.

Zur Biographie Edith Steins gibt es freilich zahlreiche Veröffentlichungen, die sich an Qualität zu überbieten suchen und auch aufgrund einer anderen Perspektive jeweils neue Akzente setzen: beginnend mit der Lebensgeschichte aus der Feder von Sr. Teresia Renata de Spiritu Sancto[8], über die substantiellen Darstellungen von Waltraud Herbstrith[9] bis hin zum Werk von Hanna-Barbara Gerl.[10] – Wenn ich nun ebenfalls versuche, den Lebensweg Edith Steins kurz zu skizzieren, so geschieht dies in der Absicht, ihre Denkwege am Leitfaden ihres Lebensweges aufzudecken beziehungsweise deren existenzielle Bezüge zu verdeutlichen.

Ich werde dies in zwei Schritten tun: I. indem ich den Weg vom »Glauben der Väter« weg und hin zur Phänomenologie nachzuvollziehen suche, und indem ich II. die Aneignung der Philosophie des hl. Thomas durch die Phänomenologin Edith Stein und die Aufhebung dieser Positionen in Gestalt einer »christlichen Philosophie« verdeutlichen werde. Ich beginne sogleich mit dem ersten Schritt.

I.

Josef Derbolav hat in seinen praxeologischen Studien die »gläubige Liebe« als die regulative Idee religiöser Praxis ausgewiesen.[11] Das will heißen, dass die »gläubige Liebe« das Fundament aller religiöser Praxis darstellt, derselben ihr eigentliches Richtmaß gibt und zugleich den offenen Zielort dieser Praxis markiert. Gegen diese allgemeine Einlassung ließen sich – sucht man alle Weltreligionen darunter zu begreifen – einige Bedenken erheben.[12]

Zutreffend ist diese Feststellung sicher hinsichtlich des Christentums. »Gläubige Liebe« lässt sich verstehen als eine im Glauben an ein Personhaft-Geistiges fundierte Liebe, bei dem der Mensch Zuflucht und Halt findet. Glaube bedeutet unter diesem Aspekt eine »existenzielle Grundhaltung«, ein »Zuversichthaben« (= fides qua creditur im Unterschied zur fides quae creditur, der Glaubenswahr-

[8] Vgl. *Posselt, Teresia*: Edith Stein. Schwester Teresia Benedicta a Cruce, Philosophin und Carmelitin. Ein Lebensbild, gewonnen aus Erinnerungen und Briefen durch Schwester Teresia Renata de Spiritu Sancto. Freiburg 1957.

[9] *Herbstrith, Waltraud (Hrsg.)*: Edith Stein. Ein Lebensbild in Zeugnissen und Selbstzeugnissen. Mainz 1993.

[10] *Gerl, Hanna-Barbara*: Unerbittliches Licht. Edith Stein. – Philosophie, Mystik, Leben. Mainz 1991.

[11] Vgl. unter anderem *Derbolav, Josef*: Pädagogik und Politik. Eine systematisch-kritische Analyse ihrer Beziehungen Stuttgart/Berlin/Köln/Mainz 1975, S. 91 ff.

[12] Vgl. dazu *Reifenrath, Bruno H.*: Anmerkungen zur Struktur der Religionspraxis. In: Pädagogische Rundschau, 34 (1980), H. 4/5, S. 275–298.

heit). Es handelt sich dabei um eine Art von Vertrauen, das die Liebe zu einem personhaften Sein involviert. – Im christlichen Verständnis lässt sich durchaus – wie ich meine – auch die religiöse Bildungsgeschichte des Menschen, seine religiöse Personagenese, im Lichte dieser regulativen Idee interpretieren. Religiöse Bildung – so wie ich sie begreife – vollzieht sich nicht linear, sondern dialektisch, das heißt über Gegensätze und Widersprüche, im Aufstieg zur regulativen Idee der Glaubenspraxis. Die erste Stufe dieser Entwicklung wollen wir als Stufe der Naivität, des religiösen Umgangsverhaltens in der Familie, bezeichnen. Daran schließt sich in der Regel eine Zeit der Krisis an, in der alles in Frage gestellt wird. Die höchste Stufe, auf der die eigene Bildungsgeschichte rückblickend durchschaut wird, wollen wir die Stufe der vermittelten Naivität nennen. Indem die Stufe der Naivität, der kindlichen Gläubigkeit negiert wird, was mit einer Entfremdung und Krisis verbunden ist, treten Wissen und Tun, die im bloßen Umgangsverhalten miteinander verbunden waren, auseinander, geraten auch Wissen und Glauben in einen Gegensatz zueinander. Gelingt es, diese Gegensätze wieder miteinander zu versöhnen, den scheinbaren Widerspruch aufzuheben auf der Stufe vermittelter Naivität und neuer Verbundenheit mit Gott, dann ist die religiöse Bildung an ihr vorläufiges Ziel gekommen, denn »zu werden wie die Kinder«, ist das Ziel einer so beschriebenen religiösen Entwicklungsgeschichte.
Edith Stein hat das soeben angesprochene Stadium religiöser Urwüchsigkeit beziehungsweise Naivität in einem von der jüdischen Religion geprägten Elternhaus, besser »Mutterhaus«, durchlebt, denn wie wir aus ihrer Autobiographie wissen, hatte sie den Vater bereits als Zweijährige verloren, und alle Sorge um das leibliche und geistige Wohl der Familie lag bei der Mutter, einer *mulier fortis*, vergleichbar mit den großen Frauengestalten des Alten Testamentes. Die Mutter bildete in der Familie »das formende Grundprinzip in Edith Steins Entwicklung«, den »Schwerpunkt, welcher der Heranwachsenden (und ihren Geschwistern) Kraft und Wärme schenkte«[13]. Die im Hause Stein praktizierte und in der Person der Mutter repräsentierte Sitte und Moral war – rein äußerlich betrachtet – durch ein religiöses Brauchtum bestimmt, in dem Denken und Tun noch nicht auseinander gefallen sind –, letztlich aber hatte dies Verhalten wohl seinen Rückhalt in einem unerschütterlichen Glauben an Gott, der Gerechtigkeit und Erbarmen mit den Menschen übt. Von den jüdischen Feiertagen, die unter dem Einfluss der Mutter in der Familie Stein noch in Ehren gehalten wurden, liebte die heranwachsende Edith besonders den Versöhnungstag, den die Mutter immer als den eigentlichen Geburtstag ihrer Tochter betrachtet hatte, weshalb ihr jüngstes Kind ihr »besonders teuer« war.[14]

[13] *Herbstrith, Waltraud*: Das wahre Gesicht Edith Steins. München [4]1980, S. 13 f.
[14] Vgl. *Stein, Edith*: Aus dem Leben einer jüdischen Familie, ESW, Bd. VII. Hrsg. von *Dr. L. Gelber* und *P. Fr. Romaeus Leuven OCD*. Louvain und Freiburg 1965, S. 41 f.

Edith Stein als Studentin in Göttingen 1913.

Was auch immer dazu beigetragen haben mag, sei es das teils liberale Gehabe jüdischer Kreise der damaligen Zeit, sei es die indifferente Einstellung der Geschwister; mit 15 Jahren gewann Edith Stein zunehmend Abstand zum Glauben ihrer Kindheit. Dies geschah nicht aus purer Gleichgültigkeit heraus, sondern aufgrund einer bewussten und entschiedenen Negation: »Ich habe mir damals« – so schreibt sie selbst – »auch das Beten ganz bewusst und aus freiem Entschluss abgewöhnt«[15]. Dafür widmete sie sich in den letzten Jahren ihrer Schulzeit mit großem Eifer vornehmlich den geisteswissenschaftlichen Fächern. »In Schillers philosophischen Schriften«, so gesteht sie selbst, »fand ich die mir genehme Weltanschauung«[16]: Der Mensch ist das Wesen, das die Freiheit will. Die Kultur und insbesondere die Kunst sollen dem Mensch zu dieser Freiheit verhelfen.[17] Solche und ähnliche Gedankengänge ziehen sich wie ein roter Faden durch Schillers theoretische Schriften und philosophische Gedichte. Kein Wunder, dass ein junger Mensch vom Format Edith Steins sich in seinem Streben darin bestätigt finden konnte.
Entscheidend für diesen weiteren Denkweg Edith Steins war die Begegnung der jungen Studentin mit der Göttinger Phänomenologenschule, insbesondere mit *Edmund Husserl*. Philosophiegeschichtlich betrachtet richtete sich die phänomenologische Philosophie gegen die Bewusstseinsphilosophie des Neukantianismus und stand unter dem Motto »Zu den Sachen selbst«. Dabei kommt ihr die Welt mit all ihren Gegebenheiten in den Blick. Der Slogan »zu den Sachen selbst« darf freilich nicht zu der irrigen Auffassung verleiten, als habe es die Phänomenologie mit konkreten, anfassbaren Dingen und Vorgängen zu tun. Es handelt sich dabei vielmehr um Bewusstseins-Gegebenheiten.[18] Die Vorgehensweise der Phänomenologie hat Edith Stein sowohl in ihrer Dissertation als auch in ihrer Münsteraner Vorlesung über den »Aufbau der menschlichen Person« erläutert. Ich zitiere aus dieser letztgenannten Schrift: Es geht primär darum, »die Sachen selbst ins Auge (zu) fassen«. Deshalb kann auch die Phänomenologie behaupten, dass sie von der Erfahrung ihren Ausgang nimmt. »Nicht Theorien über Dinge befragen, möglichst alles ausschalten, was man gehört, gelesen, sich selbst schon zurechtkonstruiert hat, sondern mit unbefangenem Blick an sie herantreten und aus der unmittelbaren Anschauung schöpfen.«[19] Wir dürfen hier ergänzen, dass auch das Wissen auszuklammern ist, das uns etwa die Religion vermittelt hat, das im Zuge der Tradition zu uns gekom-

[15] Ibd., S. 91.
[16] Ibd., S. 108.
[17] Vgl. Stichwort »Schiller«. In: Philosophisches Wörterbuch. Hrsg. von *Georgi Schischkoff*. KTA, Bd. 13. Stuttgart [19]1974, S. 576.
[18] Vgl. hierzu *Danner, Helmut*: Methoden geisteswissenschaftlicher Pädagogik. UTB 947. München / Basel 1979, S. 113.
[19] ESW, Bd. XVI, S. 51.

men ist. Der Phänomenologe geht eben voraussetzungslos ans Werk; das ist ein Tatbestand, der auch für das spätere wissenschaftliche Arbeiten Edith Steins – wenn auch gleichsam mit umgekehrten Vorzeichen – relevant ist. Die methodische Vorgehensweise der Phänomenologie beschreibt Edith Stein im Rahmen ihrer anthropologischen Erörterungen mit den folgenden Worten: »Wenn wir wissen wollen, was der Mensch ist, so müssen wir uns möglichst lebendig in die Situation versetzen, in der wir menschliches Dasein erfahren: das heißt das, was wir in uns selbst erfahren, und das, was wir in der Begegnung mit andern Menschen erfahren.«[20] Der späte Husserl würde in diesem Zusammenhang von der »Lebenswelt« des Menschen sprechen, in die wir uns hineinzuversetzen haben.[21] Edith Stein räumt selbst ein, dass ihre Formulierung »stark nach Empirismus« klinge, versichert aber sogleich, dass es sich darum nicht handeln könne, da man darunter »nur die Wahrnehmung und Erfahrung von Einzeldingen« verstehe.[22] Die Phänomenologie ist eine Verfahrensweise, die ihren Blick auf das Wesentliche richtet beziehungsweise dasselbe zur »Anschauung« bringt. »Anschauung« meint in der Phänomenologie mehr als sinnliche Wahrnehmung; »es gibt eine Anschauung dessen«, was ein Ding »seinem Wesen nach ist und was es seinem allgemeinen Wesen nach ist. [...] Der Akt, in dem das Wesen erfasst wird, ist eine geistige Anschauung«[23], bei der uns das Invariante eines Dinges, die Struktur einer Sache gegeben ist. Husserl spricht hinsichtlich dieser Verfahrensweise von Intuition. Wir könnten – so Edith Stein – »nicht von Menschen, Tieren, Pflanzen sprechen, wenn wir nicht in jedem Dies, das wir hier und jetzt wahrnehmen, ein Allgemeines erfassen würden, das wir mit dem allgemeinen Namen bezeichnen«[24].

Dieser knappe Exkurs in die Wissenschaftsgeschichte war notwendig, um zu verdeutlichen, auf welchen Denkweg sich Edith Stein bei ihrer Beschäftigung mit der Phänomenologie eingelassen hatte. Zum weiteren Verständnis ist es vielleicht noch wichtig festzuhalten, dass das Gegenstandsgebiet der Phänomenologie universal ist; »sie untersucht alles Seiende, das heißt alles, was ist; sie untersucht ›Welt‹«[25]. Phänomenologie – so *Eugen Fink* – »ist keine regionale Wissenschaft, sie ist nicht bezogen auf ein Weltgebiet, sondern sie hat als Philosophie die Welt im Ganzen zum Gegenstand [...]«[26], und zur »Welt im Ganzen« gehören ohne Zweifel auch die religiösen Phänomene.

[20] Ibd.
[21] Vgl. *Husserl, Edmund*: Die Krisis der europäischen Wissenschaften und die transzendentale Phänomenologie. HUSSERLIANA, Bd. VI. Hrsg. von *Walter Biemel*. Den Haag 1954.
[22] ESW, Bd. XVI, a. a. O.
[23] Ibd., S. 51 f.
[24] Ibd., S. 52.
[25] *Danner, Helmut*: a. a. O., S. 118.
[26] *Fink, Eugen*. Die phänomenologische Philosophie Husserls ... Zitiert nach *Danner Helmut*: a. a. O.

II.

Die erste Wiederbegegnung mit der Welt religiöser Phänomene, wenn auch mit einer völlig anderen als der, die sie als Kind erlebt hatte, erfuhr Edith Stein anlässlich einer Begegnung mit Max *Scheler* in Göttingen. Wie sie selbst berichtet, war Scheler zu dieser Zeit ganz »erfüllt von katholischen Ideen«. Bei Max Scheler, dem wir sehr wesentliche Einsichten in die Welt der religiösen Phänomene und Werte verdanken,[27] steht der lapidare Satz, dass »jeder endliche Geist [...] entweder an Gott oder an einen Götzen« glaubt,[28] und an anderer Stelle heißt es, dass die »Sphäre eines absoluten Seins überhaupt, gleichgültig, ob sie dem Erleben oder Erkennen zugänglich« sei oder nicht, »ebenso konstitutiv zum Wesen des Menschen« gehöre »wie sein Selbstbewusstsein und sein Weltbewusstsein«[29]. Das Selbst- und Weltbewusstsein konstituiert sich im Akt des Wissens um das eigene Ich und die Dinge der Welt, das Gottesbewusstsein im Akt des religiösen Glaubens, wobei es für den frühen Scheler eine ausgemachte Sache ist, dass der »Gegenstand der religiösen Akte [...] zugleich die Ursache ihres Daseins« ist, beziehungsweise anders formuliert: »Alles Wissen von Gott ist notwendig zugleich ein Wissen durch Gott.«[30] – Edith Stein erlebte – wie sie selbst über die Begegnung mit Scheler schreibt – »eine bis dahin völlig unbekannte Welt«, die sie zwar »noch nicht zum Glauben führte«, ihr aber einen Bereich von Phänomenen erschloss, an denen sie »nicht mehr blind vorbeigehen konnte«. Es war die Frucht der Göttinger Phänomenologenschule, nicht eine religiöse Grundhaltung, die sich hier bemerkbar machte, die philosophische Grundeinstellung, »alle Dinge vorurteilsfrei ins Auge (zu) fassen«. »Die Schranken der rationalistischen Vorurteile, in denen ich aufgewachsen war«, so schreibt Edith Stein über sich selbst, »fielen, und die Welt des Glaubens stand plötzlich vor mir«[31]. Freilich hatte sich zu diesem Zeitpunkt bei ihr noch keine religiöse Erweckung, keine metanoia, ereignet; sie war einfach auf intellektuellem Wege zu der Einsicht gekommen, dass auch religiöse Phänomene »zumindest eines ersten Nachdenkens wert« seien.

Die nächste Berührung mit der Welt des christlichen Glaubens erfolgte dann auf mehr emotionale Weise; es leuchtete erstmals in ihrem Leben das Kreuz

[27] Um die Zeit seines Auftretens in Göttingen – im Jahre 1913 – stand Scheler noch in der Tat stark unter dem Einfluss christlichen Denkens, von dem er sich wenige Jahre ganz bewusst und entschieden abwandte. (Vgl. dazu Vorwort zur 3. Aufl. des »Formalismus« aus dem Jahre 1926!)

[28] *Scheler, Max*: Probleme der Religion. In: Vom Ewigen im Menschen. Ges. W., Bd. 5. Hrsg. von *Maria Scheler*. Bern und München [5]1968, S. 261.

[29] *Scheler, Max*: Die Stellung des Menschen im Kosmos. In: Späte Schriften. Ges. W., Bd. 9. Mit einem Anhang hrsg. von *Manfred S. Frings*. Bern und München 1976, S. 68.

[30] *Scheler, Max*: Probleme der Religion,a. a. O., S. 255.

[31] ESW, Bd. VII, S. 182 f.

auf. Im November 1917 war *Adolf Reinach*, einer der führenden Köpfe der Göttinger Phänomenologenschule, an der Westfront gefallen. Edith Stein sollte Frau Reinach im Auftrag Husserls aufsuchen, um ihr beim Ordnen des wissenschaftlichen Nachlasses ihres Mannes zu helfen. Entgegen ihren Erwartungen, Frau Reinach in einem psychisch desolaten Zustand anzutreffen, begegnete sie einer Frau, die »durch ihren völlig überzeugten Glauben an einen Gott der Liebe, eher selbst zum Trost für ihres Mannes Freunde wurde, als dass sie deren Trostes bedurfte«[32]. Ob das »Phänomen« des Kreuzes, das ihr damit zur Anschauung gekommen war, als das auslösende Moment für ihre Konversion zur katholischen Kirche anzusehen ist, kann mit Sicherheit nicht gesagt werden, aber wie Sr. Teresia Renata, ihre spätere Novizenmeisterin, zuverlässig zu berichten weiß, wurde der Eindruck von diesem Erlebnis des in den Willen Gottes ergebenen, schmerzgeprüften Menschen für sie »unauslöschlich«. Gewiss war »für einen an schlussfolgerndes Denken gewöhnten Intellekt« eine religiöse Bekehrung auch eine »Sache des Verstandes«[33]; als Schülerin *Edmund Husserls* hatte Edith Stein ja gelernt, ein Phänomen wirklich zu »erschauen« und nicht umzudeuten.[34] Folgt man den einschlägigen biographischen Darstellungen, so war es die Biographie der hl. Teresia von Avila, die den eigentlichen Ausschlag für ihre Konversion zum katholischen Glauben gab?[35] Letztlich werden wir die eigentlichen Gründe, die Edith Stein in dieser Grenzsituation zu einer solch existenziellen Entscheidung bewogen haben, wohl nie erfahren. Als man sie später einmal danach fragte, soll sie entgegnet haben: »Secretum meum mihi – mein Geheimnis gehört mir.«[36] Eines steht jedenfalls außer Zweifel, wenn es so etwas wie den Einbruch der Gnade Gottes in diese Welt gibt, womit der gläubige Mensch rechnet, so geschah dies in ausgezeichneter Weise im Leben Edith Steins. Durch ihr Leben, ihr eigenes Bekenntnis und ihren Sühnetod ist sie auf ihre Weise zu einer Zeugin des Glaubens geworden.

Die nun folgenden Schritte, die sich für Edith Stein mit ihrer Entscheidung verbanden, waren nicht allein praktischer Natur; sie suchte nun auch auf neuen Denkwegen »in der wirklich katholischen Welt heimisch zu werden«[37], nunmehr den Glauben mit neuem Wissen versöhnend. Im religiösen Sinne hatte sie zwar den »alten Menschen« abgelegt, nicht aber ihr grundlegendes philosophi-

[32] *Österreicher, John M.*: Walls are crumbling. Seven Jewish Philosophers discover Christ. Zitiert nach *Graef Hilda*: Leben unter dem Kreuz. Eine Studie über Edith Stein. Frankfurt a. M. 1954, S. 37.
[33] Ibd.
[34] Vgl. ibd., S. 51.
[35] Vgl. *Herbstrith, Waltraud*: Edith Stein – eine Provokation an uns. Der geistige Weg (Edith Steins). In: Edith Stein eine große Glaubenszeugin, Leben – Neue Dokumente – Philosophie. Hrsg. von *Waltraud Herbstrith*. S. 15–42. Annweiler o. J. (1986).
[36] *Paulus, Martha*: Edith Stein. Teresia Benedicta a Cruce Leben und Werk. Zürich 1960, S. 17.
[37] *Stein, Edith*: Vorwort zu »Endliches und ewiges Sein«. ESW, Bd. II. Hrsg. von *Dr. L. Gelber* und *P. Fr. Romaeus Leuven OCD*. Louvain und Freiburg 1950, S. VIII.

sches Interesse suspendiert. Deshalb wundert es kaum, dass sie recht bald danach trachtete, sich die »gedanklichen Grundlagen« ihrer neuen Welt zu erarbeiten, und es war für sie fast selbstverständlich, dass sie zuerst zu den Schriften des hl. Thomas von Aquin griff. »Der hl. Thomas« – so berichtet sie selbst – »fand eine ehrfürchtige und willige Schülerin – aber ihr Verstand war keine *tabula rasa*. […] Die beiden philosophischen Welten, die darin zusammentrafen, verlangten nach einer Auseinandersetzung«.[38]

Die erste Auseinandersetzung Edith Steins mit der thomistischen Philosophie dokumentiert zunächst bekanntlich die Übersetzung der »Quaestiones disputatae de veritate« des hl. Thomas.[39] *Martin Grabmann*, einer der bekanntesten Thomas-Experten der damaligen Zeit, testiert ihr, dass sie, »ohne die Eigenart der thomistischen Philosophie zu verwischen, der Philosophie des hl. Thomas ein modernes Sprachgewand verliehen« habe.[40] Ob aber die Phänomenologin Edith Stein Thomas nicht nur übersetzte, sondern vielmehr von ihrem eigenen Vorverständnis her interpretierte, wurde bald zu einer Streitfrage, die bis heute nicht endgültig entschieden ist. So schreibt beispielsweise *Josef Pieper* in seinem Buch »Wahrheit der Dinge«: »Wiederum ist der des Urtextes unkundige Leser, der die einzige deutsche Übersetzung der Quaestiones disputatae de veritate zur Hand nimmt, übel dran, weil die Übersetzerin, die Husserl-Schülerin Edith Stein, den Kern des gerade grundlegenden ersten Artikels durchaus verfehlt hat, und zwar nicht nur in ihren Erläuterungen, sondern in der Übersetzung selbst.«[41]

Worin bestand die eigentliche Schwierigkeit, die sich für Edith Stein bei der Aneignung der thomistischen Philosophie auftat? – Ich vermute diese weniger in den unterschiedlichen logischen Verfahrensweisen beziehungsweise Argumentationsfiguren der beiden philosophischen Systeme als in dem gravierenden Tatbestand, dass die Phänomenologie *Edmund Husserls* voraussetzungslos ans Werk geht, während *Thomas von Aquin* dem Glauben und der Glaubenswissenschaft das Recht einräumt, »den allgemeinen weltanschaulichen Rahmen zu entwerfen, dem sich das ganze philosophische Wissen einzufügen hat: ›Was in den sonstigen Wissenschaften sich als im Widerspruch mit der Theologie befindlich erweist, muss als falsch verworfen werden! (S. th. 1,1,6 ad 2)‹.«[42] »Gegen das *Sed hoc est contra fidem* – aber das widerspricht dem Glauben, gibt es kein Argument mehr!«[43]

[38] Ibd.
[39] Vgl. ESW,Bde. Mund IV. Hrsg. von *Dr. L. Gelber* und *P. Fr. Romaeus Leuven OCD*. Freiburg 1952 und 1955.
[40] Vorwort zu Edith Steins Übersetzung »De veritate«. ESW, Bd. 3, S. 517.
[41] Anm. 48, S. 126.
[42] *Hirschberger, Johannes*: Geschichte der Philosophie. Bd. 1: Altertum und Mittelalter. Freiburg / Basel / Wien [14]1976, S. 468.
[43] *Graef, Hilda*: a. a. O., S. 67.

Die Differenzen und Gemeinsamkeiten von scholastischer Philosophie und Phänomenologie skizziert Edith Stein unter anderem in ihrer Abhandlung »Edmund Husserls Phänomenologie und die Philosophie des hl. Thomas von Aquino«, die im Jahre 1929 im Ergänzungsband zum »Jahrbuch für Philosophie und phänomenologische Forschung« erschien, der als Festschrift zum 70. Geburtstag von Edmund Husserl gedacht war. – Es ist hier nicht der Ort, die subtilen Untersuchungen dieser Abhandlung nachzuzeichnen. Es seien hier nur einige wesentliche Gesichtspunkte daraus erwähnt, die deutlich machen, in welche Bahnen das Denken Edith Steins in der Folgezeit geleitet wird: In ihrer Auseinandersetzung mit der christlichen Philosophie, der *philosophia perennis*, konstatiert Edith Stein, dass Gott dem Menschen das Wissen beziehungsweise die Wahrheit auf verschiedenen Wegen zukommen lassen kann und dass dem Zugang zur Wahrheit in mehrfacher Hinsicht Grenzen gezogen sind: »Die natürliche Erkenntnis ist nur ein Weg [...] Aber nicht alles, was ihr zugänglich ist, ist unserem Geist, seiner ursprünglichen Struktur nach, überhaupt zugänglich. Er ist eine Weile auf der Wanderschaft dieses Lebens begriffen, aber einmal kommt er ans Ziel, ins himmlische Vaterland.«[44] Was der Mensch an Wahrheit erfährt, wenn er an sein Ziel gelangt, unterscheidet sich der Qualität, dem Umfang und der Art nach von der Erkenntnis, deren er auf seiner »Wanderschaft« fähig ist: »Am Ziel umfasst er alles, was ihm fassbar ist (nicht alle Abgründe der göttlichen Wahrheit, die allein Gott ganz umfasst), und zwar schaut er das alles in einer ewigen Intuition. Manches von dem, was er dann schaut [...], wird ihm durch Offenbarung schon während des Erdendaseins mitgeteilt; er fasst es im Glauben, der während der irdischen Pilgerschaft ein zweiter Weg, neben der natürlichen Erkenntnis ist, um Wissen zu erlangen. Sowohl das, was wir ›in via‹ erkennen, wie das, was wir ›in via‹ glauben, erkennen wir am Ziel auf andere Weise.«[45] »Glaubenssache« ist nur das, was der natürlichen Vernunft ihrer Möglichkeit nach nicht zugänglich ist. »Doch ist auch manches durch Offenbarung mitgeteilt, was auf dem Wege der Erkenntnis nur von wenigen oder nicht mit genügender Sicherheit erkannt werden könnte.«[46] – Die Notwendigkeit und Bedeutung des Glaubenswissens untermauert Edith Stein an anderer Stelle noch mit den folgenden Worten: »Was [...] zum Heil notwendig ist, das muss allen zugänglich sein und darf nicht von dem Stand menschlicher Forschung abhängen.«[47]

[44] *Stein, Edith*: Husserls Phänomenologie und die Philosophie des hl. Thomas von Aquino. In: Festschrift, Edmund Husserl zum 70. Geburtstag gewidmet. Ergänzungsband zum Jahrbuch für Philosophie und phänomenologische Forschung. Halle a. d. Saale 1929, S. 318.
[45] Ibd.
[46] *Stein, Edith*: Husserls Phänomenologie und die Philosophie des hl. Thomas von Aquino, a. a. O., S. 319.
[47] ESW, Bd. XVI, S. 195.

Die Vorstellung, dass ein Wissen aus dem Glauben die aufgrund natürlicher Vernunft erworbene Erkenntnis ergänzen, ja sogar korrigieren könnte, ist *Husserl* freilich fremd. Damit ist aber für den Phänomenologen keinesfalls ausgeschlossen, dass es eine spezifisch religiöse Erfahrung gibt, die sich aufgrund der Korrelation von religiöser Akt- und Gegenstandssphäre konstituiert. Auch für den frühen *Scheler* kommt ja – wie wir bereits hörten – aufgrund dieses Sachverhaltes religiöse Erfahrung zustande, wenngleich er im Unterschied zu Husserls transzendentalem Idealismus von der Realität Gottes ausgeht und die Gottesidee im Menschen notwendig als Voraussetzung der Korrelation von religiöser Akt- und Gegenstandssphäre betrachtet. Was Husserl betrifft, so ist für ihn die religiöse Erfahrung »die zuständige Instanz auf religiösem Gebiet wie die Sinne auf dem Gebiet der äußeren Erfahrung,«[48] und damit ist der Glaube allein zuständig für den Bereich der Religion, nicht aber für den Problembereich der Philosophie! Für *Thomas* hingegen hat der Glaube auch in »prinzipiellen erkenntnistheoretischen Fragen eine maßgebende Stimme«[49]. So kann es nicht wundern, dass auch Edith Stein nach ihrem Thomas-Studium der Theologie in anthropologischen wie auch bildungstheoretischen Fragen ein entscheidendes Mitspracherecht einräumt;[50] denn nach Thomas – so lautet die Interpretation Edith Steins – ist der Glaube nichts Irrationales, sondern über die Möglichkeiten natürlicher Vernunft hinaus »ein Weg zur Wahrheit, und zwar einmal der Weg zu Wahrheiten, die uns sonst verschlossen wären, und zweitens der sicherste Weg zur Wahrheit, denn eine größere Gewissheit als die des Glaubens gibt es nicht, ja noch mehr: es gibt für den Menschen in statu viae keine Erkenntnis von gleicher Gewissheit, wie sie dem Glauben eigen ist, obgleich es eine uneinsichtige Gewissheit ist«[51]. Der Glaube hat damit nach Edith Stein hinsichtlich der Philosophie eine »doppelte Bedeutung«: Erstens besitzt die Philosophie – wie die Wissenschaft überhaupt[52] – eine »materiale Abhängigkeit« vom Glauben; denn »wenn der Glaube Wahrheiten erschließt, die auf anderem Wege nicht zu erreichen sind, kann die Philosophie auf die Glaubenswahrheiten nicht verzichten, [...] weil bei dem organischen Zusammenhang aller Wahrheit jeder Teilbestand in ein falsches Licht geraten kann, wenn die Verbindung mit dem Glauben abgeschnitten ist«[53]. Die zweite Bedeutung des Glaubens für die Philosophie wie für die Wissenschaft überhaupt besteht nach der Thomas-Interpretation Edith Steins in deren »formaler Abhängigkeit«: »Wenn dem Glauben die höchste Gewissheit eigen ist, die der

[48] *Stein, Edith*: Husserls Phänomenologie und die Philosophie des hl. Thomas von Aquino, a. a. O. S. 319.
[49] Ibd.
[50] Vgl. hierzu vor allem *Stein, Edith*: Was ist der Mensch? Eine theologische Anthropologie. ESW, Bd. XVII. Hrsg. von *Lucy Gelber* und *Michael Linssen OCD*. Freiburg / Basel / Wien 1994.
[51] Stein, Edith: Edmund Husserls Phänomenologie pp., a. a. O., S. 330.
[52] Vgl. ESW, Vorwort, S. 13.
[53] *Stein, Edith*: Husserls Phänomenologie pp., a. a. O., S. 330.

Menschengeist erreichen kann, und wenn die Philosophie den Anspruch erhebt, die höchste erreichbare Gewissheit zu geben, so muss sie sich die Gewissheit des Glaubens zu eigen machen«, das heißt, »sie hat alle anderen Wahrheiten an diesen Wahrheiten als dem letzten Kriterium«[54] zu messen. »Übernatürliche« und »natürliche Vernunft« zeigen das analoge Abhängigkeitsverhältnis wie Glaube und Philosophie: »Die natürliche Vernunft« vermag nicht einmal ihre Grenzen selbst abzustecken, das vermag nur die »übernatürliche Vernunft«, deren Aufgabe es ferner ist, »die einzelnen Wahrheiten, die durch die natürliche Vernunft gewonnen werden, nachzuprüfen«. Übernatürliche Vernunft hat nämlich die Aufgabe, »die natürliche Vernunft vor Irrtum zu bewahren« und deren Wahrheiten »material zu ergänzen«[55].

Kritisch muss aus heutiger Sicht zu Edith Steins Ausführungen über das Verhältnis von Wissenschaft und Glaube angemerkt werden, dass die von ihr im Anschluss an Thomas konstatierte Abhängigkeit nicht einmal mehr vom offiziellen Lehramt der katholischen Kirche vertreten wird; denn in der pastoralen Konstitution »Gaudium et spes« des Zweiten Vaticanums heißt es unter anderem – wohl unter Anspielung auf den soeben dargestellten Sachverhalt –, dass »gewisse Geisteshaltungen, die auch unter Christen wegen eines unzulänglichen Verständnisses für die legitime Autonomie der Wissenschaften vorkamen, zu bedauern« seien.[56]

Aber selbst wenn das Verhältnis von Wissenschaft und Glaube heute anders gesehen wird, so ist hinsichtlich der Person Edith Steins doch entscheidend, wie sie in ihrem Leben Wissen und Glauben in Einklang zu bringen suchte und durch eine Übereinstimmung von Denken und Tun in Wahrhaftigkeit zur Darstellung brachte. Die auf theoretischem Wege gefundene Wahrheit ist ihr nämlich in der Versöhnung mit dem Glauben zu einer existenziellen Wahrheit geworden. Sie hat diese Wahrheit nicht nur durch ihre Lehre zu vermitteln versucht, sondern dieselbe auch bis zur letzten Konsequenz gelebt und ihr Schicksal, dem sie durch den Rassenwahn der nationalsozialistischen Machthaber ausgeliefert war, willentlich auf sich genommen als Sühneopfer für ihren »heiligen Orden«, ihre Angehörigen, für ihr jüdisches Volk und schließlich auch für die »Rettung Deutschlands«.[57]

Wie wir bereits hörten, fand der hl. Thomas in Edith Stein »eine ehrfürchtige und willige Schülerin«, was aber nicht ausschließen konnte, dass sie sich mit den Gedanken des Aquinaten durchaus kritisch auseinandersetzte. So kommt

[54] Ibd., S. 320.

[55] Ibd., S. 320 f. – Im Vorwort zu ESW, Bd. XVII beruft sich Edith Stein in diesem Zusammenhang auf Artikel 1799 bei *Denzinger-Bannwart*: Enchiridion symbolorum. 1928.

[56] *Rahner, Karl / Vorgrimler, Herbert (Hrsg.)*: Kleines Konzilskompendium. Herderbücherei, Bd. 270. Freiburg / Basel / Wien 1975, S. 482.

[57] Vgl. *Leuven, P. Fr. Romaeus*: Heil im Unheil. Das Leben Edith Steins: Reife und Vollendung. Erschienen als ESW, Bd. X. Hrsg. von *Dr. L. Gelber* und *P. Fr. Romaeus Leuven OCD*. Druten / Freiburg / Basel / Wien 1983, S. 148 f.

Josef Stallmach zu der Überzeugung, dass der Nachvollzug der »Denkwege Thomas von Aquins« keineswegs eine »Selbstaufgabe ihres eigenen eigengeprägten Denkens« bedeutet habe. »[...] wenn Edith Stein« – so Stallmach – »gegen das Denken Thomas von Aquins andenkt, so bleibt sie dabei doch zugleich in innerer Übereinstimmung mit dem Denken dieses ihres zweiten großen Lehrers; denn es kommt ja nach ihm in der Philosophie nicht darauf an, zu denken, was andere gedacht haben, sondern zu erkennen, wie die Wahrheit der Dinge sich verhält.«[58]

Für *Hedwig Conrad-Martius*, ebenfalls der Göttinger Phänomenologenschule angehörend, bedeutet die Öffnung Edith Steins gegenüber dem andersartigen Denken der christlichen Tradition keine Überraschung, ja sie betont sogar die innere Verwandtschaft von Phänomenologie und katholischer Gedankenwelt. Sie zitiert und kommentiert im Hinblick darauf *Peter Wusts* Ausführungen über »Das Wesen der Gemeinsamkeit aller wahren Phänomenologen« wie folgt: Die »dieser Schule eigene Objektgeöffnetheit« trieb viele junge Phänomenologen »'weiter auf den Weg zu den Dingen, zu den Sachverhalten, zum Sein selbst, ja sogar zum Habitus des katholischen Menschen, dem nichts gemäßer ist als das ewige Maßnehmen des erkennenden Geistes an den maßgebenden Dingen'«. Und die Protestantin Conrad-Martius, übrigens Taufpatin Edith Steins, kommentiert: »Wenn man das Katholische auf solche Weise kennzeichnet, könnten freilich alle Phänomenologen katholisch genannt werden, auch wenn sie es konfessionsmäßig nicht sind.«[59] Ob freilich die Verhältnisse so einfach liegen, bedarf noch der gründlichen Überprüfung und Diskussion...

Unverkennbar ist in der Folgezeit Edith Steins Bemühen, Theologie und Philosophie miteinander zu versöhnen, ob bei ihrem Versuch einer anthropologischen Grundlegung der Pädagogik[60] oder aber in ihrer groß angelegten Seinslehre »Endliches und ewiges Sein«. So hat sie keine Bedenken, im Laufe ihrer anthropologischen Untersuchungen an Glaubenswahrheiten zu erinnern, um die Ergebnisse der Anthropologie »daran zu prüfen oder zu sehen, wie das philosophisch Unentschiedene dort entschieden wird: der Mensch ist von Gott erschaffen und mit dem ersten Menschen die ganze Menschheit als eine Abstammungseinheit und eine potenzielle Gemeinschaft. Jede einzelne Menschenseele ist von Gott erschaffen. Der Mensch ist als Gottes Ebenbild erschaffen. Der Mensch ist frei und verantwortlich für das, was aus ihm wird,«[61] – Was die Seinslehre Edith Steins betrifft, so könnte man darin »eine Synthese zwischen Thomas und Husserl« sehen oder aber wenigstens dahinter die Absicht

[58] *Stallmach, Josef.* Das Werk Edith Steins im Spannungsfeld von Wissen und Glauben. In: Rhein-Pfälzische Schulblätter, Dez. 1967, S. 49.
[59] *Conrad-Martius, Hedwig*: Nachwort zu Edith Steins Briefen an Hedwig Conrad-Martius. München 1960, S. 63.
[60] Vgl. ESW, Bde. XVI und XVII.
[61] ESW, Bd. XVI, S. 194.

vermuten, »auf eine solche Synthese hin geschrieben« zu haben.[62] So viel ist sicher: In der von Edith Stein vorgelegten Seinslehre werden Gedanken der antiken Philosophie wie auch Gedanken des Aquinaten und des *Duns Scotus* mit der modernen Philosophie, vor allem der Philosophie Edmund Husserls, aber auch *Alexander Pfänders* in einem meisterlichen »Maßwerk«[63] vereinigt. Sie begreift in diesem Werk die Seele als »Seinsmitte« des Menschen. Das will bedeuten: Sie ist zunächst einmal ein »geistiges Geschöpf«[64], andererseits ist sie »naturhaft stoffgebunden«, sie ist »Form des Leibes« (forma corporis). Das Geistige ist es, »was die Seele in ihrer Tiefe bewegt«, während sie in anderer »Richtung« den Körper durchdringt und formt, ihn beseelt und ihm somit Leben gibt. Die Seele des Menschen ist demnach Geformtes und Formendes zugleich. Aber Leib und Seele sind dem Menschen nicht ab ovo in ihrer Vollendung gegeben, sondern sie bedürfen der »Formung« auch durch die Erziehung beziehungsweise Bildung, schließlich der »Selbstgestaltung« oder »freien Formung«, das ist Selbstbildung. Nicht nur der Leib, sondern vornehmlich auch die Seele bedarf also dieser Gestaltung: »Der Mensch ist geistige Person, weil er nicht nur seinem Leib, sondern auch seiner Seele frei gegenübersteht, und nur so weit er über seine Seele Macht hat, hat er sie auch über den Leib.«[65] In ihren anthropologischen Untersuchungen kommt Edith Stein weiterhin im Anschluss an die thomistische Psychologie zu dem Ergebnis, dass der seelische Bereich des Menschen Geist und Sinnlichkeit umfasst und dass die seelischen Kräfte deshalb nach Erkenntnis und Strebevermögen aufzuteilen sind, wobei sich über den Sinnen der Verstand und über dem Streben der Wille erhebt.[66] Die diesen »Seelenteilen« entsprechenden Vermögen, Erkennen und Wollen, unterscheiden sich wesentlich dadurch, dass das Wollen immer eine reale Veränderung der Wirklichkeit intendiert, während es dem Erkennen um geistige Teilhabe geht, wodurch im Erkannten allerdings keine Veränderung gesetzt wird. In jedem Fall sind aber beide Vermögen auf einen außerhalb des Menschen liegenden Seinsbereich – im Akt der Selbstreflexion freilich auf das eigene Ich – gerichtet, den Edith Stein als »objektive Seinsordnung« oder auch als Bereich des »objektiven Geistes« bezeichnet. Beide, subjektiver Geist und objektiver Geist, stehen in einer Zuordnung zueinander, die man mit einem Terminus der Phänomenologie als Korrelation von Person und Welt bezeichnen könnte. Die hier beschriebene Form der geistigen Teilhabe der Seele an einem anderen Seienden ließe sich mit einem andern Wort als Wissen der Seele um ein anderes Seiendes beschreiben. Für Edith Stein steht fest, dass der menschliche Geist nur wachsen kann, wenn

[62] *Conrad-Martius, Hedwig*: a. a. O., S. 68.
[63] Ibd., S. 69.
[64] ESW, Bd. 11, S. 393.
[65] Ibd., S. 394.
[66] Vgl. *Stein, Edith*: Probleme der Frauenbildung. In: Die Frau. Ihre Aufgabe nach Natur und Gnade. ESW, Bd. V. Hrsg. von *Dr. L. Gelber* und *P. Fr. Romaeus Leuven OCD*. Louvain und Freiburg 1955, S. 182.

er der Güter der geistigen Welt in Gestalt des Wissens teilhaftig wird, so wie auch der Körper zu seinem Wachstum der Nahrung bedarf. Der Menschengeist kann sich nicht voll entfalten, »wenn er nicht mit der Mannigfaltigkeit der Kulturgüter in Berührung kommt«.[67] In noch substantieller Deutung des Wissens heißt es an anderer Stelle, dass alle Belehrung – vor allem natürlich die Glaubenslehre – einen »Anruf an die Seele« intendiere, »›bei sich selbst einzukehren‹ und das Leben von ihrem Innersten her in Angriff zu nehmen.«[68]
Bisher wurde deutlich, dass die Seele des Menschen eine doppelte Aufgabe erfüllt, nämlich die der Selbstgestaltung und der Formung des Leibes. Hinzu kommt aber noch eine dritte Aufgabe, die der Menschenseele wesenseigentümlich ist, das ist das »Aufsteigen« der Seele » über sich selbst zur Vereinigung mit Gott«[69]. – Wir erinnern uns an dieser Stelle nochmals an die Einlassung *Schelers*, dass das Gottesbewusstsein ebenso unabdingbar zum Wesen des Menschen gehöre wie das Selbst- und Weltbewusstsein. Bei *Stein* findet dieser Sachverhalt freilich eine noch tiefer greifende theologische Deutung: So wie die Geistseele in kognitiver Hinsicht geistiger Güter bedarf, um sich auszuformen, bedarf sie in religiöser Hinsicht der Hinwendung zum Göttlichen, um zu »leben«. Sie ist selbst »kein sprudelnder Quell, der aus sich heraus Leben erzeugt. [...] Dieser lebensspendende oder lebensweckende Quell ist die Seele Christi, weil sie die Fülle göttlichen Lebens in sich trägt«[70], also das, was uns im Akt des Glaubens zuteil wird.
In Edith Steins groß angelegter Ontologie zerfließen freilich die Grenzen zwischen natürlicher und übernatürlicher Vernunft, zwischen Philosophie und Offenbarungsglaube. Damit stellt sich die Frage, ob es sich dabei wirklich noch um Philosophie im strengen Sinne handelt, oder um eine »Christliche Weisheitslehre«, um die Edith Stein bemüht war, und der sie den Namen »Christliche Philosophie« zugedacht hat.
Wie auch immer ihr Hauptwerk wissenschaftstheoretisch einzuschätzen ist, positiv muss vermerkt werden, dass bei Edith Stein das Wissen zum *Gewissen* geworden ist. In ihrer Person, in der von ihr gelebten Wahrheit, sind nämlich zum einen Glaube und Wissenschaft, aber auch Judentum und Christentum, Synagoge und Ecclesia, aufgehoben. Ich verstehe dabei das Wörtchen »aufheben« im Anschluss an *Hegel* in der dreifachen Bedeutung von aufnehmen, dem Sinnanspruch nach begrenzen und aufbewahren. – Ihren Ausgang nehmend von der Urwüchsigkeit jüdischen Glaubens, dem »Glauben der Väter«, fand sie den Weg aus dem Glauben hin zu einer Wissenschaft, die ihr auf dem Boden der Rationalität den Weg ebnete für die Erfahrung der Transzendenz, von Göttlichem

[67] Ibd., S. 168.
[68] ESW, Bd. 11, S. 405.
[69] Ibd., S. 324.
[70] Ibd.

und Gott selber und schließlich für den Glauben an Jesus Christus, der als Wort des ewigen Vaters in dieser Welt Ereignis wurde und somit den jüdischen Glauben seinem Sinnanspruch nach begrenzte und zugleich durch seine Aufhebung vollendete. In der Aneignung des Wissens der *philosophia perennis*, vor allem der Philosophie des hl. Thomas, wurde es für sie möglich, dass der neue Glaube auch vor der Vernunft bestehen konnte. Schließlich hat sie Wissen und Glauben in Gestalt einer Weisheitslehre zur Versöhnung gebracht, die – auf dem Wege der wissenschaftlichen Auseinandersetzung entstanden und im wahren Wissen um die Dinge und Menschen – in Gestalt christlicher Lebenshaltung in ihrer Person bis zur letzten Konsequenz praktisch werden musste, letztlich bis zum Durchgang durch die »dunkle Nacht« und bis zu ihrem gewaltsamen Tod in Auschwitz.

6. »Die Verantwortung fällt auch auf die, die schweigen«

*Katharina Oost**

In Band 2 der neuen Edith-Stein-Gesamtausgabe[1], der die Briefe Edith Steins von 1916–1933 enthält, ist unter Brief Nr. 251 auf Seite 273 vermerkt:

Edith Stein an Papst Pius XI.

(Beuron, 9.–13.4.1933?)

Was dann folgt, ist nicht der Brief Edith Steins, sondern ein Text von Sr. Amata Neyer OCD, die diesen Band bearbeitet und mit unschätzbar kenntnisreichen Anmerkungen versehen hat. Der hierher gehörende Brief Edith Steins ruhte im Erscheinungsjahr dieses Bandes (2000) noch im Archiv des Vatikans[2]. Sr. Amata gibt zur Geschichte des Briefes folgende interessante Erläuterung:

Durch viele Jahre hindurch war die allgemeine Ansicht die, der genannte Brief Edith Steins sei verschollen. Ich selbst erhielt durch den damaligen Apostolischen Nuntius in Bad Godesberg die Auskunft, der Brief sei in den Archiven des Vatikans nicht aufzufinden.

Das war vor Beginn des sog. Schriftenprozesses für die Seligsprechung Edith Steins. Danach setzten erneute Bemühungen ein, das gesuchte Schriftstück doch noch aufzufinden. Allmählich sickerte auf verschiedenen Wegen die Behauptung durch, jener Brief sei vorhanden. Unser Generalpostulator P. Simeon Tomás Fernández für die Seligsprechungsprozesse unseres Ordens bestätigte mir, dass er, im Zusammenhang mit dem Schriftenprozess, Einsicht in den Brief Edith Steins an Papst Pius XI. nehmen durfte. Es wurde ihm nicht erlaubt, Weiteres über den Inhalt mitzuteilen. Da inzwischen der Seligsprechungsprozess längst abgeschlossen ist, machte er erneut den Versuch, für die vorliegende Neuausgabe der Briefe Edith Steins eine Kopie jenes Briefes zu erhalten. Das Staatssekretariat antwortete am 12.3.1994 erneut abschlägig. – Im Herbst 1994 traf P. Exprovinzial Dr. Ulrich Dobhan in Rom mit Kardinal Meisner zusammen. Kardinal Meisner war gern bereit, seine Bitte um Einsichtnahme in den gesuchten Brief zu unterstützen und unterschrieb eigenhändig das Gesuch… Das Staatssekretariat antwortete…, »dass der in Rede stehende Jahrgang des Archivs… noch nicht zugänglich ist…«.

* Erbe und Auftrag 79 (2003), Heft 3, S. 236 ff.; dort unter dem Titel: *Briefe von Raphael Walzer, Edith Stein und Eugenio Pacelli vom April 1933.*

[1] Edith Stein Gesamtausgabe (ESGA), Bd. 2, Selbstbildnis in Briefen I (1919–1933), eingeleitet von Hanna Barbara Gerl-Falkovitz, bearbeitet und mit Anmerkungen versehen von Maria Amata Neyer OCD. Freiburg, 2000, S. 273 f.

[2] Vatikan-Archiv des Staatssekretariats (früher Affari Ecclesiastici Straordinari).

Soweit Sr. Amata Neyer aus dem Kölner Karmel zur Geschichte des bis vor kurzem geheimen Briefes.

Edith Stein, 1933 Dozentin am Deutschen Institut für wissenschaftliche Pädagogik in Münster, hatte sich mit dem nachfolgend abgedruckten Brief[3] an Papst Pius XI. gewandt. Das Schweigen der Katholischen Kirche zu dem menschenverachtenden Verhalten der Nazis den Juden gegenüber lastete auf ihr wie auf vielen anderen Menschen. Lieber hätte sie dem Papst ihr Anliegen persönlich vorgetragen; doch statt einer Privataudienz, um die sie gebeten hatte, bot man ihr nur eine Gruppenaudienz an. So entschied sie, sich mit ihrem Anliegen schriftlich an den Papst zu wenden. Wenn sie sich in ihrem Brief auch als bestürzend hellsichtig erweist, so war sie doch nicht die Einzige, die sich in jenen Tagen mit der Bitte um Intervention an den Hl. Stuhl wandte. Schon am 4. April 1933, bevor der Brief Edith Steins in Rom einging, hatte sich Eugenio Pacelli mit einem Schreiben an den Apostolischen Nuntius Cesare Orsenigo in

Tokio 1933: Konvent der Jesuiten mit Erzabt Raphael Walzer (vorne Mitte). Letzte Reihe links Pater Hugo Lassalle SJ, später bekannt als P. Hugo M. Enomiya-Lassalle.

[3] siehe Dokument Nr. 2 im Anhang: Brief Edith Steins an Papst Pius XI.

Berlin gewandt, das mit den Worten beginnt: *Exzellenz, hohe jüdische Persönlichkeiten haben sich an den Hl. Vater mit der flehenden Bitte gewandt, in Deutschland gegen die Gefahr antisemitischer Ausschreitungen zu intervenieren…*[4]

Bislang war man davon ausgegangen, Edith Stein, die sich während der Kar- und Ostertage 1933 in Beuron aufhielt, um dort die Liturgie mitzufeiern, habe den Beuroner Erzabt Raphael Walzer, der seit 1928 ihren geistlichen Weg begleitete und im Begriffe war, zu einer Berichterstattung über eine Klostergründung in Japan nach Rom zu fahren, um persönliche Übergabe ihres Briefes an den Heiligen Vater gebeten. Diese bisherige Lesart muss nun korrigiert werden, da das Antwortschreiben Eugenio Pacellis[5], in dem der Eingang des Edith-Stein-Briefes bestätigt wird, schon auf den 20. April 1933 datiert, Erzabt Raphael Walzer aber erst am 24. April nach Rom aufgebrochen ist. Der Erzabt wird, so steht nun zu vermuten, den versiegelten Brief Edith Steins zusammen mit seinem eigenen Schreiben vom 12. April 1933[6] auf einem sicheren Weg nach Rom geschickt haben. Zur damaligen Zeit war es schon gefährlich, regimekritische Schreiben bei sich zu tragen.

In der Chronik der Erzabtei Beuron lesen wir zu jenen Tagen:

Er (der Erzabt) *freue sich, dass trotz der großen Umwälzungen in unserem Vaterlande der innere Aufbau unseres Klosters so still und solid weiter gediehen sei. Ein Stück seines Herzens habe er in Japan… gelassen, wo einmal das schönste Kloster unserer Kongregation entstehen könne. Er müsse bald nach Rom, um dem Heiligen Vater Bericht zu erstatten über die Aussichten der Gründung… Am 24. April fuhr V. Erzabt nach Rom, von wo er am 29. schon wieder zurückkehrte und als besonderes Geschenk den Segen des Heiligen Vaters mitbrachte, den er am Pfingstfeste uns und den zahlreich anwesenden Gläubigen spenden durfte.*[7]

Edith Stein wiederum berichtet in ihren autobiographischen Schriften[8]:

Am Donnerstag der Passionswoche fuhr ich nach Beuron. Seit 1928 hatte ich dort alljährlich Karwoche und Ostern mitgefeiert und dabei still für mich Exerzitien gehalten. Diesmal führte mich ein besonderes Anliegen hin. Ich hatte in den letzten Wochen immerfort überlegt, ob ich nicht in der Judenfrage etwas tun könnte. Schließlich hatte ich den Plan gefasst, nach Rom zu fahren und den Heiligen Vater in Privataudienz um eine Enzyklika zu bitten. Ich wollte aber einen solchen Schritt nicht eigenmächtig tun… Seit ich in Beuron eine Art klös-

[4] Archiv des Vatikanischen Staatssekretariates, Tagebuchnummer 915/33.

[5] siehe Dokument Nr. 3 im Anhang: Antwortschreiben Eugenio Pacellis an Erzabt Dr. Raphael Walzer.

[6] siehe Dokument Nr. 1 im Anhang: Begleitschreiben Erzabt Raphael Walzers.

[7] Chronik der Erzabtei Beuron, 1. Halbjahr 1933, S. 2.

[8] ESGA, Bd.1, Aus dem Leben einer jüdischen Familie, neu bearbeitet und eingeleitet von Maria Amata Neyer OCD, Freiburg 2002, S. 347 ff.

terlicher Heimat gewonnen hatte, durfte ich in Erzabt Raphael »meinen Abt« sehen und ihm alle Fragen von Belang zur Entscheidung vorlegen…
Meine Erkundigungen in Rom ergaben, dass ich wegen des großen Andrangs keine Aussicht auf eine Privataudienz hätte. Nur zu einer »kleinen Audienz« (d. h. in kleinem Kreise) könnte man mir verhelfen. Damit war mir nicht gedient. So verzichtete ich auf die Reise und trug mein Anliegen schriftlich vor. Ich weiß, dass mein Brief dem heiligen Vater versiegelt übergeben worden ist, ich habe auch einige Zeit danach seinen Segen für mich und meine Angehörigen erhalten. Etwas anderes ist nicht erfolgt. Ich habe aber später oft gedacht, ob ihm nicht dieser Brief noch manchmal in den Sinn kommen mochte. Es hat sich nämlich in den folgenden Jahren Schritt für Schritt erfüllt, was ich damals für die Zukunft der Katholiken in Deutschland voraussagte.
Die Frage, ob die römische Antwort an Edith Stein, die sie in ihrem Rückblick erwähnt, dem Schreiben an den Beuroner Erzabt beigelegen hat oder direkt an ihre Münsteraner Adresse gegangen ist, lässt sich zur Zeit nicht ermitteln.
Wenn auch eine Enzyklika gegen die Judenverfolgung und gegen den Missbrauch des Namens Jesu Christi, so wie Edith Stein sie sich gewünscht hat, nicht ergangen ist, so hat Papst Pius XI. in seiner 1937 erlassenen Enzyklika *Mit brennender Sorge* doch gegen den Nationalsozialismus im Allgemeinen Stellung bezogen. Der Entwurf zu einer weiteren Enzyklika, die sich dann speziell gegen Rassismus und Antisemitismus wenden sollte, wurde dem Papst aus verschiedenen Gründen[9] verzögert übergeben. Am Tod Pius‘ XI. im Februar 1939 scheiterte eine Veröffentlichung endgültig.
Gedanken aus dieser geplanten Enzyklika, die den Titel *Societatis unio* tragen sollte, finden sich in der vom nachfolgenden Papst Pius XII. erlassenen Enzyklika *Summi Pontificatus*. Doch diese Enzyklika, die auch Edith Stein in Holland zu lesen bekam, thematisierte vornehmlich die *Einheit des menschlichen Geschlechts, Verurteilung des totalitären Staates, Protest gegen Verfolgung, Krieg und Grausamkeiten in Polen.*[10]
Ad maiora mala vitanda – um größeres Unheil zu vermeiden, so begründete Papst Pius XII. in einer Botschaft an Bischof Konrad Graf von Preysing[11] ein Jahr nach dem Tod Edith Steins in den Gaskammern von Auschwitz sein offizielles Schweigen zu der Verfolgung und Vernichtung der Juden Europas. Mitte 1942 hatte ein mutiges Hirtenwort der holländischen Bischöfe gegen die Judendeportationen zur Folge gehabt, dass auch die bis dahin noch von den Transporten ausgenommenen getauften Juden deportiert wurden, unter ihnen Edith Stein, die zu diesem Zeitpunkt im Karmel in Echt lebte.

[9] siehe hierzu: J. H. Nota: Edith Stein und der Entwurf für eine Enzyklika gegen Rassismus und Antisemitismus, in: Waltraud Herbstrith (Hr.): Edith Stein – eine große Glaubenszeugin, Annweiler 1986.
[10] ebd. S. 117.
[11] Fritz Raddaz (Hr.): Summa iniuria – oder – durfte der Papst schweigen? Frankfurt 1963, S. 211.

Mit dem nun der Öffentlichkeit zugänglich gemachten undatierten Brief Edith Steins wurden zeitgleich auch das Begleitschreiben des Beuroner Erzabtes Raphael Walzer vom 12. April 1933 sowie das auf den 20. April datierte Antwortschreiben Eugenio Pacellis, des späteren Papst Pius‘ XII. veröffentlicht.[12] Raphael Walzer sollte zwei Jahre später selbst ins Fadenkreuz des deutschen Unrechtsregimes geraten. Ihm wurden Devisenvergehen (im Zusammenhang mit der japanischen Neugründung) vorgeworfen, eine Anschuldigung, mit der das NS-Regime unliebsame Priester und Ordensmänner unter Druck zu setzen pflegte. Erzabt Raphael verließ im Herbst 1935 Beuron und resignierte 1937. Als der Zweite Weltkrieg ausbrach, lebte er in einer benediktinischen Gemeinschaft bei Paris. 1943 eröffnete er in Rivet / Algerien ein Seminar zur Ausbildung kriegsgefangener Theologen, gründete 1950 in Tlemcen / Algerien ein Benediktinerkloster, und kehrte von dort aus 1964 nach Deutschland in die von ihm gegründete Abtei Neuburg zurück. Er starb dort 1966 und ist in der Krypta der Beuroner Abteikirche beigesetzt.

Erzabt Raphael Walzer 1944 mit kriegsgefangenen deutschen Theologiestudenten vor dem Studienhaus Rivet bei Algier.

[12] Leider ließ sich, wie mir von Bruder Jakobus Kaffanke OSB zuverlässig versichert wurde, im Beuroner Klosterarchiv bislang kein Niederschlag dieses Schriftwechsels auffinden.

Aus der Feder Raphael Walzers besitzen wir nur wenige Aussagen zu Edith Stein. 1946 in den USA auf sie angesprochen, charakterisiert er sie wie folgt: *Mit ihr ist eine der größten deutschen Frauen unserer Zeit heimgegangen. Selten habe ich eine Seele getroffen, die so viele und hohe Eigenschaften in einem Geist vereinigt hatte. Dabei war sie die Einfachheit und Natürlichkeit in Person. Mystisch begnadet im wahren Sinne des Wortes, hat sie nicht den Schein des Gesuchten oder Überlegenen an sich getragen. Sie war ganz Frau geblieben, mit zartem, ja mütterlichem Empfinden, ohne irgendjemand bemuttern zu wollen… Wie es ihr nicht schwer fiel, mit einfachen Menschen schlicht zu sein, mit Gelehrten gelehrt ohne alle Überhebung, mit Suchenden eine Suchende, beinahe möchte ich hinzufügen mit Sündern eine Sünderin…*[13]
Im selben Brief verneint Raphael Walzer, Briefe oder andere Autographen von Edith Stein zu besitzen. Es ist davon auszugehen, dass er auf der Flucht vor der Gestapo alles vernichtet hat, was in seinem Besitz war.
Im Folgenden sollen die drei Briefe[14] als ergreifende Dokumente der Zeitgeschichte für sich selbst sprechen. Ihre Reihenfolge wurde entsprechend der Seitennummerierung des Vatikan-Archivs gewählt.

[13] Brief aus Manchester, New Hampshire, an Maria Aloisia OCD vom 2. Dezember 1946, Edith-Stein-Archiv, Karmel Köln.
[14] Der Brief Edith Steins wurde nach Öffnung des betreffenden Vatikan-Archivs am 15.2.2003 zugänglich und meines Wissens erstmals am 17.2.2003 im Corriere della Sera sowie tags darauf in der Zeitschrift *Die Welt* abgedruckt. Die Schreiben von Erzabt Raphael und Eugenio Pacelli stellte Sr. Amata Neyer OCD aus dem Archiv des Kölner Karmel freundlicherweise zur Verfügung.

Dokument Nr. 1

Schreiben des Beuroner Erzabtes Dr. Raphael Walzer
an den Kardinalstaatssekretär Eugenio Pacelli

CONGREGAZIONE DEGLI AFFARI ECCLESIASTICI STRAORDINARI

 [3]

Beuron,12.Aprilis 1933.

Eminetissime Princeps![4] (an Eugenio Pacelli)[5]

Orator quaedam instantissim
me rogavit,ut litteras adjunctas,quas sigillatas mihi tradi-
dit,ad SSm Dominum Nostrum transmitterem.Orator mihi et ubiq
in Germania catholica nota est tamquam mulier fide,morum
sanctitate et scientia catholica (pluribus editionibus scie
tificis) praeclarissima.

Qua occasione felici uten
Eminentiam Vestram Reverendissimam humillime saluto simulqu
rogo,ut fortiter nobis assistas omnibus,istis tristissimis
diebus.Nam si non fallor vel si non interea viri sobrii et
prudentes intercesserint,patria nostra et ideo etiam nostra
sancta Ecclesia in Germania in summo discrimine versatur.
Et periculum praesens eo terribilius mihi viędetur,quia
tot homines decipiuntur verbis et factis fallacibus.
Unica spes mea terrestris est Sancta Sedes Apostolica.
Nos autem non cessabimus orare et deprecari et "praestolari
cum silentio salutare Dei".

Humillime benedictionem
petens et sacram purpuram deosculans,

Eminentiae Vestrae
servus indignus

+Raphael O.S.B.[6]
Archiabbas

15[2]

[1] Ich danke Sr. M. Amata Neyer OCD, Leiterin des Edith-Stein-Archivs Karmel Köln, für die freundliche Überlassung der Kopien aus dem Vatikanischen Archiv.
[2] Signaturen des Vatikanischen Archivs.
[3] Wappen und Wappenspruch des Erzabtes Dr. Raphael Walzer OSB, 4. Erzabt der Benediktiner Erzabtei St. Martin zu Beuron. Wappen: blaues Schild, drei goldene Bienen; Wappenspruch: *prodesse magis quam praeesse* – mehr nützen als vorstehen.
[4] *Eminentissime Princeps*: frühere Anrede für Kurienkardinäle, in diesem Fall ist Kardinalstaatssekretär Eugenio Pacelli gemeint. Mit dem fehlenden –n- hat sich ein Druckfehler eingeschlichen.
[5] Hinzufügung von Sr. Amata Neyer.
[6] Unterschrift von Erzabt Dr. Raphael Walzer OSB.

Übersetzung von Dokument Nr. 1[1]

Beuron, 12. April 1933

Eminenz![2]

Eine Bittstellerin hat mich aufs angelegentlichste gebeten, den beigefügten Brief, den sie mir in versiegeltem Zustand übergab, an Seine Heiligkeit weiterzuleiten. Die Bittstellerin ist mir und überall im katholischen Deutschland bekannt als eine Frau, die in ihrem Glauben, ihrer sittlichen Integrität und ihrer katholischen wissenschaftlichen Bildung (durch mehrere wissenschaftliche Veröffentlichungen) hochrenommiert ist.
Diesen günstigen Umstand wahrnehmend grüße ich Eure verehrungswürdige Eminenz untertänigst und bitte zugleich, in diesen höchst traurigen Tagen uns allen kraftvoll beizustehen. Denn wenn ich keiner Fehleinschätzung unterliege oder falls nicht zwischenzeitlich nüchterne und besonnene Männer Einhalt geboten haben sollten, befindet sich unser Vaterland und mithin auch unsere heilige Kirche in Deutschland in höchster Gefahr. Und die gegenwärtige Gefahr erscheint mir umso entsetzlicher, als so viele Menschen von trügerischen Worten und Taten getäuscht werden. Meine einzige irdische Hoffnung ist der Heilige Apostolische Stuhl. Wir indessen werden nicht rasten zu beten, zu (Gott zu) flehen und „schweigend zu harren auf Gottes Heil“[3].

Untertänigst (Euren) Segen

erbittend und den heiligen Purpur küssend,

Eurer Eminenz

unwürdiger Diener

Raphael O.S.B.

Erzabt

[1] Für die Übersetzung danke ich Herrn Dr. Christophorus Barck, Freiburg.
[2] Förmliche Anrede eines Kardinals, hier Kardinalstaatssekretär Eugenio Pacelli.
[3] *Praestolari in silentio salutare Dei* (Klagelieder 3,26) – in der Einheitsübersetzung wiedergegeben mit: *schweigend zu harren auf die Hilfe des Herrn*, Thema der Karfreitagspredigt 1930 von Erzabt Raphael Walzer.

Dokument Nr. 2

Brief Edith Steins an Papst Pius XI.

Heiliger Vater !

Als ein Kind des jüdischen Volkes, das durch Gottes Gn seit elf Jahren ein Kind der katholischen Kirche ist, wage ich es vor dem Vater der Christenheit auszusprechen, was Millionen von Deutschen bedrückt.

Seit Wochen sehen wir in Deutschland Taten geschehen, die jeder Gerechtigkeit und Menschlichkeit - von Nächstenliebe ga: nicht zu reden - Hohn sprechen. Jahre hindurch haben die national- sozialistischen Führer den Judenhass gepredigt. Nachdem sie jetzt die Regierungsgewalt in ihre Hände gebracht und ihre Anhängerscha - darunter nachweislich verbrecherische Elemente - bewaffnet hatte ist diese Saat des Hasses aufgegangen. Dass Ausschreitungen vorgekommen sind, wurde noch vor kurzem von der Regierung zugegeben. In welchem Umfang, davon können wir uns kein Bild machen, weil die öffentliche Meinung geknebelt ist. Aber nach dem zu urteilen, was mir durch persönliche Beziehungen bekannt geworden ist, handelt es sich keineswegs um vereinzelte Ausnahmefälle. Unter dem Druck der Auslandsstimmen ist die Regierung zu „milderen" Methoden übergegangen. Sie hat die Parole ausgegeben, es solle „keinem Juden ein Haar gekrümmt werden". Aber sie treibt durch ihre Boykotterklärung - dadurch, dass sie den Menschen wirtschaftliche Existenz, bürgerliche Ehre und ihr Vaterland nimmt - viele zur Verzweiflung: es sind mir in der letzten Woche durch private Nachrichten 5 Fälle von Selbstmord infolge dieser Anfeindungen bekannt geworden. Ich bin überzeugt, dass es sich um eine allgemeine Erscheinung handelt, die noch viele Opfer fordern wird. Man mag bedauern, dass die Unglücklichen nicht mehr inneren Halt haben, um ihr Schicksal zu tragen. Aber die Verantwortung fällt doch zum grossen Teil auf die, die sie so weit brachten. Und sie fällt auch auf die, die dazu schweigen.

 [1]

16 [2] [3]

[1] Archivsignatur Karmel Köln.
[2] Archivsignatur Rom.
[3] Archivsignatur Rom.

Alles, was geschehen ist und noch täglich geschieht, geht von einer Regierung aus, die sich „christlich" nennt. Seit Wochen warten und hoffen nicht nur die Juden, sondern Tausende treuer Katholiken in Deutschland - und ich denke, in der ganzen Welt - darauf, dass die Kirche Christi ihre Stimme erhebe, um diesem Missbrauch des Namens Christi Einhalt zu tun. Ist nicht diese Vergötzung der Rasse und der Staatsgewalt, die täglich durch Rundfunk den Massen eingehämmert wird, eine offene Häresie? Ist nicht der Vernichtungskampf gegen das jüdische Blut eine Schmähung der allerheiligsten Menschheit unseres Erlösers, der allerseligsten Jungfrau und der Apostel? Steht nicht dies alles im äussersten Gegensatz zum Verhalten unseres Herrn und Heilands, der noch am Kreuz für seine Verfolger betete? Und ist es nicht ein schwarzer Flecken in der Chronik dieses Heiligen Jahres, das ein Jahr des Friedens und der Versöhnung werden sollte?

Wir alle, die wir treue Kinder der Kirche sind und die Verhältnisse in Deutschland mit offenen Augen betrachten, fürchten das Schlimmste für das Ansehen der Kirche, wenn das Schweigen noch länger anhält. Wir sind auch der Überzeugung, dass dieses Schweigen nicht imstande sein wird, auf die Dauer den Frieden mit der gegenwärtigen deutschen Regierung zu erkaufen. Der Kampf gegen den Katholizismus wird vorläufig noch in der Stille und in weniger brutalen Formen geführt wie gegen das Judentum, aber nicht weniger systematisch. Es wird nicht mehr lange dauern, dann wird in Deutschland kein Katholik mehr ein Amt haben, wenn er sich nicht dem neuen Kurs bedingungslos verschreibt.

Zu Füssen Eurer Heiligkeit, um den Apostolischen Segen

bittend

Dr. Editha Stein

Dozentin am Deutschen Institut

für wissenschaftliche Pädagogik

Münster i/W.

Collegium Marianum

17

Dokument Nr. 3

Antwortschreiben Eugenio Pacellis an Erzabt Raphael Walzer

[7] [5] Nr. 1092/33

[4] Aus dem Vatikan, den 20. April 1933.

Hochwürdigster Herr Erzabt,

Mit besonderem Dank bestätige ich Euer Gnaden den Eingang des gütigen Schreibens vom 12.d.M. und der ihm angefügten Beilage. Ich stelle anheim, die Einsenderin in geeigneter Weise wissen zu lassen, dass ihre Zuschrift pflichtmässig Sr. Heiligkeit vorgelegt worden ist. Mit Ihnen bete ich zu Gott, dass er in diesen schwierigen Zeiten Seine hl. Kirche in Seinen besonderen Schutz nehme und allen Kindern der Kirche die Gnade des Starkmuts und grossherziger Gesinnung verleihe, welche die Voraussetzungen des endlichen Sieges sind.

Mit dem Ausdruck besonderer Wertschätzung und mit meinen innigen Wünschen für die ganze Erzabtei

Euer Gnaden

ganz ergebener

[6] Sua Eminenza

[8] (Eugenio Pacelli)

Sr. Gnaden

Hochwürdigstem Herrn Erzabt Raphael Walzer O.S.B.

Erzabtei B e u r o n

[3]

18 [2]

[1] 32/22

EDITH-STEIN-ARCHIV
Karmel „Maria vom Frieden"
Vor den Siebenburgen 6
D-50676 Köln

[1] Archivsignatur Karmel Köln.
[2] Archivsignatur Rom.
[3] Archivsignatur Rom.
[4] Archivsignatur Rom.
[5] Archivsignatur Rom.
[6] Handschriftliches Kürzel von Eugenio Pacelli.
[7] Unleserliche Notiz vermutlich eines Archivars.
[8] Hinzufügung von Sr. Amata Neyer, Karmel Köln.

Besuch des Nuntius Eugenio Pacelli in Beuron vom 28. August bis 1. September 1929. Nuntius Eugenio Pacelli und Erzabt Raphael Walzer verlassen die Klosterpforte zum Vorplatz.

IV. Eugenio Pacelli und Beuron[1 2]

„... mit meinen innigen Wünschen für die ganze Erzabtei"

Jakobus Kaffanke

Die Umbrüche in der deutschen Kirchengeschichte und der Beuroner Klostergeschichte im Zuge der nationalsozialistischen Gewaltherrschaft sind trotz großer Anstrengungen und mancher Fortschritte immer noch zu wenig erforscht und veröffentlicht. Das Schuldbekenntnis verschiedener Päpste und Bischöfe vor der Welt, das Eingeständnis, dass die offizielle Kirche, aber auch viele ihrer Glieder, im Laufe der Jahrhunderte große Fehler und infolgedessen Schuld auf sich geladen haben, muss durch eine ehrliche und mutige Aufarbeitung vor Ort ergänzt werden. Das Bekenntnis, dass konkreten Menschen Unrecht widerfuhr und so Schaden und Verletzungen verursacht wurden, ist die Voraussetzung, dass grundlegende Heilung in Gang kommen kann und nicht lediglich Unrecht vertuscht oder unter den Teppich gekehrt wird.

In den letzten Jahren sind durch die weitere Öffnung vatikanischer Archive[3] und durch einschlägige Arbeiten über Erzabt Raphael Walzer[4] neue Fakten und Erkenntnisse zutage getreten. Ein wichtiger Aspekt ist die Stellung des Beuroner Erzabtes zum Heiligen Stuhl. Beuron, durch seine Gründung von deutschen Benediktinern aus dem römischen Kloster St. Paul vor den Mauern[5] mit dem Stuhl Petri eng verbunden, hatte in den Jahren bis 1918 viele Aufgaben, die ihm von Rom angetragen wurden, erfolgreich übernommen. Auch Erzabt Raphael Walzer hatte in dieser Tradition u.a. die Anregungen des Hl. Vaters zu ostkirchlichen Initiativen[6] oder zur Gründung von kontemplativen Klöstern in Asien[7] aufgegriffen und mit viel Energie verfolgt. Besonders das persönliche

[1] Der Aufenthalt des Nuntius Eugenio Pacelli in Beuron vom 28. August bis 1. September 1929.

[2] vgl. Edith Steins Brief an Papst Pius XI von 1933; Brief des Kardinalstaatssekretärs Eugenio Pacelli an Erzabt Raphael Walzer O.S.B. vom 20. April 1933; zitiert nach einer Kopie in diesem Band S. 189.

[3] vgl. Hubert Wolf: Papst und Teufel. Die Archive des Vatikan und das Dritte Reich.– München: C.H. Beck, 2008.– insb. S. 208–216; danach wurde das Schreiben Edith Steins 1933 an Papst Pius XI unter dem Namen des Vermittlers, Raphael Walzer, abgelegt. Die intensive persönliche Bekanntschaft der beiden Kirchenmänner resultierte insbesondere aus dem hier dokumentierten Besuch Pacellis in Beuron.

[4] Jakobus Kaffanke OSB/Joachim Köhler: Mehr nützen als Herrschen! Raphael Walzer OSB, Erzabt von Beuron, 1918–1937. – Münster: LIT, 2008. –

[5] PeterHäger/Jakobus Kaffanke OSB : Zwischen Aufbruch und Beständigkeit. Leben und Wirken des zweiten Beuroner Erzabtes Placidus Wolter (1828 – 1908).– Münster: LIT, 2008.– Bereits früher mit reichen weiteren Quellen – Paul Wenzel: Der Freundeskeis um Anton Günther und die Gründung Beurons. – Essen: Ludgerus, 1965. –

[6] Das Apostolisches Schreiben „Equidem verba" von 1924 hat bei Erzabt Raphael Walzer und innerhalb der Beuroner Kongregation große Aktivitäten ausgelöst, die u.a. zur Gründung eines ostkirchlichen Kollegs und einer Ostkirchlichen Zeitschrift in München führten.

[7] So die Gründung des Klosters Tonogaoka bei Chigasaki /Japan 1933; vgl. Cyrill Schäfer: Tonogaoka – Beurons „Haus des Herrn" in Japan. 1933–1940. – in: Kaffanke/Köhler: Mehr nützen als Herrschen! Raphael Walzer OSB, Erzabt von Beuron, 1918–1937. – Münster:LIT, 2008. – S. 143–192.

Zusammentreffen mit dem bayrischen und später Berliner Nuntius Eugenio Pacelli ließ eine vertrauensvolle und belastbare Beziehung erwarten, die sich dann auch tatsächlich als nützlich erwies[8]. Pacelli hatte Beuron 1929 einen längeren Besuch abgestattet und von hier eine kleine Rundreise bis an den Bodensee angetreten. Gedenktafeln in verschiedenen Kirchen (z.B. Klosterkirche Wald, Stadtkirchen Pfullendorf und Messkirch) erinnern bis heute an diesen Besuch. Von diesem Aufenthalt geben zwei Quellen gute Auskunft: die gedruckte Klosterchronik von 1929 2. Halbjahr und eine Sammlung von Reden, die Eugenio Pacelli auf dieser Reise und auf dem Freiburger Katholikentag hielt, herausgegeben von Ludwig Kaas. Ebenfalls haben sich mehrere Aufnahmen erhalten, die die Situation und ihre Protagonisten gut ins Bild setzen. Als Erstes sei der Bericht des Beuroner Chronisten im Originaltext[9], aber mit erläuternden Anmerkungen dargeboten; dann folgt die kurze Ansprache des Nuntius bei der abendlichen Serenade auf dem Pfortenplatz der Erzabtei:

„Hat der Beuroner Chronist in seinem Bericht über die erste Hälfte dieses ereignisreichen Jubeljahres den Blick zuerst nach dem Süden[10] gerichtet, so braucht er diesmal, um des freudigsten Ereignisses für Beuron zu gedenken, nicht über die Felsen des Donautales hinauszuschauen. Haben wir das letzte Mal Rms[11] Vater Erzabt im Geiste begegnet auf seiner Pilgerfahrt zum Vater der Christenheit, dem er unsere Glückwünsche und unsere Huldigung darbrachte, so brachte uns das zweite Halbjahr die hohe Freude, den Heiligen Vater in der Person seines Vertreters in unserem Vaterland, des hochwürdigsten Herrn Nuntius Pacelli in unserem stillen Tal, in den Hallen unseres Gotteshauses begrüßen zu dürfen. Es fügte sich, dass S. Exzellenz anlässlich des Katholikentages, dem er wie alljährlich, so auch dieses Jahr in Freiburg durch seine Anwesenheit eine besondere Feierlichkeit und Weihe verlieh, in den Tagen zwischen der großen Eröffnungs- und Schlussversammlung unser lieber Gast sein wollte, um von hier aus eine Reihe von Orten in der Seegegend mit seinem Besuch zu beehren. Am Donnerstag, dem 29. August, abends acht Uhr erwarteten wir mit Rms im Pontifikalschmuck, den hohen Gast am Kirchenportal. Bei seinem Eintritt in die festlich erleuchtete Kirche begrüßte ihn V. Erzabt in einer kurzen Ansprache und wies darauf hin, dass er als Römer eigentlich hier kein Fremdling sei, sondern gewissermaßen auch auf römischem Boden stehe; seien doch unsere Stifter einst von Rom ausgezogen und wir durch sie noch immer in besonderer Weise mit der römischen Abtei St. Paul, deren Professkloster, verbunden. Dann erteilte S. Exzellenz nach Verrichtung der üblichen Gebete seinen Segen. Am Freitag

[8] So im Briefwechsel Erzabt Raphael Walzer/Dr. Edith Stein und Kardinalstaatssekretär Eugenio Pacelli 1933, vgl. Anm. 1.
[9] Aus der Chronik von Beuron – Zweites Halbjahr 1929.– Archiv der Erzabtei St. Martin, Beuron.
[10] Gemeint ist Rom.
[11] Reverendissimus.

machte der hochw. Herr in Begleitung von Prälat Dr. Kaas[12] und Domkapitular Dr. Gröber[13] eine Autofahrt an den Bodensee, wobei er u. a. der fürstlichen Familie in Heiligenberg[14] seinen Besuch abstattete. Nach seiner Rückkehr am Abend wurde dem Vertreter des Heiligen Vaters eine große öffentliche Huldigungsfeier bereitet. Auf dem Platz vor dem Kloster versammelte sich eine zahlreiche Menschenmenge, die z. T. mit Extrazügen von Sigmaringen und Tuttlingen herbeigeeilt war; auch der hochw. Klerus der Umgebung hatte sich eingefunden. Die Häuser ringsum waren festlich illuminiert. Auf einem erhöhten Podium nahmen außer Seiner Exzellenz noch Rms V. Erzabt, Prälat Dr. Kaas und Domkapitular Dr. Gröber Platz. Nach einem lateinischen Begrüßungslied und einem mit großem Freimut von einem Beuroner Schulkind vorgetragenen Gedicht, das den Angeredeten sichtlich erfreute, feierten wir ihn in dem altehrwürdigen Festgesang der Laudes Hincmari als Vertreter des Heiligen Vaters in unserem Vaterland und als hohen Gast unseres Klosters. V. Erzabt stellte ihn sodann dem versammelten Volk als unsern Friedensnuntius vor, der 12 Jahre mit uns Freud und Leid geteilt habe. In seiner huldvollen Antwort[15] würdigte Nuntius Pacelli Beuron als eine Insel himmlischen Friedens in dieser Zeit geistiger Aufgewühltheit und spendete uns zum Unterpfand dieses Friedens den apostolischen Segen. Am Samstag sang er in unserer Abteikirche das Pontifikalamt von der Gottesmutter. Nachmittags um ein Uhr verließ S. Exzellenz das Kloster, um, nochmals mit spontaner Begeisterung von den vielen zum Abschied versammelten Menschen umjubelt, in Begleitung von V. Erzabt und den anderen Herren nach Freiburg zurückzukehren. Umso freudigeren Anteil nahmen wir nach diesen Ereignissen an der wenige Monate später erfolgten Erhebung des Berliner Nuntius zur Kardinalswürde. Ad multos annos!

Anlässlich der Freiburger Katholikenversammlung[16] unternahm der Nuntius eine zweitägige Rundfahrt durch den badischen Schwarzwald, den Seekreis und ins Donautal. Bei dem damit verbundenen Besuch der Erzabtei Beuron fand am Abend des 30. August eine Serenade statt, bei welcher der Nuntius im Freien die folgende Rede hielt.[17]

[12] Dr. Ludwig Kaas, geboren 23. Mai 1881 in Trier, gestorben 15. April 1952 in Rom; Fraktionsvorsitzender des Zentrum im Deutschen Reichstag 1933.
[13] Dr. Conrad Gröber, gebürtig aus Meßkirch in der Nähe von Beuron 1. April 1872, gestorben 14. Februar 1948 in Freiburg i.Br., 1931 Bischof von Meißen, 1932 Erzbischof von Freiburg im Breisgau.
[14] Die Fürsten von Fürstenberg mit Sitz in Donaueschingen haben als Sommerzesidenz Schloss Heiligenberg nahe Salem/Überlingen.
[15] Vergleiche den unten folgenden Text.
[16] Katholikentag in Freiburg im Breisgau vom 28. August bis 1. September 1929.
[17] Eugenio Pacelli, Erster Apostolischer Nuntius beim Deutschen Reich, Gesammelte Reden, Ausgewählt und eingeleitet von Ludwig Kaas. – XLI, Pax Benedictina, Erzabtei Beuron, den 30. August 1929.

Verehrte Anwesende!
Ihnen allen, dem hochwürdigsten und hochverehrten Erzabt, dem ganzen ehrwürdigen Konvent von Beuron, allen lieben Anwesenden gilt mein innigster Dank für die von rührender Hingabe und Verehrung getragene Begrüßung, die mir soeben als dem Vertreter des Heiligen Vaters in dieser weihevollen Abendstunde in Ihrer Mitte zuteil geworden ist. Der seelenvolle Klang Ihrer Lieder sucht den Weg zum Ewigen Rom und huldigt in kindlicher Liebe und unverbrüchlicher Treue dem Nachfolger Petri, unserem glorreich regierenden Papst Pius XI.
Wir weilen hier auf einer Insel himmlischen Friedens, über der die Weisheit des Augustinuswortes ruht: „Deus, quem nosse vivere, cui servire regnare est." (Gott, den zu kennen leben bedeutet, dem zu dienen herrschen bedeutet.) An einer ehrwürdigen Heimstätte der Pax Benedictina, die in der Versenkung ins Ewige die Haltung zum Zeitlichen sucht und findet. Gerade unserer Zeit in ihrer geistigen Freizügigkeit, in ihrer Rastlosigkeit und Zerfahrenheit predigt die benediktinische Stabilitas und Pax, die benediktinische „Stätte", der benediktinische Friedensgedanke eine Weltanschauung, auf deren Goldgrund ethische Schätze schlummern voll menschheitsadelnder und weltgestaltender Kraft. Möge der Gottesfriede, den Sie, liebe Anwesende, an dieser Stätte mit so vielen ungezählten andern im Schatten des Benediktuskreuzes suchen, sich in Ihre Herzen, auf ihre Familien und auf das ganze Volk vom Bodensee, vom Donautal und Allgäu herabsenken!
Wir weilen hier an einer Stätte frommen Gebetes. Möge das Loben und Preisen, das Bitten und Flehen, das aus diesem Heiligtum Tag und Nacht zu Gott emporsteigt, als Gnadentau zurückkehren, das Land weithin befruchten und alle seine Bewohner in der Treue zum Glauben der Väter und zur Kirche Jesu Christi bewahren.
Wir weilen hier am Gnadenort der Gottesmutter. Ihrem huldvollen und mächtigen Schutze empfehle ich Sie alle, alle Ihre Angehörigen, ganz besonders Ihre Kinder und Jugendlichen, Ihre Kranken und Notleidenden. Bringen Sie ihnen allen meinen Gruß, den ich in dem Wunsche des heiligen Paulus zusammenfasse: „Brüder, freut euch, werdet vollkommen, ermahnt einander zum Guten, seid einig und friedfertig, dann wird der Gott der Liebe und des Friedens mit euch sein. Die Gnade des Herrn Jesus Christus und die Liebe Gottes und die Gemeinschaft des Heiligen Geistes sei mit euch allen!"
Als Unterpfand alles dessen spende ich der ehrwürdigen Erzabtei Beuron, ihren Insassen, ihren Gästen und allen denen, die von nah und fern hierher gekommen sind, im Namen Seiner Heiligkeit von ganzem Herzen den Apostolischen Segen.

Festansprache von Nuntius Pacelli in Beuron – Pfortenvorplatz am Freitag 30. August 1929; links neben Pacelli Erzabt Raphael Walzer und Domkapitular Conrad Gröber; rechts Prälat Dr. Ludwig Kaas.

V. Briefe Edith Steins

Einführung von Katharina Oost

Briefe Edith Steins

Einführung

Katharina Oost

Briefe wachsen nahe am Herzen. Anders als in theoretischen Texten kommt in der schreibenden Hinwendung zum Anderen Persönliches lebendig zum Ausdruck. Deshalb sei den Lesern zum Ende dieses Buches eine Auswahl von Briefen Edith Steins dargeboten, die alle in einem Zusammenhang mit Beuron stehen, sei es, dass sie in Beuron selbst verfasst wurden oder auch den Ort im Rückblick eines Aufenthaltes mit Erinnerung bedenken. Wenn Edith Stein auch hier verhalten, wie es ihre Art ist, bleibt, so klingt doch die Bedeutung an, die der Mönchsort an der Donau mit seinem liturgischen Leben für sie hatte.

Die wohl wichtigste, intensivste Beziehung war Edith Stein in Beuron zum damaligen Erzabt Raphael Walzer eingegangen, der ihr Weggefährte, Freund und geistlicher Begleiter wurde. Deshalb finden sich unter den hier wiedergegebenen Briefen auch einige wenige Zeilen des Beuroner Erzabtes an Edith Stein. Ungefähr zehn Jahre trennen die ersten von den letzten Zeilen. Erzabt Raphael hatte Beuron 1935 verlassen müssen und lebte zu Kriegsbeginn in einer benediktinischen Gemeinschaft bei Paris.

Alle Briefe einschließlich der Fußnoten sind nach der neuen Edith-Stein-Gesamtausgabe (ESGA) zitiert, die seit dem Jahr 2000 im Verlag Herder erscheint. Am Ende eines jeden Briefes wird der jeweilige Band mit der Briefnummer angegeben.

Edith Stein im Gästebuch Mayer[1], Beuron

9.IV.28

Laetatus sum in his quae dicta sunt mihi: in domum Domini ibimus.
Ich freute mich, da mir gesagt wurde: Wir wollen ins Haus des Herrn gehen.

In der Hoffnung, dass ich recht bald wieder aus dem gastlichen Haus an der Holzbrücke ins »Haus des Herrn« gehen darf, und in herzlicher Dankbarkeit.

Dr. Edith Stein
Speyer a. Rh., Kloster St. Magdalena.

[1] Die vom Schwesternhaus »Maria Trost« (vgl. Br. 59) empfohlene private Unterkunft – »ganz in der Nähe« – war höchstwahrscheinlich das von Mutter und Tochter Mayer betriebene Gästehaus »an der Holzbrücke«. Edith Stein besuchte vom Haus Mayer aus alle liturgischen Tagzeiten in der Abtei, die nach einem schönen kleinen Weg durch die Holzbrücke schnell zu erreichen war. Die sehr alte Holzbrücke, heute unter Denkmalschutz stehend, ist noch immer für den Fußgängerverkehr (über die obere Donau) in Benutzung. Bei diesem ersten Besuch in der Abtei lernte Edith Stein auch den jungen Erzabt Raphael Walzer (vgl. Br. 88 Anm. 3) kennen, der ihr Freund und Berater blieb, so lange die Verbindung noch möglich war. – Diese Eintragung im Gästehaus ist die erste von einer Reihe noch folgender. Das Datum der Eintragung war der Ostermontag. Die Schriftstelle ist aus Ps 121,1.

ESGA 2, Nr. 62.

St. Magdalena, 13.V.28

Lieber Herr Ingarden,

meine Osterferien waren so ausgefüllt, dass ich Ihren Wunsch nach einem Ferienbrief nicht erfüllen konnte. Kar- und Ostertage war ich in Beuron[1] und habe da in der Abtei das Urbild von Bahrs »Himmel auf Erden« gefunden (ob es faktisch so ist, weiß ich nicht, es gibt ja noch mehr Benediktiner-Abteien, wo gewiss derselbe Geist zu finden ist). Hinterher musste ich gleich an der Generalversammlung des Bayerischen kath. Lehrerinnenvereins in Ludwigshafen einen Vortrag halten[2], und dann begann das Schuljahr mit allerhand unvorhergesehenen Hindernissen.
Was für Preise Cohen[3] bezahlt, weiß ich nicht; Herder schlug mir, wenn ich mich recht erinnere, 10% vom Ladenpreis des Buches vor, zahlbar beim Erscheinen der 1. Auflage sowie jedes neuen Tausend. Es wurde mir von kundiger Seite versichert, das sei günstig; aber natürlich ist das nur bei so großen Auflagen und nicht bei den kleinen, die Niemeyer macht; außerdem kann es der Verleger nur riskieren, wenn er auf einen größeren Absatz rechnen kann. Und das ist doch wohl bei Thomas heute eher der Fall als bei unseren Originalarbeiten. Vielleicht können Sie sich aber als Mathematiker errechnen, was für eine Pauschalsumme dem entsprechen würde. Es kommen übrigens noch eine Reihe von Freiexemplaren bei jeder Auflage hinzu. –
Was nun meine Durchsicht Ihrer Arbeit betrifft, so möchte ich Ihnen vorschlagen, wenn Sie fertig sind, noch einmal anzufragen. Ich kann es heute wirklich schwer sagen, ob es mir möglich sein wird. Nur, wie ich schon im letzten Brief schrieb, zwischen September und Ostern ist es fast ausgeschlossen, weil in das 2. Trimester die Hauptmasse der Schularbeit, vor allem Korrekturen, fällt und in das 3. die Prüfungen. Wie es in den Ferien wird, kann ich nocht nicht ganz übersehen. Ich hoffte, *bis* dahin mit meinem vorläufigen Thomas-Text fertig zu werden und dann *in* den Ferien die große terminologische Durcharbeitung des Ganzen vorzunehmen, die (ich eigentlich) in einem Zuge (machen) müsste – aber in den letzten Monaten hatte ich (wieder) so viele Störungen, dass ich von den paar

[1] Am Ostermontag, 9.4.1928, trug sich Edith Stein zum ersten Mal in das Gästebuch der Beuroner Pension Mayer ein; es enthält noch eine Reihe weiterer Eintragungen von ihrer Hand. Das Gästebuch befindet sich heute im Edith-Stein-Archiv des Kölner Karmel (D II 7).

[2] Die 15. Hauptversammlung des Vereins der katholischen bayerischen Lehrerinnen in Ludwigshafen (11.–14.4.1928) stand unter dem Thema »Frauenbildung und Gegenwartsaufgaben«. Edith Steins Vortrag am 12.4. lautete: *Der Eigenwert der Frau in seiner Bedeutung für das Leben des Volkes*; er fand statt im damaligen Vereinshaus der IG Farben in der Rupprechtstraße. Veröffentlicht wurde der Text in der Jugendnummer der Zs. *Zeit und Schule*, Nr. 5, München 1.7.1928. – Der Vortrag ist abgedruckt in ESGA 13, S. 1–15.

[3] Verleger in Bonn.

Wochen bis Juli nicht mehr viel erwarten kann. Wenn es aber *irgend* zu ermöglichen ist, tue ich es gern. Also, bitte, fragen Sie dann noch mal. Über das Honorar sprechen wir, wenn der Druck beendet ist.
In meiner Thomas-Bearbeitung werden Sie von *mir* nicht viel finden; ich will ja hier nur ihn selbst zu Wort kommen lassen und gebe nur am Ende jeder der Untersuchungen eine kurze Schlusszusammenfassung ohne kritische Stellungnahme. Martin Grabmann[4] hat mir eine Einleitung zu dem Band versprochen, über die geschichtliche und moderne Bedeutung der Quaestionen. Auf die freue ich mich. Der Newman-Band ist immer noch nicht fertig, aber ein Teil ist jetzt rein gedruckt und es stehen vom Ganzen nur noch wenige Fahnen aus.

Nun herzliche Grüße und viele guten Wünsche für Sie und die Ihren
Ihre Edith Stein.

[4] Martin Grabmann, geb. 5.1.1875 in München, gest. 9.1.1949 in Eichstätt, Professor in Eichstätt, Wien und München, bedeutender Forscher auf dem Gebiet der mittelalterlichen Philosophiegeschichte.

ESGA 4, Nr. 122.

Edith Stein an Callista Brenzing[1]

St. Magdalena, 29.IV.29

Ehrwürdige, liebe Frau Callista,

da Sr. Agnella[2] plötzlich einberufen wurde[3] und zu Ihnen kommt, kann ich ihr einen kleinen Gruß mitgeben. Einen Abglanz von Beuron werden Sie gewiss noch an Sr. Agnella wahrnehmen[4]. Was man von dort mitbringt, ist dauerhaft. Und in 12 Tagen kann man dort einen Schatz sammeln, der lange nährt und alles verdauen hilft, was von außen kommt. Das ist die Antwort auf die Frage nach meinem Ergehen. Mich würde es auch recht freuen, wenn ich Sie noch einmal treffen könnte. Vorläufig steht keine Münchener Reise bestimmt in Aussicht. Aber Sie wissen ja jetzt schon, dass solche Dinge sehr plötzlich kommen können. Sonst wünsche ich Ihnen für den August eine Studienfahrt in die schlesischen Cistercienser-Abteien[5] und erbiete mich als Führerin. Für das kommende Semester alles Gute! Den Begleiter dafür schicke ich Ihnen mit[6].

Mit herzlichen Grüßen
Ihre in Xo. ergebene Edith Stein

[1] Callista (Maria) Brenzing, Zisterzienserin in der Abtei Seligenthal in Landshut i. B., geb. am 15.6.1896 in Landshut, gest. am 27.4.1975 in der Abtei Seligenthal. Sie lernte Edith Stein in München im Studentinnenheim in der Türkenstraße kennen, wo auch die studierenden Dominikanerinnen aus Speyer wohnten.
[2] Vgl. Br. 48 Anm. 1.
[3] Zum Referendarjahr nach München.
[4] Edith Stein hatte Sr. M. Agnella nach deren Staatsexamen für einen 12-tägigen Aufenthalt nach Beuron eingeladen.
[5] Callista Brenzing beschäftigte sich damals mit der Entstehungsgeschichte der Zisterzienserinnen-Abtei Seligenthal, deren Ursprung man auf die schlesischen Abteien zurückführte.
[6] Edith Stein legte ihrem Brief ein Beuroner Andachtsbildchen mit einer Abbildung des Jesuskindes bei.

ESGA 2, Nr. 70.

Edith Stein an Adelgundis Jaegerschmid[1]

Beuron, Ostersonntag, (20.4.)30

Pax!
Liebe Sr. Adelgundis,

der Karsamstag war zu schnell zu Ende, um Ihnen einen Ostergruß zu schicken. Dafür kann ich jetzt ein wenig mehr sagen. Freilich weiß ich nicht, wo anfangen und wo aufhören. Und das Beste an diesen überreich gesegneten Tagen lässt sich nicht sagen, geschweige denn schreiben. »Praestolari in silentio salutare Dei«[2] war der Text der Karfreitagspredigt, die V(ater) E(rzabt)[3] wieder selbst hielt: Rüstungsschweigen des Gründonnerstags, Kampfesschweigen des Karfreitags, Siegesschweigen – stummer Jubel der Osterfreude. Dabei wollen wir es bewenden lassen.
Aber von vorher möchte ich gern noch etwas sagen. Fast das erste Thema, das am Tage meiner Ankunft – und zwar nicht von mir – angeschnitten wurde, war Irmgard K[4]. und ihre problematische Zukunft. Dabei habe ich, ohne zu fragen, in die Verhältnisse, in die sie gekommen ist, den gründlichsten Einblick bekommen. Von einem Besuch wurde mir abgeraten. Meine Devise »Hic Rhodus, hic salta!«[5] ist durchaus gebilligt worden. Auch sonst konnte ich alles ganz zwanglos vorbringen, und alles ist wohlwollend aufgenommen worden. Es gibt ja hier keinerlei »Diplomatie«, wie Sie wissen, und keine Hintergedanken.
Der Hochwürdigste Herr hat für den Sommer einige Reisepläne: 12./13. Juli – hören und staunen Sie – nach Speyer zu den Hauptfesttagen des 900j. Domjubiläums[6]; in der 2. Augusthälfte das Emmerichjubiläum in Ungarn[7] und das Neu-

[1] Vgl. Br. 80 Anm. 1.
[2] Im Schweigen harren auf Gottes Heil (Klagelieder 3, 26).
[3] Raphael (Josef) Walzer, Mönch der Benediktinerabtei Beuron, geb. am 27.3.1888 in Ravensburg, gest. am 19.7.1966 in Heidelberg, Dr. phil. et theol., wurde sehr jung 1918 zum Abt gewählt. Er entwickelte eine überaus reiche Tätigkeit durch den Bau der theologischen Hochschule und einer großen Bibliothek in Beuron, begann mit der Herausgabe benediktinischer Zeitschriften, beteiligte sich durch seine Mönche an den Gründungen in Grüssau, Neresheim, Weingarten, Neuburg bei Heidelberg. Auch in Japan errichtete er ein Priorat. 1935 musste er, bedingt durch Schwierigkeiten mit dem nationalsozialistischen Regime, Beuron verlassen und ging zunächst in die Schweiz, später nach Frankreich und Algerien, wo er das in Chartres fortgesetzte Seminar für kriegsgefangene Theologen begann. 1964 kehrte er nach Deutschland zurück und lebte in der Abtei Neuburg. Sein Grab ist in der Äbtegruft in der Abtei Beuron. Erzabt Walzer stand mit Edith Stein in reger Verbindung und war ihr ein langjähriger Freund und Berater.
[4] Irmgard Koch (vgl. Br. 68 Anm. 1).
[5] Vgl. Br. 83 Anm. 6.
[6] Der 900. Jahrestag der Dom-Grundsteinlegung wurde in Speyer vom 6. bis 15. Juli 1930 hochfestlich begangen. Das Programm weist zahlreiche Gottesdienste, Akademien, Vorträge, Ausstellungen und Prozessionen aus. Die »Chronik von Beuron« (Zweites Halbjahr 1930, S. 2) bestätigt, dass Erzabt Raphael am 13. Juli in Speyer die Festpredigt beim großen Domjubiläum hielt, obschon am selben Tag der Freiburger Weihbischof Burger nach Beuron kam, um einigen jungen Benediktinern – allerdings nicht aus Beuron selbst – die Priesterweihe zu erteilen.
[7] In Ungarn beging man ein Gedächtnisjahr zum 1000. Todestag des hl. Emmerich, des Sohnes König Stephans.

burg-Jubiläum[8]. Die 1. Augusthälfte ist voraussichtlich frei. Sie werden aber gut tun, für alle Fälle vorher nochmals anzufragen.
Heute hielt P. Ambrosius[9] die Festpredigt (»Christus lebt!«), und die liturgischen Vorträge von P. Damasus[10] in den Kartagen habe ich auch gehört. Am Mittwoch muss ich nun fort. Für den Donnerstag[11] erbitte ich mir von Ihnen und Sr. Placida kräftige Gebetshilfe für meinen Vortrag. Und ich danke Ihnen beiden noch recht herzlich für alle Liebe während meines Besuches. Sagen Sie auch, bitte, Wohlehrwürden Mutter Priorin[12] nochmals vielen Dank dafür, dass ich bei Ihnen sein durfte, und die herzlichsten Segenswünsche für Ihr ganzes Haus. Sr. Placida soll nicht böse sein, dass ich nicht besonders schreibe. Es ist noch zuviel anderes.

In Caritate Christi
Ihre E. St.

[8] Die noch junge Gründung in Neuburg feierte das 800-jährige Gründungsjubiläum des früheren Stiftes Neuburg; am 24. August weilte Erzabt Raphael dort. Am Ungarnjubiläum hat Erzabt Raphael offenbar nicht teilgenommen. Am 13. Oktober trat er eine lang geplante Reise ins Heilige Land an, während die vorhergehenden Wochen mit anderen Verpflichtungen ausgefüllt waren. So berichtet die Beuron-Chronik.

[9] Ambrosius (Ludwig) Würth, Mönch in der Erzabtei St. Martin in Beuron, geb. am 18.4.1889 in Stühlingen / Baden, gest. am 18.6.1972 in Weiler / Allgäu (Hospital), bestattet in Beuron.

[10] Damasus (Joseph) Zähringer, Mönch und 7. Erzabt von Beuron, geb. am 18.2.1899 in Ibach / St. Blasien, gest. am 8.4.1977 in Kreßbronn / Bodensee, bestattet in Beuron.

[11] Am Donnerstag, den 24. 4. hielt Edith Stein bei der 16. Hauptversammlung der kath. bayerischen Lehrerinnen in Nürnberg das Referat: »Theoretische Grundlagen der sozialen Bildungsarbeit«, im Hotel »Deutscher Hof«, Frauentorgraben 29, morgens ½10 h. Der Vortrag wurde veröffentlicht in der Zeitschrift »Zeit und Schule«, dem Organ des Vereins kath. deutscher Lehrerinnen, 27. Jg. S. 81–84 und S. 90–93 (vgl. ESW XII, 52–72; ESGA 16).

[12] Maria Benedicta (Elisabeth) Föhrenbach, geb. 7.2.1883 in Oberkirch, gest. am 15.9.1961 in Freiburg, gründete am 6.1.1920 die Gemeinschaft der Benediktinerinnen von der hl. Lioba. Am 21.3.1927 erfolgte die kirchliche Anerkennung der Kongregation, die das benediktinische Leben mit pastoraler und sozialer Tätigkeit verbindet.

ESGA 2, Nr. 90.

Raphael Walzer[1] an Edith Stein

Ansichtskarte: Beuroner Abteigebäude, von der Giebelseite her aufgenommen

An Fräulein Dr. E. Stein
Speyer, St. Magdalena

Poststempel: Beuron (Hohenzollern), 25.4.30

S(ehr) v(erehrte) Fr. Dr.,

für zwei wertvolle Grüße einen dankbaren Gegengruß und benedictionem omnimodam[2] und die lieben Giebel zum Andenken.

Immer in caritate Dei[3]
+ R(aphael Walzer OSB)

[1] Vgl. Br. 90 Anm. 3.
[2] Segen auf alle Weise.
[3] In der Liebe Gottes.

ESGA 2, Nr. 91.

Beuron, 22.XII.30

Lieber Herr Ingarden,

verzeihen Sie, dass ich erst heute für das Buch[1] danke. Ich habe es schon lange, aber es fehlte – wie so oft schon – die Zeit zum Schreiben. Ich freue mich, dass Sie es so weit haben, und wünsche Ihnen einen guten Erfolg. Immerhin: so schnell wird die neue Auflage nicht nötig sein, dass ich mich mit dem Fehler-Verzeichnis beeilen müsste. Sie sind meinem Thomas[2] bei weitem vorausgeeilt. Mein Breslauer Buchhändler – Otto Borgmeyer – hat ihn in seinen Verlag genommen. Dessen Bruder, Franz Borgmeyer in Hildesheim, besorgt den Druck – seit Juni. Es geht eßlöffelweise mit wochen- und monatelangen Pausen, und ich muss jeden Eßlöffel durch Intervention bei beiden Brüdern herauslocken. Immerhin liegen schon einige, sehr gut gelungene Reindruckbogen vor, und bei etwas gutem Willen könnte der I. Band sehr schnell fertig gestellt werden. – Nun Ihr »Geschäft«. Wenn ich früher so »dilatorisch« geantwortet habe, wie Sie berichten (ich weiß nichts mehr davon), so war das nur eine Beruhigungspille für Sie. Im Ernst habe ich nie daran gedacht, von Ihnen etwas anzunehmen. Väter von 3 Söhnen brauchen so einen Zuschuß (königlich ist das Honorar sicher nicht) nötiger als eine virgo superadulta[3], die im Kloster lebt.
Nun genug von Geschäften! In 2 Tagen ist Heilige Nacht und ich darf sie in meinem lieben Beuron[4] fast wie ein richtiger Mönch mit feiern. Ihnen und Ihrer ganzen Familie wünsche ich auch ein recht schönes Fest und ein glückliches neues Jahr.

Mit herzlichen Grüßen
Ihre
Edith Stein

[1] *Das literarische Kunstwerk* erschien Halle 1931; vielleicht handelt es sich um ein Vorausexemplar.

[2] *Des hl. Thomas von Aquino Untersuchungen über die Wahrheit (Quaestiones disputatae de veritate).* In deutscher Übertragung von Edith Stein. Mit einem Geleitwort von Martin Grabmann. I. Band (Quaestio 1–13), Verlag von Otto Borgmeyer/Buchhandlung, Breslau 1931. – II. Band (Quaestio 14–29) 1932; das lateinisch-deutsche Wörterverzeichnis 1934 (als gesondertes Beiheft).

[3] Anspielung auf 1 Kor 7,26. Die *Stuttgarter Kepplerbibel*, die zur Zeit Edith Steins in Gebrauch war, übersetzt: »Jungfrau, die schon über das blühende Alter hinaus ist«. Hier scherzhaft gemeint, etwa: reichlich alte Jungfer.

[4] Edith Stein war in Beuron vom 20.12.1930 bis 3.1.1931, gemäß Gästebuch der Pension Mayer. In dieser Zeit fand in der Abtei die Taufe von Alice Reis statt. Edith Stein ist im Taufbuch der Benediktiner-Pfarrei als Patin eingetragen. Alice Reis, am 17.9.1903 in Berlin geboren, flüchtete später vor der Judenverfolgung in die Niederlande, wurde wie Edith Stein am 2.8.1942 verhaftet und traf ihre Patin im Sammellager Westerbork wieder. Sie starb wie Edith und Rosa Stein und die übrigen Gefährtinnen am 9.8.1942 in Auschwitz-Birkenau.

Vielleicht fahre ich über Freiburg[5] zurück. Von Koyré[6] habe ich aus Montpellier schon ausführlichen Bericht. Es ist natürlich mit Paris nicht zu vergleichen. Aber es ist doch gut für ihn und seine Frau, dass endlich ein gesichertes Einkommen da ist und obendrein eine schöne, gesunde Umgebung.

[5] Edith Stein verließ Beuron am Morgen des 3. 1., weilte am 4. 1. im Kloster der Benediktinerinnen in Günterstal (St. Lioba) und besuchte wahrscheinlich auch Husserl, denn HChr S. 376 verzeichnet am 14. Januar 1931: »Neulich besuchte uns Frl. Stein«. – In Beuron schrieb Edith Stein ihren Vortrag *Das Weihnachtsgeheimnis* nieder, den sie am 13. 1. in Ludwigshafen hielt.
[6] Koyré war zum Akademischen Jahr 1930/31 als Maître de conférences nach Montpellier berufen worden.

ESGA 4, Nr. 147.

Klosterbrüder bei der Feldarbeit um 1930.

Edith Stein an Ludwig Husse[1]

Beuron, 2.I.31

Pax!
Hochwürdiger Herr Pfarrer,

das Gewissen hat sich in meinen Beuroner Weihnachtstagen manchmal gerührt und mir vorgehalten, dass mir für den 13. I. ein Vortrag bevorsteht. Sie werden aber begreifen, dass mir hier kein anderes Thema einfallen wollte als das Weihnachtsgeheimnis selbst. Glauben Sie, dass es geht, einfach zu sagen »Das Weihnachtsgeheimnis«[2]? Bitte, geben Sie mir nach Speyer Bescheid; ich bin am 5. wieder dort, reise morgen früh ab und noch über Freiburg[3].

Nun wünsche ich Ihnen noch nachträglich, dass die Hl. Zeit Ihnen reiche Gnaden gebracht haben möge, einen guten Vorrat für das neue Jahr.

Mit ehrfürchtigen Grüßen Ihre ergebene
Edith Stein

[1] Ludwig Husse, Pfarrer an St. Ludwig in Ludwigshafen, geb. am 20.12.1890 in Speyer; gest. 15.4.1976 in Ludwigshafen. Husse war Träger des Bundesverdienstkreuzes, Ehrenbürger der Stadt Ludwigshafen; Papst Johannes XXIII. verlieh ihm den Titel eines Päpstlichen Hausprälaten. Er engagierte sich in starkem Ausmaß in der Caritas- und Sozialarbeit.
[2] Edith Stein hielt am 13.1.1931 in Ludwigshafen, in der Ortsgruppe des Katholischen Akademikerverbandes, den Vortrag »Das Weihnachtsgeheimnis. Menschwerdung und Menschheit.« Er wurde publiziert in der Zeitschrift »Die katholische Schweizerin«, hg. vom Schweizerischen katholischen Frauenbund, 23. Jg. Nr. 3,5. Dezember 1935 und Nr. 4, 15. Januar 1936 (Einsiedeln), später auch in: ESW XII, 196–207. In Ludwigshafen traf Edith Stein im Haus des Chirurgen Dr. Max Hirschler, dessen Frau Dr. med. Helene Hirschler aus Breslau stammte und mit Edith Stein befreundet war, den Philosophen Ernst Bloch (1885 Ludwigshafen – 1977 Tübingen). Nach der Aussage von Hirschlers Sohn Eric E. Hirshler (USA) hatten Edith Stein und Ernst Bloch eine lange und ernste Unterredung miteinander, in der Wohnung seiner Eltern in Ludwigshafen (am »Rheinblock«). Nach seiner Erinnerung fand diese Begegnung nach dem Ludwigshafener Vortrag statt. (Aus: Waltraud Herbstrith [Hg.], Erinnere dich – vergiß es nicht, Annweiler/Essen 1990, S. 265 f.
[3] Edith Stein besuchte in Freiburg Husserl und die Benediktinerinnen von St. Lioba.

ESGA 2, Nr. 128.

Edith Stein an Callista Brenzing[1]

St. Magdalena, 18.I.31

Pax!
Liebe Frau Callista,

eben habe ich einen kleinen Aufmunterungsgruß an Ihre Namensschwester in Würzburg[2] geschrieben. Nun kommen Sie an die Reihe. Ihren lieben Brief habe ich noch im geliebten Beuron bekommen. Mein Herz ist noch dort und kommt nur her, wenn ich es nötig brauche; im übrigen wartet es, bis ich wieder hinkomme, d.h. voraussichtlich in der Karwoche. In der Osterwoche soll ich in München sein. Dann sind Sie nicht mehr dort.
Sr. Agnellas[3] Los dürfen Sie sich nicht zu traurig denken. Das lange Leiden ihres Vaters ist freilich schwer, der Tod war eine Erlösung. Das Direktorat hat sie wohl noch für einige Zeit nicht zu fürchten. Sie wurde schon in Gemünd[4] im Frühjahr darüber beruhigt (von der Würdigen Mutter[5]), dass sie das natürlich nicht gleich aufgebürdet bekäme. Wenn es kommt, wird sie sich darein finden, und es wird auch ein gesünderer Zustand – für die ganze Anstalt – sein als der gegenwärtige eines seit langer Zeit dauernden Provisoriums. Leicht ist ihre Situation nicht, aber sie hat die innere Kraft dafür und als starke Stütze die Gewissheit, dass die Würdige Mutter eines Geistes mit uns ist und dass in Sr. Callista und (Sr.) Reinhildis[6] die künftigen Bundesgenossen nahe sind.
Sr. Reinhildis war durch ihre zarte Gesundheit immer das Sorgenkind ihres Vaters und wird auch für das Kloster immer eins sein. Ich hoffe aber, dass ihr ungewöhnlich rasch und leicht arbeitender Verstand viel von den mangelnden Körperkräften ausgleichen wird. Ich freue mich, dass Sie sie noch ein paar Monate in München haben konnten. Vielleicht darf ich Sie auch später mal besuchen.

[1] Vgl. Br. 70 Anm. 1.
[2] An Callista Kopf OP (vgl. Br. 59 Anm. 1), die damals in Würzburg studierte.
[3] Vgl. Br. 48 Anm. 1.
[4] In Gemünd hatten die Dominikanerinnen von St. Magdalena eine Filiale, St. Catharina. Gegründet 1926, enthielt sie eine Haushaltungsschule mit Internat. Die Anstalt wurde 1944 von der deutschen Wehrmacht beschlagnahmt, im Dezember desselben Jahres durch Bomben zerstört und später nicht wieder errichtet.
[5] Ambrosia Heßler OP (vgl. Br. 119 Anm. 6).
[6] Reinhildis Ferber (vgl. Br. 88 Anm. 5).

Wenn Newman[7] offiziell anerkannt ist, dann ist er natürlich viel besser als Hume[8]. Also war es ein glückliches Missverständnis. Viele gute Wünsche zum Abschluss und herzliche Grüße,

Ihre E. St.

Wenn Sie Sr. R(einhildis) oder P. P(rzywara)[9] in den nächsten Tagen sehen, bitte, viele Grüße und an den Pater die Botschaft, dass für ihn in St. M(agdalena) bereits Quartier gemacht ist.

[7] John Henry Newman, geb. am 21.2.1801 in London, gest. am 11.8.1890 in Birmingham. Newman war zuerst Anglikaner und eine führende Gestalt in der Oxfordbewegung. Er konvertierte 1845 zur röm.-kath. Kirche, empfing die Priesterweihe, wurde Rektor der Katholischen Universität in Lublin, 1879 zum Kardinal kreiert. Er führte das Oratorium des hl. Philipp Neri in England ein, dem er selbst angehörte.

[8] David Hume (vgl. Br. 49 Anm. 3). Callista Brenzing hatte (vielleicht bei Edith Stein selbst?) um Rat gefragt, welchen Philosophen sie für ihr Staatsexamen als Spezialgebiet angeben solle. Man hatte ihr Hume genannt, sie hatte aber Newman verstanden.

[9] Vgl. Br. 69 Anm. 2.

ESGA 2, Nr. 134.

Edith Stein an Anneliese Lichtenberger[1]

Breslau X, 29.IV.31
Michaelisstr. 38

Pax!
Liebe Anneliese,

Du hast die Bilder in der Beuroner Kirche aufmerksamer studiert als ich. Das Deckengemälde soll die Gründungslegende darstellen: wie die Gottesmutter dem Herzog Rupertus[2] erscheint und ihm zeigt, wo das Kloster hinkommen soll. Ich weiß nicht, welche Vögel Du auf den Altarbildern meinst. Die hl. Scholastica[3] und die hl. Gertrud[4] haben, soweit ich mich erinnere, Tauben. Was die bedeuten, ist Dir klar, nicht wahr? Auf dem Guten-Hirten-Bild ist ein Raubvogel, der auf das Lämmchen herabstoßen will. Das wirst Du auch verstehen. sonst erinnere ich mich an keine. Ist die Lehrübung gut vorbei gegangen? Natürlich musste es Rechnen sein, damit Du bald etwas zulernst! Weiter alles Gute!

Deine Edith Stein

[1] Vgl. Br. 131 Anm. 1.
[2] Hier scheint Edith Stein sich geirrt zu haben: der Gründer des Klosters soll ein Graf Peregrin v. Hoßkirch gewesen sein (gemäß Auskunft von Werner Feger OSB / Beuron).
[3] Scholastica, nach der Überlieferung eine Schwester des hl. Benedikt von Nursia, Benediktinerin und Äbtissin, lebte von ca. 480 bis um 550 in der Nähe des Klosters Montecassino.
[4] Gertrud die Große von Helfta, geb. am 6.1.1256, gest. Mitte November 1302, Zisterzienserin, gilt als herausragende Mystikerin und Schriftstellerin.

ESGA 2, Nr. 151.

Edith Stein an Callista Brenzing[1]

Münster i.W., 5.V.32
Collegium Marianum

Liebe Frau Callista,

Ihr lieber Osterbrief traf mich in Beuron[2]. Der Bayerische Rundfunk hatte es mir ermöglicht, die Reise durch ganz Deutschland zu machen, und so durfte ich noch einmal fast 2 Wochen ein glücklicher Mönch sein. Das bin ich übrigens hier auch, nur mit etwas anderer Verteilung des Ora et labora[3]. Ich bin allen sehr dankbar, die mir die neue Wirksamkeit[4] erbetet haben, aber nun müssen sie mir weiter helfen, alle Aufgaben zu erfüllen. Am 18. muss ich bei der Tagung des Deutschen kath(olischen) Lehrerinnenvereins[5] sprechen, und am 26. VI. in St. Dominicus / Ludwigshafen[6].
Dass meine 3 großen Kinder[7] nun alle in leitenden Stellungen sind in Speyer (Sr. Immolata Lyzeumsdirektorin) – Ludwigshafen (Subpriorin) – Mannheim werden Sie wohl wissen.
Herzlichst Ihre Edith Stein

Ich glaube, Sr. A(gnella) schweigt, weil sie nicht ohne Zensur schreiben kann.

[1] Vgl. Br. 70 Anm. 1.
[2] Edith Stein weilte in der Karwoche und den Ostertagen in der Abtei Beuron (vgl. Br. 191 Anm. 3).
[3] Bete und arbeite! Wahlspruch des Benediktinerordens.
[4] Als Dozentin am Deutschen Institut für wissenschaftliche Pädagogik in Münster / W. Edith Stein las im SS 1932 über »Probleme der Frauenbildung«, veröffentlicht in der Benediktinischen Monatsschrift, Jg. XIV, Heft 1–2 und Heft 3–4, 1932 (Teil I der Vorlesung) und Jg. XV, Heft 1–2 und Heft 3–4, 1933 (Teile II und III der Vorlesung). Späterer Nachdruck auch der Teile IV und V in ESW V, 93–187; ESGA 13.
[5] Es handelte sich um die 47. Hauptversammlung des Vereins katholischer deutscher Lehrerinnen in der Pfingstwoche (am 18.–20. Mai) 1932 in Essen, die unter dem Thema stand: »Die katholische Lehrerin und die Not ihres Volkes«. Die Versammlung fand im großen Saal des Städtischen Saalbaus statt. Dort sprach Edith Stein am 18. Mai über »Notzeit und Bildung«. Einen kurzen Bericht über die Versammlung brachte die Zeitschrift »Mädchenbildung auf christlicher Grundlage« am 5. Juni 1932 (Heft 11, Jg. 28). Große Teile des Vortrags Edith Steins bringt der Berichtsband des VkdL (nach Niederschriften zusammengestellt von der Hauptgeschäftsstelle in Berlin-Steglitz, Breitestr. 7), gedruckt bei Schöningh in Paderborn 1932. – Die aus den Beratungen verabschiedeten Entschließungen bringt die Zeitschrift »Zeit und Schule« im Juni 1932. In ESW XII wurden einige Seiten einer Handschrift Edith Steins publiziert, vielleicht ein Konzeptentwurf für den Vortrag, und der Text aus dem erwähnten Berichtsband, S. 73–80; jetzt ESGA 16. Der vollständige Text des Vortrags scheint nicht erhalten zu sein.
[6] Vgl. Br. 196 und 197.
[7] Edith Stein meint die jungen Dominikanerinnen, die sie auf ihrem Studienweg mit Privatstunden, Ratschlägen und Gebet begleitet hatte: Immolata Matheis (vgl. Br. 59 Anm. 7), Agnella Stadtmüller (vgl. Br. 48 Anm 1) und Callista Kopf (vgl. Br. 59 Anm. 1). In Speyer handelt es sich um die Schulen des Klosters St. Magdalena, in Ludwigshafen St. Dominikus, in Mannheim um das 1923 gegründete Dominikanerinnenkloster Herz Jesu; die Mädchenschule dort führte den Namen Luiseninstitut.

ESGA 2, Nr. 198.

Edith Stein an Maria Mayer[1]

J + M
Pax Xi!

Köln-Lindenthal, 22.IV.37

Liebes Fräulein Mayer,

mit herzlicher Teilnahme habe ich die Nachricht vom Tode Ihrer guten Mutter erhalten. Ich konnte Ihnen nicht eher schreiben, weil ich bis heute früh in Exerzitien war. Ich vereinige mein Gebet mit dem Ihrigen. Darf ich Sie bitten, gelegentlich auch Frau Caecilia[2] meine Teilnahme auszusprechen? Wie einsam wird es nun für Sie sein in dem lieben Häuschen an der Holzbrücke! Aber Sie werden dort bleiben, nicht wahr? Vielleicht hat Ihnen jemand erzählt, dass auch ich im letzten Jahr meine liebe Mutter verloren habe. Sie war fast 87 J(ahre) alt und bis ins letzte Jahr erstaunlich frisch und rüstig. Aber dann hat sie einige Monate sehr leiden müssen.
Herzlichen Dank für das schöne Buch, das Sie mir geschickt haben. Ich war sehr überrascht, ein solches Geschenk zu erhalten. Sie können sich wohl denken, dass ich Beuron nicht vergessen habe. Aber Heimweh habe ich nicht. Das hört auf, wenn man in seiner richtigen Heimat gelandet ist.

In der Liebe Christi
Ihre Schw. Teresia Benedicta a Cruce O.C.D.

[1] Maria Mayer führte zusammen mit ihrer Mutter in Beuron die Gästepension an der alten Holzbrücke. Sie starb am 1.3.1965 im Alter von 80 Jahren in Beuron und ist dort bestattet. Das Gästebuch, in das auch Edith Stein sich wiederholt eingetragen hat, vermachte sie dem Archiv des Kölner Karmel.
[2] Caecilia (Theresia Mechthild) Mayer, geb. am 14.5.1886 in Krauchenwies / Sigmaringen, trat sehr jung in die Benediktinerinnenabtei zu Prag ein und erhielt wegen ihrer hohen Musikalität den Namen Caecilia. Sie starb am 6. August 1938 in der Abtei St. Gabriel zu Bertholdstein (Fehringen / Steiermark), wohin der Konvent aus Prag übergesiedelt war.

ESGA 3, Nr. 506.

Raphael Walzer an Edith Stein

Ansichtskarte: Jerusalem, The Holy Sepulcre, Interior

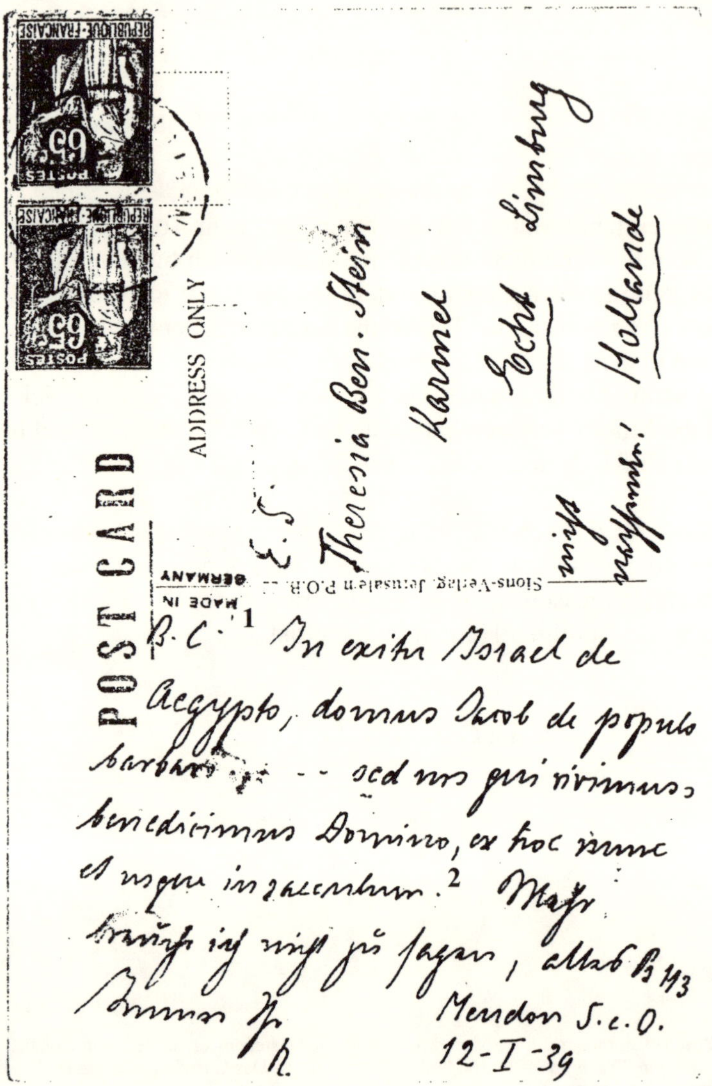

POSTES 65c REPUBLIQUE FRANÇAISE

ADDRESS ONLY

POST CARD

MADE IN GERMANY

Sions-Verlag, Jerusalem P.O.B.

E. S.

Theresia Ben. Stein

Karmel

Echt Limburg

Hollande

nicht nachsenden!

B. C.[1] In exitu Israel de Aegypto, domus Jacob de populo barbaro ... sed nos qui vivimus, benedicimus Domino, ex hoc nunc et usque in saeculum.[2] Mehr brauche ich nicht zu sagen, alles Ps 113

Immer Ihr

R.

Meudon S.c.O.

12-I-39

[1] Liebe Benedicta.

[2] »Israel zog aus von Ägypten, das Haus Jakob aus einem ungastlichen Volk… wir aber, die leben, wir preisen den Herrn, jetzt und in Ewigkeit.«

ESGA 3, Nr. 590; Faksimile der Postkarte aus Edith-Stein-Archiv des Kölner Karmel.

Raphael Walzer[1] an Edith Stein

Meudon, den 12.4.39

B(enedicta) C(ara)[2],

in der geschäftlichen Angelegenheit[3] kann ich nur Ihrer Ansicht beitreten. Das ist wohl der einzige Ausweg. Traurig genug, dass man selbst zu solchen Auswegen Zuflucht nehmen muss. So etwas Ähnliches dürfte wohl noch nie in der Weltgeschichte vorgekommen sein.
Ein Glück, dass Sie in einer so weiten Atmosphäre leben dürfen. Das Elend der Betroffenen ist unbeschreiblich. Sicher wird der dortige Karmel einen besonderen Segen dafür erhalten, dass man Sie so frei für Ihre Angehörigen sorgen lässt.
Hier ist von neuem die Kriegsangst ausgebrochen. Man versteht, dass ein so braves, rechtschaffenes und intelligentes Volk wie das französische alles, nur keinen Krieg wünscht. Was würde ein wirklicher Krieg für ein Massenelend heraufbeschwören! Gott sei uns gnädig!
Auch meine Osterwünsche kennen Sie längst.
Pax Christi exsultet in cordibus nostris![4]

Wie immer Ihr
R(aphael)

[1] Vgl. Br. 310 Anm. 7.
[2] Liebe Benedicta.
[3] Gemeint ist wohl die Drucklegung ihres Buches, die man ins Ausland zu verlegen versuchte.
[4] »Der Friede Christi frohlocke in unseren Herzen!« Kol 3,15.

ESGA 3, Nr. 611.

Edith Stein an Petra Brüning[1]

J+M
Pax Xi!

Karmel Echt, 16.IV.39

Liebe Würdige Mutter,

für Ihren so lieben Namenstagsbrief hätten sie den Dank zu Ostern haben sollen. Ich habe nur bis heute auf einen Bescheid aus dem Kölner Karmel gewartet wegen einer Sache, über die ich Ihnen hätte ev(entuell) schreiben sollen. Nun ist es nicht mehr nötig. Indessen habe ich meine Wünsche beim Herrn vorgetragen. Alles, was Sie betrifft, ist ja ohnehin immer in all mein Beten eingeschlossen. Allen Gnadensegen der österlichen Zeit, liebe M. Petra! Allen Frieden und Trost, von dem die wundervolle Liturgie zwischen Ostern und Pfingsten spricht! Von Herzen würde ich mich freuen, wenn Sie einmal herkämen. Sie würden den Echter Karmel ebenso liebgewinnen wie den in Köln. Und die Schwestern würden Ihnen gern von Mutter Paula[2] erzählen, die ein so heiliges Mütterchen gewesen sein soll. Als kleine Osterfreude darf ich Ihnen die Photos schicken. Herzlichen Dank für die hl. Messe und die gütige Spende nach Köln. Der Druck stockt wieder, und alles ist aufs neue fraglich. Mit meinen Geschwistern stehe ich natürlich in Verbindung, habe Aussicht, dass Rosa zu einer Tertiarin unseres Ordens nach Belgien kommt. Über all das möchte ich Ihnen lieber mündlich berichten. Mit V(ater) E(rzabt) R(aphael)[3] habe ich jetzt leichte und schnelle Verbindung, brauche nicht mehr den Umweg über B(euron) oder Rom. Nach seinen kurzen Grüßen zu urteilen, ist er ruhig und zufrieden, lebt als einfacher Mönch, macht sich nützlich, wo er kann, hat daher viel Arbeit. In G(erleve) weiß man wahrscheinlich sehr wenig von ihm, auch in B(euron).

Meine Grundstimmung, seit ich hier bin, ist Dankbarkeit. Dank, dass ich hier sein darf und dass das Haus so ist, wie es ist. Dabei ist immer in mir lebendig, dass wir hier keine dauernde Stätte haben. Ich habe kein anderes Verlangen, als dass an mir und durch mich Gottes Wille geschehe. Bei Ihm steht es, wie lange Er mich hier lässt und was dann kommt. In manibus tuis sortes meae[4]. Da ist alles gut aufgehoben. Aber viel Gebet ist nötig, um in jeder Lage treu zu bleiben. Erst recht für die Vielen, die Härteres zu tragen haben als ich und nicht so verankert sind im Ewigen. Darum bin ich herzlich dankbar allen, die helfen.

[1] Vgl. Br. 292 Anm. 1.
[2] Vgl. Br. 601 Anm. 2.
[3] Raphael Walzer OSB (vgl. Br. 310 Anm. 7) lebte damals in Meudon bei Paris. Solange die deutschen Besatzer nicht in die westlichen Länder einfielen, machte die Verbindung mit Frankreich keine Schwierigkeiten.
[4] »In deinen Händen liegt mein Geschick«: Ps 31,16.

Helene Lieb[5] habe ich gut gekannt. Wir waren ja die ganze Zeit im Marianum zusammen. Sie war bei der Einkleidung und beim Schleierfest, auch sonst öfters zu kurzem Besuch. Unsere liebe Mutter in Köln ließ sie kurz vor meiner Abreise kommen, um sich von mir zu verabschieden. Damals haben wir ihr nahegelegt, dass sie bald eintreten solle. Ich habe schon Nachricht, dass sie am Osterdienstag angelangt ist. Sie ist also meine Nachfolgerin.

Mit allen herzlichen Wünschen in der Liebe des Auferstandenen
Ihre dankbare Schw. Teresia Benedicta a Cruce O.C.D.

[5] Vgl. Br. 301 Anm. 2.

ESGA 3, Nr. 614.

Erzabt Raphael Walzer 1938 in Meudon bei Paris.

Raphael Walzer[1] an Edith Stein

M(eudon), den 21.II.(1940)

B(enedicta) C(ara),

wollen Sie so gut sein und weitermelden, dass ich leider die Adresse der Schwestern nicht mehr besitze, ich habe kein Adressenverzeichnis hier. Im Notfall wäre P. Lambert Nolle[2], ein alter Pater aus Weingarten, (unter Berufung auf mich) zu erreichen: Besford Court, Worchester, Tel. Pershore 74. Ich weiß nicht, ob er noch dort ist.
Was fällt Ihnen ein? Titel spielen gar keine Rolle. Ich trage seit meinem Weggang keine Insignien[3] mehr und lebe consequent in allem wie ein einfacher monachus (Mönch). Bei den Benediktinerinnnen in Vanves und den Patres der hiesigen Abtei (La source) gebe ich ziemlich viel Konferenzen. So fehlt es nicht an Monastischem ... Gerade im (Zeit-)Druck ... Gesegnete Quadragesima!

Ihr R(aphael)

[1] Vgl. Br. 310 Anm. 7.
[2] Lambert Nolle OSB, Mönch der Abtei St. Martin in Weingarten, geb. am 28.4.1864, gest. in Weingarten am 23.4.1950. Über seinen Aufenthalt in England ist Näheres nicht bekannt.
[3] Ehrenzeichen der Abtswürde: Ring, Brustkreuz, Stab.
ESGA 3, Nr. 656.

VI. Beuroner Stimmen zu Edith Stein

Einführung von Jakobus Kaffanke

Erzabt Raphael Walzer um 1933.

Beuroner Stimmen zu Edith Stein

Einführung

Jakobus Kaffanke

Im Juni 1933 schreibt Erzabt Raphael Walzer einen Brief nach Köln-Lindenthal. Aus dem Inhalt kann man entnehmen, dass er vom dortigen Karmel zu einer Stellungnahme zum Eintrittsgesuch Edith Steins aufgefordert worden war.[1] In seiner kurz gehaltenen Empfehlung weist er auf zwei Schwierigkeiten hin: die Vorbehalte der alten Mutter, die als Jüdin den Schritt ihrer jüngsten Tochter schwer mitvollziehen kann und das bisherige Wirken Edith Steins in der katholischen Öffentlichkeit, zumal in der Frauenbewegung.

Das zweite Dokument aus der Feder des Erzabtes[2] wurde nach 1945 geschrieben, als sich Raphael Walzer auf einer Reise durch die USA befand. Er sammelte für seine geplante Gründung in Nordafrika Spenden bei seinen amerikanischen Freunden. Wiederum war er vom Kölner Karmel angeschrieben worden, der ihn einlud, für eine Publikation über Edith Steins Leben persönliche Eindrücke aus seinen Begegnungen mit ihr aufzuschreiben.[3] Den Text, der in einer eher sparsamen und verhaltenen Sprache verfasst ist, muss man in Ruhe auf sich wirken lassen, um die Konturen der Züge Edith Steins, die diese in der Seele des Erzabtes hinterlassen hatte, wahrzunehmen. Bedenken wir auch die belastenden und lebensbedrohlichen Ereignisse, die seit 1935 den Beuroner Erzabt in vielfältiger Weise getroffen hatten, andererseits aber auch seine Diskretion, die seine Haltung als Seelenführer auszeichnete. Die schweren Jahre seiner Emigration in Frankreich und Algerien sowie die Erfahrungen, die 1937 zu seiner Resignation als Erzabt von Beuron führten,[4] hatten ihn noch mehr in das Schweigen, als asketisches Mittel der Nachfolge Jesu, eintreten lassen.

Seine dritte Stellungnahme[5] datiert aus der gleichen Zeit und ist ebenfalls in den USA verfasst worden. Die Urschrift, wohl vom Erzabt selber mit der Schreibmaschine geschrieben, bedient sich der englischen Sprache.[6] Gerade in New York eingetroffen wird er um ein Wort zu Edith Stein und ihrem Tod gebeten.[7] Auch

[1] Edith Stein. Wie ich in den Kölner Karmel kam. Mit Erläuterungen und Ergänzungen von Maria Amata Neyer. – Würzburg: Echter, 1994. – S. 33.
[2] Quelle: Edith-Stein-Archiv, Köln.
[3] Das Buch von Sr. Renata Posselt OCD erschien bereits 1948 bei Glock und Lutz in Nürnberg unter dem Titel: Edith Stein. Lebensbild einer Philosophin und Karmelitin.
[4] Eine eigene Publikation zu Erzabt Dr. Raphael Walzer ist 2008 im LIT Verlag, Münster, erschienen.
[5] Quelle: Edith-Stein-Archiv, Köln.
[6] Den englischen Text verdanke ich Frau Wegerer, Wangen, einer Verwandten des Erzabtes. Frau Wegerer hat in vielfältiger Form die Arbeiten am familiären Nachlass Raphael Walzers gefördert, wofür ihr ausdrücklich gedankt werden soll.
[7] »I was invited as urgently as decided, in the midst of Manhattan's business section: talk to us of Edith Stein.« s. o.

hier sind es nicht biographische Daten und Ereignisse, die Raphael Walzer in den Vordergrund stellt, sondern er zeichnet ein Seelenbild, das er seinen amerikanischen Hörern zur Erbauung nahe bringen will. Am Ende seiner Ausführungen stellt er bereits die hoffnungsvolle Frage nach der Heiligsprechung Edith Steins.[8]

Ein letztes Dokument stammt aus der Feder von P. Dr. Daniel Feuling OSB.[9] Als Mitherausgeber[10] einer deutschen Gesamtausgabe der Werke John Henry Kardinal Newmans veranlasste er die Mitarbeit Edith Steins, die 1928 die Briefe Newmans übersetzte. 1932 lernte Edith Stein P. Daniel im Kloster Neuburg[11] bei Heidelberg persönlich kennen und traf ihn wenige Tage später bei dem bedeutenden Thomisten-Symposion in Juvisy bei Paris, an dem unter anderen auch der Beuroner Pater Alois Mager teilnahm. Hier traten Edith Steins Fähigkeiten, sich auch in französischer Sprache zu komplexen philosophischen Themen äußern zu können, hervor. Ein letztes Treffen des Beuroner Philosophen mit Edith Stein, das bereits im Kölner Karmel stattfand, würdigt P. Daniel in dem hier vorgelegten Text. Mehrfach spricht er von der Harmonie des Verstandes und des Gefühls, die er bei der Ordensfrau beobachtete und die ihn stark beeindruckte.

[8] »Will she be elevated on the altars of the Church one day or only enter into history as an ideal personality«?

[9] Geb. 25.8.1882 in Lobenfeld, gest. 17.11.1947 in Beuron; Klostereintritt in Beuron 1901, Priesterweihe 1908; Dozent an der Ordenshochschule in Beuron, ab 1924 Professor für Philosophie in Salzburg; zahlreiche Veröffentlichungen zu philosophischen Themen.

[10] Der Serientitel der Newman-Ausgabe von 1928 lautete: John Henry Kardinal Newman, Gesammelte Werke. Im Auftrage des Verbandes der Vereine Katholischer Akademiker zur Pflege der Katholischen Weltanschauung herausgegeben von P. Daniel Feuling O.S.B., P. Erich Przywara S.J., Professor Paul Simon. Erster Band 1928 Theatiner Verlag München. Nach ESGA, Band 22, Seite XVI.

[11] Neuerdings dazu: Johannes Schaber: Zwischen Theologie und Seelsorge. Der Beuroner Benediktinerpater Daniel Feuling (1882–1947) in Erbe und Auftrag 79 (2003) 206–223.

1. Brief aus der Saint Anselm's Abbey, USA

*D. Walzer OSB**

USA
z. Zeit

Saint Anselm's Abbey
MANCHESTER, NEW HAMPSHIRE

den 2. Dezember 46

Ehrwürdige Schwester Maria Aloisia,
Soeben erhalte ich Ihre beiden Briefe vom 28. September und 3. Oktober. Sie werden nun verstehen, warum die Antwort so lange auf sich warten ließ. Unter so manchen Bittgesuchen und Nachfragen, die mir hierher nachgesandt worden sind, finde ich keine liebere, willkommenere als die Ihrige.
Die letzte Nachricht unserer lieben seligen Märtyrin habe ich wohl noch im Jahre 40, vor meiner Flucht aus Frankreich bekommen. Leider habe ich keine Briefe aufbewahrt. Mit ihr ist eine der größten deutschen Frauen unserer Zeit heimgegangen. Selten habe ich eine Seele getroffen, die so viele und hohe Eigenschaften in einem Geist vereinigt hatte. Dabei war sie die Einfachheit und Natürlichkeit in Person. Mystisch begnadet im wahren Sinn des Wortes, hat sie nicht den Schein des Gesuchten oder Überlegenen an sich getragen. Sie war ganz Frau geblieben, mit zartem, ja mütterlichen Empfinden, ohne irgendjemand bemuttern zu wollen. Wie ihre jüdisch gebliebene hochbetagte Mutter noch die strengen Fasten hielt, so konnte Edith z. B. einen vollen Tag am heiligen Karfreitag in der Beuroner Kirche verweilen, in lautloser Stille und seliger Beschauung der heiligen Geheimnisse. Wie es ihr nicht schwer fiel, mit einfachen Menschen schlicht zu sein, mit Gelehrten gelehrt ohne alle Überhebung, mit Suchenden eine suchende, beinahe möchte ich hinzufügen mit Sündern eine Sünderin, so hat sie nie die geringste Schwierigkeit empfunden, mit Laienschwestern zusammen an der selben Schulbank des Karmels zu sitzen.
Ich möchte nicht weiterfahren in meinem Canticum. Ich denke, RP Przywara S. J. wird sich der Biographie als erster Experte annehmen. Er hat sie seiner Zeit an mich gewiesen. Er lebt wohl irgendwo in Deutschland und ist erreichbar. Ich werde vor Jahresfrist nicht nach Frankreich zurückkehren. Guten Mut in dieser schweren Zeit. Bitte auch Herrn Professor Peterson wieder zu grüßen.
Mit besten Segenswünschen,

D Walzer OSB

* Brief von Erzabt Raphael Walzer

2. Stellungnahme Erzabts Raphael Walzer OSB zu Edith Stein*

Nicht allzu groß war meine Überraschung, als ich dieser Tage mitten im Geschäftsviertel Manhattans, kaum recht eingeführt, die ebenso dringende wie bestimmte Bitte vernahm: Sprechen Sie uns von Edith Stein.

Nicht auffallend oder erstaunlich finde ich diese amerikanische Sehnsucht nach dem Mystischen und ganz Tiefen. Sie äußert sich sehnlich wie in Frankreich im Zug zum Trappismus und zum beschaulichen Leben im Allgemeinen. Darin nur eine Rückwirkung des beispiellosen nordamerikanischen Aktivismus erblicken zu wollen, ist zum mindesten oberflächlich, wenn nicht ungerecht. In diesem Land, in dem die Technik, geboren aus den Erfahrungen aller Länder und Zeiten, eine bodenständige Höchstentwicklung erreicht hat, haben auch natürliches und übernatürliches Geistesleben die beste Aussicht, sich reich zu entfalten. So erklärt sich, wie gerade im Leben der Karmeliterin Stein nicht so sehr eine einzigartige Berufung und Conversion, eine hervorragende wissenschaftliche Laufbahn, ein glanzvolles Martyrium, das an das »kalon to dynai« eines Bischofs Ignatius von Antiochien erinnert,[1] sondern noch viel mehr die Seele dieses begnadeten Seelenlebens unseren amerikanischen Freunden Gegenstand heiliger Neugierde sein kann.

Gewiss müsste ich berufen sein, wenigstens für die letzten Jahre der Heimgegangenen Zeugnis abzulegen. Nur kann ich nicht unterlassen zu bemerken, wie schwer es mir fällt, die letzten Antworten zu geben auf solche Fragen. Für's erste liegt es gar nicht im Sinn der bescheidenen Frau, ihre tiefsten Herzengeheimnisse zu offenbaren. Dazu kommt, dass wir brieflich kaum Nennenswertes ausgetauscht oder hinterlassen haben. Auch war ihr Innenleben so schlicht und problemlos, dass mir aus allen Zwiegesprächen nur das Bild einer ganz abgeklärten, reifen Seele in Erinnerung geblieben ist: »fuit et quietus«; auch bei ihr stand die Ruhe und Ausgeglichenheit, so wie es der Hymnus der Bekenner im monastischen Brevier besingt, an letzter und höchster Stelle. Trotz aller Hemmungen glaube ich aber im Folgenden einige Züge ihres Charakterbildes klarer beleuchten zu können.

Als Edith Stein zum ersten Mal nach Beuron kam, war sie wahrhaftig kein Neuling mehr. So viel Kostbares brachte sie mit, dass sie in der monastischen Atmosphäre dieses verborgenen Donauwinkels wohl gleich ihre eigentliche Heimat entdeckte, aber durchaus keine Umwandlung erfahren oder wesentlich Neues hinzulernen brauchte. Es war eine Art Erntezeit dessen, was andere gesät und sie

* Edith-Stein-Archiv des Kölner Karmel; leicht überarbeitete Übersetzung aus dem Englischen.

[1] »Grüßen Sie die Schwestern … ich bin auf der Fahrt zum Osten.« Ihr letztes bekanntes Wort, muss an diesen Heiligen erinnern, der auf seiner Fahrt nach Westen, den Tod vor Augen, es so wundervoll fand, mit Christus der Sonne unterzugehen, um mit ihm einstens wieder zu erstehen.

selbst in bestem Erdreich verarbeitet hatte. Diese Tatsache mag in jeder Lebensbeschreibung als eine der bestverbürgten breit behandelt werden, ohne dass die geschichtliche Wahrheit dabei zu kurz käme. Aber worin lag für sie die eigentliche Anziehungskraft Beurons und seiner Gottesdienste? Sicher nicht in deren Länge. Edith's Ausdauer kannte zwar keine Grenzen. Sie brachte es fertig, z. B. den ganzen Karfreitag vom frühesten Morgen bis in die Nacht hinein in der Abteikirche zu verbringen. Getreues Abbild ihrer aszetisch strengen, jüdischen Mutter, fand sie darin keine besondere »Leistung«. Leistungsfrömmigkeit lag ihr so ferne wie Bequemlichkeit und opferlose Gewinnsucht an Gnaden und inneren Freuden. Sie hatte und suchte dabei keine außerordentlichen Erhebungen oder Verzückungen. Dazu gaben sich weder ihr Verstand, noch ihre Sinne her. Sie wollte einfach dasein, bei Gott sein, die großen Geheimnisse gleichsam vor sich haben, was die freie Natur draußen außerhalb des abgeschlossenen heiligen Raumes oder eine stille Zelle ihr nicht geben konnten. Ich glaube nicht, dass sie sich in ihrem Sinnen und Beten vieler Schrifttexte bediente oder gar biblische Exegese betrieb oder geistige Vorträge ausdachte, zu denen sie immer wieder berufen wurde. Sicher stiegen ungezählte Gedanken in ihrem Geiste auf und nieder, wie auf einer Jakobsleiter, belebt von Himmelsboten; heiße Wünsche und erhabene Pläne schlossen sich an. Aber wie ihre äußere, fast starre Haltung, so blieb auch ihr Inneres in der Ruhe eines seligen Schauens und Frohseins vor Gott. Dankbare Konvertitin und glücklich, daheim bei ihrer Mutter der Kirche zu sein, erkannte sie vor dem Mönchschor, dem sie sich bei ihren liturgischen und dogmatischen Kenntnissen voll anschließen konnte, die große betende Kirche. Wie Edith in Christus das göttliche Haupt des mystischen Leibes im ununterbrochenen Gebet vor dem Vater erblickte, so bestand für sie das übernatürliche Leben in erster Linie im offiziellen Gebet der Kirche, in der Verwirklichung des apostolischen »Betens ohne Unterlass«. Diesen Befehl erkannte sie in seiner ganzen Tiefe, und so fand sie keinen Gottesdienst zu lang, keine Anstrengung zu groß oder bloß als wertvolles Opfer: es war für ihren Glauben selbstverständlich, mit einzustimmen und mit unterzugehen in der »laus perennis«. Die strenge hochliturgische Form, in ihrer Länge und Kürze, war ihr sicher alles und in gewisser Beziehung unentbehrlich. Und doch, als es sich später um ihren endgültigen Eintritt in den Karmel handelte, fiel es ihr gar nicht schwer, die benediktinische Interpretation und die Möglichkeit, der Ecclesia orans anzugehören, aufzugeben. Ich machte auch keinen Versuch, ihr den Eintritt in eine dem Beuroner Erzabt unterstellte Benediktinerinnenabtei nahe zu legen. Menschlich gesprochen, wäre sie eine glänzende Tochter St. Benedikts geworden. Sie hat sich damit begnügt, den Namen des Patriarchen als zweiten Ordensnamen zu wählen. Seelen, die den Geist des Ganzen erfasst haben, wie sie, können es sich leisten, auch in mehr spezialisierten religiösen Lebensformen diesen selben Geist weiterzupflegen und zu vertiefen.

Auch die Schönheit der strengen Liturgie allein war für ihren Geist und ihr Herz nicht ausschlaggebend. Gewiss behauptete die Form in ihrer Sprache, ihrem Schauen, ihrem Schaffen einen bevorzugten Platz. So wie sie in ihrer Kleidung und ihrer ganzen Erscheinung beinahe den Eindruck erweckte, durch Einfachheit auffallen zu wollen, so wie ihr rundes, regelmäßiges Gesicht einen ausgesprochenen Sinn für Harmonie und echte Kunst verriet, so fand sie sicher an den offiziellen kirchlichen Gebeten und Riten ein seltenes Wohlgefallen. Aber nichts Menschliches konnte sie dabei stören, weder die teilweise unglücklichen Formen der Beuroner Klosterkirche, noch andere Unvollkommenheiten, die ihr keineswegs entgingen, angesichts der allseitigen Kenntnisse, die ihr eigen waren. Das einseitig Ästhetische verdarb nie ihr Denken und Beten. Wir sprachen kaum von den damals immerhin diskutierten Fragen, die von einer ästhetisierenden Geistesrichtung aufgeworfen wurden. Edith war für diese Probleme nicht zu haben. Sie stand ihnen ferne und beschäftigte sich nicht mit ihrer Kritik oder Bekämpfung. Auch aus diesen Gründen fiel es ihr nicht schwer, sich für den Karmel zu entscheiden. Niemand sah klarer als sie selbst, dass sie sich an die dortige betonte Armut und Einfachheit anzupassen haben werde und damit an verschiedene Formen, die ihrem gebildeten Geschmack widerstreben mussten. Doch davon sprach sie nicht einmal vor dem, dem sie alle Geheimnisse spontan anvertraute. Darauf brauchte ich sie auch in keiner Weise vorzubereiten, so wie etwa der Novizenmeister im Sinne des 58sten Kapitels der Regula dem Neuling alles Schwere und Widrige vorzuhalten hat, um den Beruf zu prüfen. Sie lief einfach wie ein Kind in die Arme seiner Mutter, froh und singend dem Karmel zu, ohne diesen beinahe blinden Eifer später auch nur eine Minute lang zu bereuen. So etwa wie St. Benedikt einmal dieses Gehen beschreibt: »Wir müssen jetzt laufen und alles tun, was für die Ewigkeit von Wert sein wird«. Ausdrücklich kann ich dazu noch versichern, dass Edith keineswegs aus aszetischem Rigorismus die, liturgisch gesehen, vielleicht weniger anziehende Gesamtform des Karmels bevorzugt hat, um sich sozusagen an – menschlich gesprochen – schwierigeren Lebensbedingungen abzutöten, eine Idee, die man versucht sein könnte, bei ihr zu vermuten. Nein, sie hat überhaupt nicht lange gewählt und abgewogen. Der Karmel war schon längst ihre Liebe und ihr Wunschtraum. Nun, da ich ihr den Eintritt angesichts der Verhältnisse im Dritten Reiche nicht mehr wehren konnte, will sie ihn einfach verwirklichen. Sie hört die Stimme des Allerhöchsten, folgt ihr und fragt nicht lange, wohin der Weg geht. (Heute, 17 erlebnisreiche Jahre seit unserem letzten Treffen, fände ich bei Edith sicher volles Verständnis für ein, wie mir scheint, weiter fortgeschrittenes Schönheitsideal des religiösen Lebens, zu dem mich mein so genanntes Exil und die Kriegsjahre, vor allem aber drei glückliche Jahre geführt haben, die ich in ganz eigenartiger Gemeinschaft mit 60 deutschen kriegsgefangenen Priestern, Ordensleuten und Seminaristen in Nordafrika im Geist der Regula verbringen durfte. Auch diese Form hätte in Edith kaum den Karmelberuf erstickt, aber sie hätte sich daran gefreut und erbaut wie keine andere.) Sie mit ihrem ausgesprochenen Sinn für das Einfache, von allem Pomp losgelöste, für das ganz Wahre, vom Schein des Kompromisses freie, für alles Stille und Ungesuchte vor aller menschlichen Anerkennung sich Verbergende, sie hatte ein mütterliches Empfinden für das Werden großer Dinge im Reiche Gottes.

Es kam mir fast als Pflicht vor, die angehende Karmelitin auf eine letzte Schwierigkeit vorzubereiten, die ihr begegnen könnte. Bald jedoch merkte ich, wie wenig Sorgen sie sich auch darum machte. Selbst hier schien ihr wieder alles selbstverständlich zu sein. Ein zweites Mal darauf zurückzukommen, war nicht nötig. Wenn jemand, dann durfte Edith mit gutem Recht und in einem wahren Sinn des Wortes als Intellektuelle bezeichnet werden. Sie selbst hätte es für Anmaßung und Geistesstolz angesehen, sich zu dieser Klasse zu zählen. Die große Theresia kennt nun aber nur eine einzige Klasse von Schwestern, die – gewöhnlich nicht über 21 – in einer Art religiöser Gleichschaltung zusammenleben. Edith suchte sich den kleinen Kölner Konvent sicher nicht aus in der Hoffnung, dort eine akademisch gebildete Oberin anzutreffen oder sich im Kreise solcher Mitschwestern zu bewegen. Soweit mir bekannt ist, war sie die einzige Intellektuelle unter den letzteren. Ob man ihre wissenschaftliche Tätigkeit fernerhin noch erlauben, solche gar fördern oder im Gehorsam auferlegen werde, über diese und ähnliche Fragen machte sie sich kein Kopfzerbrechen und suchte sie sich in keiner Weise zu vergewissern. Kein wissenschaftlicher Freund der ehemaligen Husserl-Assistentin und Leiterin des Deutschen Institutes für Wissenschaftliche Pädagogik in Münster durfte sich, was auf sie ankam, direkt oder indirekt in dieser Hinsicht bei den Ordensoberen für sie verwenden. Nicht der Schatten eines Hintergedankens verdunkelte ihre edle Absicht. Was dies aber allein für einen Geist bedeutet, der so nach Wissen und Forschen hungerte, ist nicht schwer nachzufühlen. In der Tat, das tägliche Zusammenleben allein in einem streng klausurierten, räumlich sehr engen, mitten in der Stadt gelegenen Konvent unter lauter nicht intellektuellen Laienschwestern, wie es praktisch den Anschein hatte, schien mir selbst für eine heroisch veranlagte Seele wie Edith Stein ein allzu gewagtes Stück. Ich täuschte mich vollständig. Auch darin ist sie meiner eigenen Entwicklung vorausgegangen (the rest of the word is illegible, but the meaning is »anticipated«).[2] Ich muss hier ein Selbstbekenntnis ablegen: heute wünschte ich nichts dringender als die Rückkehr zu *einer* religiösen Familie ohne Zweiklassensystem von Chormönchen und Laienbrüdern, Chorfrauen und Laienschwestern. Was mir vor dem Eintritt Steins in den Karmel noch eine Schwierigkeit schien, was mir

[2] Anmerkung der unbekannten Übersetzerin: »Der Rest des Wortes ist unlesbar, es bedeutet jedoch ›vorweggenommen‹.«

damals noch nicht recht aufgehen konnte, haben mir die folgenden ereignisreichen Jahre langsam gezeigt: warum geben wir den jungen Menschen beiderlei Geschlechts, die zu Höherem aufsteigen wollen, nicht eine und dieselbe religiöse und totale Bildung, so dass z. B. alle jungen Professen im Laufe der Zeit an einem und demselben göttlichen Offizium teilzunehmen imstande sind? Warum kehren wir auf diesem so recht familiären Gebiet nicht zum Buchstaben der Regula Benedicti zurück? Für Arbeitsteilung im Sinn von Priestertum und Handwerk und Kunst eröffnete sich dann eine umso freiere und glänzendere Bahn. Unsere Karmelitin hat zu ihrer Zeit schon gehandelt, schlicht und wirksam, und einer heute noch kaum anerkannten Entwicklung kühn vorausgegriffen. Wiederum möchte ich Edith einige Stunden vor mir haben, um von ihrem Karmelleben zu lernen, wie wir unserer Gegenwart das einstens ungespaltene Mönchtum wiedergeben könnten. Es ist hier nicht der Ort, auf das Wie und so viele damit zusammenhängende Fragen einzugehen. Aber es sei an dieser Stelle dem Allerhöchsten gedankt, dass Er es seiner kleinen Karmelitin geoffenbart hat, wie wir alle wahrhaft eins sein sollten. Sie suchte und fand diese ideale Einheit schlichter Gottsucher. Als ich sie nach den Einkleidungsfestlichkeiten ganz allein sehen und sprechen konnte – es war das letzte Mal – da bat ich sie um eine ganz bestimmte und undiplomatische Antwort auf die Frage, wie sie sich in ihre Schwesterngemeinschaft und die geistige Leitung eingelebt habe. Was ich erwartet hatte, fand ich bestätigt: sie fühle sich ganz daheim mit Herz und Geist, gab sie mit der ihr eigenen Lebhaftigkeit einer feurigen Natur zur Antwort. Dabei war man nicht einmal versucht, an ein besonderes Gnadenwunder zu denken. Alles schien das Ergebnis einer natürlichen Entwicklung zu sein innerhalb ihres übernatürlichen Reifens. So stelle ich mir auch ihre Kreuzesliebe und Sehnsucht nach dem Martyrium nicht als eine allzu bewusste Geisteshaltung vor, die in geformten Wünschen und Gebetsmeinungen zum Ausdruck gekommen wären, sondern eher als eine tief im Seelengrund verwurzelte Bereitschaft, dem Herrn überallhin zu folgen. Ich glaube nicht, dass sie es absichtlich unterlassen hat, sich um eine rechtzeitige Flucht in die Schweiz zu bemühen, um einem grausamen Tod zu entgehen. Im schlichten Gehorsam hätte sie eine solche Lösung angenommen.[3] Doch andererseits kümmerte sie sich auch nicht um die Durchführung des Planes, immer getragen von einer heiligen Wunschlosigkeit und Ergebung in den allerhöchsten Willen.

Wir wissen nicht, was die Göttliche Vorsehung mit der Heimgegangenen vorhat. Wird sie eines Tages auf die Altäre der Kirche erhoben werden oder nur als ideale Persönlichkeit in die Geschichte eingehen? Ich würde mich nicht wundern, wenn es beim Letzteren bliebe. Eines wird immer wahr bleiben: ihr Bild, ihr

[3] Anmerkung der Hrsg.: Zu Edith Steins Bemühungen, eine Ausreise in die Schweiz zu erwirken, siehe in diesem Band den Artikel von Katharina Oost: »Ein glücklicher Mönch«, S. 125 Fußnote 56.

Beten und Arbeiten, ihr Schweigen und Leiden, ihr letzter Gang gen Osten werden nicht leicht aus dem Gedächtnis kommender Geschlechter schwinden und stets Kraft ausstrahlen und Sehnsucht wecken nach Tiefe des Glaubens, der Hoffnung und der Liebe.

Dom Raphael Walzer, O. S. B.
Archabbot of Beuron

Erzabt Raphael Walzer um 1950 als Abt des Benediktiner-Klosters St. Benoît in Tlemcen/West-Algerien.

3. Einige Erinnerungen an Sr. Benedikta Edith Stein*

Daniel Feuling OSB

I.

P. Dr. Daniel Feuling OSB um 1930

Mit Sr. Benedikta hat mich das Leben nur zweimal zusammengeführt: zuerst im September 1932, dann einige Jahre später, 1937, im Karmel zu Köln.

Die erste Begegnung war merkwürdig. Ich war am 5. 9., an einem Montag Vormittag, vom Schwarzwald zurückgekehrt, wo ich mit Prof. Martin Heidegger über meinen bevorstehenden Vortrag über die Phänomenologie gesprochen hatte. Dabei hatten wir auch von Edith Stein geredet, die ich aber noch nicht persönlich kannte, so vertraut mir ihr Name war. Mein Vortrag hatte beträchtliche Schwierigkeiten in sprachlicher Hinsicht. Sowohl Husserl, der Begründer der Phänomenologie und einstige Lehrer Edith Steins, als besonders Heidegger schrieben in sehr eigentümlicher Sprachweise, und es war nicht leicht, die deutschen Ausdrucksweisen in französischer Sprache verständlich darzubieten. Als ich mit Heidegger davon sprach, sagte er mir, der russische Professor Koyré, der mit Heidegger und Edith Stein bei Husserl Assistent gewesen sei, habe einige seiner Arbeiten (Heideggers) französisch herausgegeben. Da Heidegger die betreffenden Hefte nicht bei sich in den Bergen hatte, meinte er, ich könne vielleicht in Paris zu Koyré gehen, um seine Übersetzungsweise kennen zu lernen. Wie das machen, wusste ich aber nicht, da ich nicht in Paris, sondern im etwas entfernten Juvisy bei den Dominikanern wohnen sollte, wohin der Kongress eingeladen war. Mit dieser Frage kam ich also nach Abtei Neuburg zurück.

Am Nachmittag jenes Montags hatte ich an der Klosterpforte etwas zu besorgen. Da hielt mir der Pfortenbruder eine Visitenkarte hin. Er meinte, das sei etwas Besonderes und könne mich mitbetreffen. Zu meiner Überraschung las ich: Dr. Edith Stein! Natürlich frug ich sofort: »Ist sie da? Ich muss sie sprechen.« Sie war da, von Heidelberg mit ihrer Freundin, Dr. Conrad-Martius, herausgekommen, um einen befreundeten Pater, Petrus Jans, zu begrüßen. Frau Dr. Conrad-Martius war in Heidelberg krank gelegen und Edith Stein hatte sie besucht. Unsere Freude war groß, denn, wie ein Philosoph in Glasgow einst zu mir sagte: ›The philosophers are all brethren.‹ – Die Philosophen sind alle Brüder. Und wir unter-

* Edith-Stein-Archiv des Kölner Karmel.

hielten uns eine gute Weile über Dinge, die uns gemeinsam berührten. Bald brachte ich auch die Frage vor, ob sie wisse, wo Koyré in Paris zu finden sei, und erzählte ihr von Heideggers Mitteilung über die Übersetzungen. Da sagte Edith Stein: »Ich fahre schon am Mittwoch nach Paris und wohne bei Professor Koyré.« Und sie versprach, mir die Sachen hinaus nach Juvisy zu bringen. Ich selbst fuhr am Samstag nach Paris und hinaus nach dem 40 km entfernten Juvisy. Als ich nachmittags einmal über den weiten Hof des Dominikanerhauses ging, sah ich eine Dame auf mich zukommen – es war Edith Stein, die mit der Bahn herausgefahren war, und mir das Gewünschte überbrachte. So konnte ich am Sonntag meine Übersetzungen mit denen Koyrés noch vergleichen.
Am Montag, dem Kongresstage, traf und sprach ich wieder Edith Stein, mit der auch Koyré gekommen war. Und am Dienstag war ich bei den beiden des Nachmittags zu philosophischen Besprechungen. Wir saßen stundenlang beisammen. Dann führte uns Koyré hinauf zum Sacré Coeur auf den Montmartre, wo wir eine Weile beteten. Auf dem Wege sprachen beide miteinander von allerlei, besonders von jüdischen Philosophen – auch Husserl war ja jüdischen Blutes, ebenso Henri Bergson und Meyerson in Paris. »Auch der ist einer der Unsrigen«, hieß es verschiedentlich. Mich belustigte ein wenig die Weise Koyrés und Edith Steins, die, von Juden und Jüdischen redend, einfach »wir« sagten. – Ich erlebte stark die Blutsgemeinschaft, die so lebendig auch in Edith war: wie einst im hl. Paulus, der mit Stolz und Nachdruck sein: Hebraei sunt – et ego! Sie sind Hebräer – ich bin es auch! sprach. Da wurde ich ein wenig boshaft und frug mit ernster Miene: »Ja, wohin tun Sie beide denn *mich*?« Ganz betroffen schauten sie mich an und frugen: »Ja, sind Sie denn von *uns*?« bis ich sie beruhigte und ihnen anderen Bescheid gab. – Gegen Abend führte uns Prof. Koyré noch nach einem anderen Teil von Paris zu dem schon genannten Philosophen Meyerson. Dort gab es auch mancherlei Gespräch zu dem aufgetragenen Tee. Edith Stein hatte die Last dieser Stunde zu tragen und Rede und Antwort zu stehen; ich selbst war von den Anstrengungen des Vortrags so übermüdet, dass ich zu dieser abendlichen Zeit keine Gedanken mehr zusammenbrachte. Später aßen wir noch gemeinsam zu Nacht, dann schieden wir, und ich fuhr spät nach Juvisy hinaus.
Nach Jahren sah ich Sr. Benedikta ein zweites und letztes Mal im Kölner Karmel: für eine kurze Stunde. Es war ein frohes Wiedersehen für uns beide. Sie sagte mir, wie zufrieden und glücklich sie sei. Wir sprachen von gemeinsamen Bekannten. Wir redeten von philosophischen Dingen, und sie ließ mich wissen, dass sie auf ihrem geistigen Fachgebiete weiterarbeiten dürfe und es auch tue. Sie wollte für mein philosophisches Buch – »Hauptfragen der Metaphysik« – für die in Südfrankreich erscheinende Revue Thomiste eine Besprechung schreiben. Die Erinnerung an diesen Besuch ist mir recht lebendig geblieben. Später musste ich zu meinem tiefen Bedauern hören, dass Sr. Benedikta gezwungen worden war, den Kölner Karmel zu verlassen, um in einem hollän-

dischen Zuflucht zu suchen. Als 1940 der Einbruch in Holland geschah, war ich in großer Sorge um sie, hörte dann aber, sie habe in einem südfranzösischen Karmel Aufnahme gefunden. Dann traf mich die Nachricht, man habe sie von dort herausgeholt, und man wisse nichts mehr von ihr. Doch vernahm ich später noch, ich glaube durch die Frau Priorin des Linzer Karmels – Sr. Benedikta lebe noch, sei aber nach dem Osten verschleppt worden. Das war die letzte Kunde über sie. Die Hoffnung, dass sie wiederkehre, ist dann immer geringer geworden – ich fürchtete seit Jahren, dass es eine vergebliche Hoffnung war.

II.

So gut ich es bei dem kurzen Zusammensein mit Sr. Benedikta kann, will ich sagen, welches mein inneres Bild von ihr wurde und blieb. Sr. Benedikta als Mensch, als Philosoph, als religiosa im Karmel.

Ihre Weise als *Mensch*. Das Eigentümliche in der Art Sr. Benediktas finde ich in ihrem geweiteten geistigen Blick und in dem daraus sich ergebendem Streben und Fühlen des Gemütes. In ihrem Innern lebte der Drang zum tieferen Sinne des menschlichen Seins und Lebens; in diesem Drange suchte sie in beständiger Ausschau – in Leben und Wissenschaft – nach den großen Zusammenhängen des Daseins in der Menschheit und im Ganzen der Welt und des Seins. Das formte sie in ihrem eigenen Denken und Fühlen und in der Gesamtzielung ihres Wirkens zu den Menschen – als Lehrerin in höheren Schulen und als Vortragende über menschliche, frauliche, religiöse Fragen für weite Kreise in der katholischen Öffentlichkeit. Sie vereinigte in ungewöhnlicher Weise beides: den klaren, eindringlichen Verstand und die lebendige Bewegtheit des Gefühles. Vor allem durch diese Verbindung von Begriff und Gemüt wirkte sie auf die reiferen Mädchen wie auf die Welt der Gebildeten, der besinnlichen Frauen zumal. Und diese Verbindung öffnete ihr den Weg zur größeren Wahrheit in den Fragen der Religion: sie führte ihr Erkennen und Lieben aus dem Schatten des Alten Testamentes in das Licht des Evangeliums Jesu und in die Geborgenheit der Kirche Christi.

In der gesagten Grundart des menschlichen Charakters war der Zug in das *Philosophische* tief verwurzelt. Philosophie ist ja als Liebe zur Weisheit letzten Endes nichts anderes als das Suchen der Wahrheit, des Seins und des Lebens in jenen tiefen Zusammenhängen, die sich dem Menschen im geklärten und geweiteten Begriffe kundtun, wenn er beharrlich und folgerichtig alles ihm Begegnende seinem Leben und Wirken nach zu erfassen sucht. Diese philosophische Bemühung war der jungen Edith Stein wie zur zweiten Natur geworden. Sie führte zum eigentlichen Studium der Philosophie, das sie mit Erfolg bei dem Begründer der Phänomenologie, Edmund Husserl, betrieb. Wie Martin Heidegger und Koyré gehörte sie zu den Assistenten Husserls, der auch weiterhin, bis in die Zeit im Karmel und bis zu seinem Tode der einstigen Schülerin zugetan und mit ihr in geistiger Verbindung blieb. Den philosophischen Studien blieb Edith Stein Zeit ihres Lebens treu. Eine Hauptfrucht ihrer darauf bezüglichen Arbeit war die deutsche Übersetzung eines der bedeutendsten Werke des hl. Thomas von Aquin, der Quaestiones disputatae de veritate, der »Untersuchungen über die Wahrheit«. Das Anliegen bei dieser schwierigen, meist geglückten Arbeit war ihr, sich tiefer in die Gedankenwelt des Aquinaten zu versenken und dadurch zu einer philosophischen Auseinandersetzung mit dem großen Lehrer und zu der Ausweitung ihrer eigenen philosophischen Erkenntnis zu gelangen. Das Ansehen, das Edith Stein auch über die Grenzen des deutschen Sprachgebietes hinaus genoss, sowie ihre Vertrautheit mit der Lehre Husserls und anderer Vertreter der phänomenologischen Forschungs- und Denkart wurde zum Anlass, dass die Leitung der Société Thomiste sie einlud, an den Besprechungen ausgewählter philosophischer Forscher und Gelehrter teilzunehmen, die im September 1932 zu Juvisy bei Paris stattfand. An den Aussprachen nach den zwei Vorträgen dieses Studientages (Journée d'études) nahm Dr. Edith Stein in hervorragender Weise teil, im Unterschied von anderen deutschen Teilnehmern sprach sie dabei in gewandter französischer Sprache, und zwar ganz frei, da ja ihr Wort bestimmt sein musste durch das, was vorgetragen und in der Diskussion gesagt und gefragt worden war. Ihre wiederholten Äußerungen fanden großen Beifall bei der Versammlung großenteils bedeutender Männer. Als Edith Stein dann im Kölner Karmel eingetreten war, empfand sie es als wohltuend, dass ihr die Oberin in weitblickender Weise gerne gestattete, ihre Beschäftigung mit der philosophischen Wissenschaft im Rahmen des klösterlichen Lebens fortzusetzen. Auch als Karmelitin blieb sie der philosophische Mensch.

Die Karmelitin Sr. Benedikta habe ich, wie schon gesagt, nur einmal gesehen – wenn ich nicht sagen muss: »gehört«, da sie nach der Regel des Karmels schwarz verschleiert war. Hätte ich damals geahnt, dass man mich eines Tages um Erinnerungen über Sr. Benedikta bitten würde, so hätte ich freilich um Dispens von dieser Regel gebeten, um ihre Erscheinung auch dem Antlitz und besonders dem Auge nach in mich aufnehmen und nun sagen zu können. So aber bin ich auf zweierlei beschränkt: auf ihr Wort und auf den offenbarenden Laut ihrer Stimme. Beides zusammen berechtigt mich, das Folgende zu sagen: Sr. Benedikta erschien mir als gereift über ihre frühere Weise hinaus in dreifacher Hinsicht: als Frau, als geistig-religiös gesicherter Mensch und als im wahren Sinne gottgeweihte, gottgehörige Persönlichkeit. Als Frau erschien mir Sr. Benedikta gemehrt, gehoben in ihrer Fraulichkeit. Damit will ich zwei Dinge sagen. Das eine ist, dass Sr. Benedikta im Karmel zu einer noch harmonischeren Verbindung des Gemüthaften mit dem Verstandlichen gekommen war, über jene Verbindung der beiden Seiten hinaus, die vorher schon an ihr bemerkbar waren.

Das andere aber ist, dass jenes eigentümlich Weibliche, das Gefordert- und Geführtsein des Lebens auch des tieferen Erkennens – durch das geistig erhellte Gefühl, in ihr bedeutend stärker zum Durchbruch gekommen war als damals, da ich sie zuerst traf. Gereifter fand ich Sr. Benedikta sodann in ihrer *geistig-religiösen Geborgenheit*: War sie ehedem die geistig Kämpfende gewesen, die mitten im großen Geistesringen unserer Zeit um klare Erkenntnis und Erkenntnisgründung mitrang, so war sie nun eingegangen in eine neue Weise des Wahrheitslebens, in einer Weise der erfahrungsvollen Sicherung der entscheidenden Gewissheiten philosophischer und religiös-gläubiger Art. Sie war gleichsam auf die andere Seite gelangt, sah die Wirklichkeiten und Wahrheiten schon mehr vom göttlichen Glauben her als vorwiegend mit der philosophischen und theologischen Vernunft, hatte in höherem Grade jene cognitio affectiva experimentalis, jene aus Erfahrung und Gefühl schöpfende Erkenntnis der Wahrheit, die der hl. Thomas mit den Gaben des Heiligen Geistes verknüpft. Das aber führt zum dritten, das ich bei meinem Besuche im Kölner Karmel erfühlte: zum vertieft *religiösen Charakter* des inneren Lebens unserer Sr. Benedikta als einer an den Herrn ganz hingegebenen, ganz geweihten Gottesbraut. Wenn ein Hauptziel der großen hl. Teresia v. Avila für ihre Karmelitinnen das beschauliche, schließlich eigentlich mystische Leben in der Liebesweihe war – Sr. Benedikta empfand ich als gesichert auf dem Wege dazu. Ich empfand sie als gar wohl an ihrem Platze im verborgenen Leben des Karmels. Ich fühlte, dass sie wahr redete, als sie mir versicherte, wie glücklich und froh sie war, nun Karmelitin sein zu dürfen. Und als ich von ihr schied, tat ich es in der freudigen Gewissheit, dass sie groß gewählt hatte, als sie in die strenge Abgeschlossenheit des Karmels ging und dort sich Gott im hl. Gelübde inniger verband. Wenn sie dann ihren geliebten Karmel von Köln mit anderen Häusern ihres Ordens vertauschen musste, wenn sie schließlich von menschen- und gottfeindlicher Gewalt aus ihrer geheiligten Stille herausgerissen wurde und einen schweren, dunklen Leidensweg zu gehen hatte, so kann ich nicht zweifeln, dass nach Gottes liebevollem Ratschlusse Sr. Benedikta gerade dadurch nur noch mehr geworden ist als das, was sie mit Geist, Gemüt und Willen durchaus sein wollte: die Gottgeweihte, die ganz Gottverbundene, eine wahre Karmelitin.

Autorenverzeichnis

Jakobus Kaffanke OSB
Dipl.-Theologe, Erzabtei St. Martin, D-88631 Beuron

Maria Amata Neyer OCD
Leiterin des Edith-Stein-Archivs im Karmel Köln,
Karmel »Maria Vom Frieden«, Vor den Siebenburgen 6, D-50676 Köln

Katharina Oost
Dipl.-Psychologin, Schriftstellerin, Wagensteigstraße 4, D-79274 St. Märgen

Bruno H. Reifenrath
Dr. phil. habil., Professor, Klosterberg 56, D-53804 Much

Martin Zielinski
Dr. phil., Lehrbeauftragter, Buschhovener Straße 20,
D-53347 Alfter-Witterschlick

Benediktiner singen den gregorianischen Choral

Die gesungene Liturgie ist der wichtigste Teil im Tagesablauf einer benediktinischen Gemeinschaft. Mit dem gregorianischen Choral pflegen die Mönche hierbei eine jahrhundertealte Tradition. Außergewöhnliche Fotos, Erklärungen und eine Live-Aufnahme des Beuroner Mönchchors lassen den Leser an der liturgischen Feier in einem benediktinischen Kloster teilhaben.

Das Lied der Mönche
72 Seiten, Hardcover, mit CD, Format 20 × 21 cm
ISBN 978-3-87071-147-4
19,90 € / 35,90 SFr

mit CD

Unter Flügeln geborgen

Das Engel-Gebetbuch für die ganze Familie

Das neue Engelbuch im handlichen Format ist der praktische Begleiter für unterwegs und zuhause. Eine gelungene Mischung aus klassischen und modernen Gebeten, Psalmen, Gedichten und erklärenden Texten bringt dem Leser die Boten Gottes näher.

Mit Gebeten am Morgen, zu Tisch und vor dem Schlafengehen empfiehlt sich dieser Band gerade zum Beten in und mit der Familie. Wundervolle Malereien aus der berühmten Beuroner Kunstschule zeigen die Gemeinschaft der Engel in ihrer ganzen Schönheit und Eleganz. Ein aufwändiger Einband und ein edles Lesebändchen machen diesen ersten Band der neuen Beuroner Reihe zum ganz persönlichen Gebet- und Lesebuch.

Notburg Geibel, P. Mauritius Sauerzapf OSB
Unter Flügeln geborgen
Das Engel-Gebetbuch für die ganze Familie
mit 8 farbigen Bildern der Beuroner Kunst
11 × 16 cm, 104 Seiten, gebunden mit Lesebändchen,
Cover mit Glanzlack veredelt
ISBN 978-3-87071-185-6
11,90 Euro / 22,50 SFr